DANNY MORGENSTERN

UNNÜTZES JAMES BOND WISSEN

cross cult

Impressum: UNNÜTZES JAMES BOND WISSEN wird herausgegeben von Cross Cult / Andreas Mergenthaler, Teinacher Straße 72, 71634 Ludwigsburg.
Verantwortlicher Redakteur und Lektorat: Markus Rohde; Lektorat: Katrin Aust; Satz: Rowan Rüster; Umschlaggestaltung: Andreas Mergenthaler unter Verwendung einer Illustration von Adobe Stock; Druck: CPI Moravia Books s.r.o., CZ-69123 Pohořelice.

Originalausgabe

ISBN: 978-3-96658-191-2 · Oktober 2020
2. überarbeitete Auflage

WWW.CROSS-CULT.DE

INHALT

VORWORT DES AUTORS

Der Moment der Inspiration kam unerwartet im September 2012. Ich hatte einen Pressetermin für mein Buch *007 XXS – 50 Jahre »James Bond jagt Dr. No«*, als ich meinem Kollegen, dem Journalisten Michael Völkel, für einen Bericht Rede und Antwort stehen sollte. Er hatte bereits Jahre vorher über eines meiner anderen Bücher zum Thema Bond berichtet und fragte mich nach den Inhalten meines damals erschienenen neuen Buches. Ich versuchte, das kleine *XXS* kurz und knapp zu beschreiben, woraufhin Michael Völkel meinte: »Es ist also ein Buch über James Bond voller unnützem Wissen …« Nein, in diesem Fall hatte er völlig unrecht. Seine Schlussfolgerung würde aber heute, acht Jahre später, auf dieses Buch hier zutreffen. Damals hatte er mit seiner Aussage einen Keim gepflanzt, der sich mit dem hier vorliegenden Buch zu einem Werk entwickelt hat, das wahrhaft unnötiges Wissen enthält. Aber sind wir einmal ehrlich: Eine unterhaltsame unnütze Information ist doch mehr wert als eine uninteressante, oder?

Richtig ins Rollen geriet der Stein jedoch erst, als 2016 ein Verlag bei mir anfragte, ob ich mir zutrauen würde, ein Buch mit belanglosen Bond-Fakten zu füllen, das man nicht mehr aus der Hand legen könne. Tja, lieber Leser: Hier ist das Buch. Alles Weitere müssen Sie entscheiden.

James Bond ist Kult! Von Connery bis Craig, von *James Bond 007 jagt Dr. No* (1962) bis *Keine Zeit zu sterben* (2021), dieses Buch wird Sie hoffentlich gut unterhalten, auch wenn Sie sich (noch) nicht für 007 interessieren.

Lassen Sie die dubiosen Inhalte auf sich wirken, springen Sie zwischen den Seiten hin und her und amüsieren Sie sich. Dies ist das ideale Buch zum Abschalten. Nach der Lektüre werden Sie den nächsten *James Bond*-Film mit anderen Augen sehen.

Im Zug, im Flugzeug, im Bett oder auf der Toilette – Wissen ist niemals nutzlos, auch wenn es unnütz ist!

Danny Morgenstern
im März 2020

CASINO ROYALE
(1954)

Le Chiffre foltert den in einer Badewanne liegenden Bond, indem er ihm mit einer Zange die Zehen zerquetscht.

Wie in der Romanvorlage von Ian Fleming nennt sich Schurke Le Chiffre auch im Film Herr Ziffer.

James Bonds Vorname wurde für den Film in Jimmy geändert, weil James den Verantwortlichen beim Sender CBS nicht amerikanisch genug klang.

Felix Leiter, Bonds Kontaktmann, bekam in dieser Verfilmung den Vornamen Clarence.

Die Adaption von *Casino Royale* aus dem Jahr 1954 ist ein Fernsehspiel in drei Akten.

Genau genommen ist nicht, wie so oft behauptet, Ursula Andress in *James Bond jagt Dr. No* (1962) das erste Bond-Girl der Filmgeschichte, sondern die hier auftretende Linda Christian.

AUS DER FIGUR VESPER LYND DER ROMANVORLAGE WURDE VALERIE MATHIS.

Der Film galt siebenundzwanzig Jahre als verschollen und tauchte erst 1981 wieder auf, als der Filmsammler Jim Shoenberger eine 16-mm-Kinescope-Kopie unter einigen alten Filmdosen entdeckte.

Barry Nelson sagte 1987 in einem Interview, er habe an der CBS-Serie *My Favourite Husband* (1953) gearbeitet, als er einen dringenden Anruf von CBS erhielt: Man habe Probleme den Film *Casino Royale* zu besetzen und suche nach einem Darsteller. Der Rest ist Geschichte.

Vor seinem Einsatz als Jimmy Bond hatte Barry Nelson niemals einen 007-Roman gelesen.

Barry Nelson sagte, sein Hauptimpuls für die Übernahme der Rolle des 007 sei die Gelegenheit gewesen, mit dem legendären Schauspieler Peter Lorre zusammenzuarbeiten.

Die Codenummer 007 wird in diesem Fernsehfilm nie erwähnt, und auch das berühmte Zitat »Bond, James Bond« fällt nicht.

Die drei Handlanger von Le Chiffre heißen Basil, Zoltan und Zuroff. Aufgrund fehlender bzw. unvollständiger Crewlisten ist nicht bekannt, wer den dritten Handlanger, Zuroff, spielte.

JAMES BOND 007 JAGT DR. NO (1962)

Bonds Beziehung zu Moneypenny soll vor Drehbeginn festgelegt worden sein: Als Bond noch kein Geheimagent war, sollen sie ein Liebeserlebnis gehabt haben. Bond, der Moneypenny nicht das Herz brechen wollte, habe verhindert, dass aus ihnen ein Paar wurde. Es hätte der Karriere von beiden geschadet. Das erklärt den späteren Dauerflirt in den Filmen.

Als sich David Lean mit seinem Projekt *Lawrence von Arabien* in der Postproduktion befand, kam er in den Schneideraum, um Peter Hunt und Terence Young zu beobachten, wie sie *James Bond 007 jagt Dr. No* (1962) schnitten.

James Bond mag offenbar Weintrauben. Als Dr. Nos Gefangener hat Bond vier Trauben auf seinem Teller, in *Feuerball* (1965) isst er noch schnell eine, bevor er ein Zimmer verlässt, in *Leben und sterben lassen* (1973) quetscht er eine auf ein Abhörgerät und in *Stirb an einem anderen Tag* (2002) steckt er sich in Dr. Alvarez' Klinik eine in den Mund.

In der englischen Originalversion des Films gibt eine Fotografin gegenüber James Bond damit an, sie arbeite für die Zeitung *The Daily Gleaner*, in der deutschen Synchronversion wurden daraus die *Kingston News*.

Als Professor Dent den Raum von Dr. No betritt, um ihn vor Bond zu warnen, steht nur ein Stuhl darin. In der nächsten Totalen befindet sich im Raum aber ein Tisch, auf dem ein Käfig steht, in dem sich eine Vogelspinne befindet.

In den *James Bond*-Filmen werden siebenmal Erdrosselungsszenen gezeigt: in *James Bond 007 jagt Dr. No*, in *Liebesgrüße aus Moskau*, in *Sag niemals nie*, in *Im Angesicht des Todes*, in *Der Hauch des Todes*, in *Lizenz zum Töten* und in *Casino Royale* (2006).

BOND REISST SICH EIN HAAR AUS UND KLEBT ES MIT SPUCKE ÜBER ZWEI GESCHLOSSENE SCHRANKTÜREN, UM SPÄTER ZU SEHEN, OB JEMAND DEN SCHRANK GEÖFFNET HAT.

Als James Bond vor Strangways Haus aussteigt, um den Mordschauplatz zu inspizieren, sieht man ganz weit im Hintergrund die Three Blind Mice am Anwesen vorbeigehen.

Die Three Blind Mice wurden zum Vorbild für eine echte Verbrecherbande, die sich The Rude Boys nannte und auf Jamaika gegen Bezahlung Gesetze brach. Sänger Desmond Dekker schrieb 1967 eines ihrer Erkennungslieder: »007 Shanty Town«.

Die Killer am Anfang des Films heißen in Ian Flemings Roman noch nicht Three Blind Mice (inspiriert durch den gleichnamigen englischen Kinderreim), sondern einfach nur »three blind men«.

Eunice Gayson bekam eine Rolle in *James Bond 007 jagt Dr. No* (1962), weil Regisseur Terence Young glaubte, die Darstellerin würde ihm Glück bringen.

JAMES BOND TRINKT SEINEN ALLERERSTEN BERÜHMTEN WODKA MARTINI NACH 24 MINUTEN UND 45 SEKUNDEN IN SEINER HOTELSUITE AUF JAMAIKA.

Dr.-No-Darsteller Joseph Wiseman konnte alle männlichen Hauptrollen in Shakespeares Stücken auswendig.

Ian Fleming beschrieb in seinem Roman, Honey Rider sähe beim Auftauchen aus dem Meer aus wie die Darstellung von Botticellis »Geburt der Venus«.

Regisseur Terence Young meinte, Ursula Andress' Stimme klinge wie die von Mickey Mouse, und ließ sie im Original von Nikki van der Zyl synchronisieren.

Die Produktionsfirma United Artists fand die Umsetzung von *James Bond jagt Dr. No* so schlecht, dass sie eine Veröffentlichung verhindern wollte.

Sean Connery wurde beim Dreh einer Szene fast geköpft. Daher filmte man die Nahaufnahmen, wenn er mit seinem 1961 Sunbeam Alpine Series II unter einem Baggerarm durchrast, im Studio.

Miss Taro spuckt James Bond ins Gesicht, weil er mit ihr Sex hatte, obwohl ihm längst klar war, dass sie für den Schurken arbeitet.

James Bond durchkriecht im Roman ein Röhrensystem, in dem er auf zwanzig faustgroße Taranteln trifft – im Film ist davon nichts zu sehen.

Im berühmten »Gun Barrel«, dem Pistolenlauf am Anfang des Films, ist nicht Sean Connery zu sehen – der hatte den Filmvertrag noch nicht unterschrieben –, sondern Stuntman Bob Simmons, den Regisseur Terence Young vor Connery als 007 in Erwägung gezogen hatte.

In der englischen Originalversion sagt James Bond zu Felix Leiter, sein Anzug sei aus der Savile Row. In der deutschen Synchronversion heißt es, der Anzug sei aus der Queen Street in London.

Die Darstellerin der Miss Taro, Zena Marshall, war den Produzenten nicht asiatisch genug und so klebte man ihr chinesisch wirkende Augenlider an.

Der US-Fernsehsender Channel 4 ließ im November 2003 den schärfsten Filmausschnitt aller Zeiten wählen: Es gewann Ursula Andress, wie sie im weißen Bikini dem Meer entsteigt.

Lois Maxwell und Eunice Gayson durften sich selbst einigen, welche weibliche Rolle sie spielen wollten. Maxwell entschied sich gegen die Sexbombe Sylvia Trench und für die Bürokraft Moneypenny, weil sie die Garderobe selbst beschaffen musste und keine Abendkleider besaß.

Peter Burton spielt Q, kam aber kein zweites Mal in der Rolle vor, weil er zum Zeitpunkt des Drehs von *Liebesgrüße aus Moskau* (1963) anderweitig verpflichtet war und Desmond Llewellyn den Part für weitere 17 Filme übernahm.

James Bonds Geschmack ändert sich: Er zieht in diesem Film den 53er-Dom-Perignon-Champagner einem 55er vor, im Film *Feuerball* bestellt er allerdings den 55er, obwohl er die Wahl hat.

Miss Taro wohnt in der englischen Filmversion auf Jamaika am Magenta Drive 2171 – in der deutschen Synchronversion jedoch am Magenta Drive 274.

Die Drehbuchautoren Richard Maibaum und Wolf Mankowitz ließen die Figur Dr. No in einer Drehbuchversion zum Affen werden, der ständig auf der Schulter des Bösewichts sitzen sollte. Die Produzenten lehnten die Idee kategorisch ab.

Die Verbrecherorganisation SPECTRE wird in der deutschen Synchronfassung GofTER (»Geheimorganisation für Terror, Spionage, Erpressung und Rache«) genannt. Ab *Liebesgrüße aus Moskau* (1963) und bis *Feuerball* (1965) übersetzte man SPECTRE dann mit dem Wort »Phantom«.

MAURICE BINDERS TITELVORSPANN GILT ALS VORLÄUFER DER MODERNEN MUSIKVIDEOS.

Tatsächlich findet James Bond in Sylvia Trench eine feste Freundin, die in *Liebesgrüße aus Moskau* (1963) zurückkehrt. Auch in *Goldfinger* (1964) sollte sie in Erscheinung treten, aber Regisseur Guy Hamilton war der Ansicht, Bond sollte keine Dauerfreundin haben.

Vic Flick ist der erste Musiker, der das *James Bond*-Thema auf der Gitarre spielte. Seine Version erklingt in mehreren *007*-Filmen.

Ian Flemings Wunschbesetzung für die erste *James Bond*-Kinoverfilmung war David Niven.

Der Drachenpanzer wurde nach den Dreharbeiten an einen Sammler verkauft, dem man auferlegt hatte, die Extras (Flammenwerfer, Leuchtaugen und Schwanzzacken) zu entfernen und zu vernichten. Der Sammler wurde in den 1990er Jahren wieder ausfindig gemacht und der Panzer auf Ausstellungen gezeigt.

Dolores Keator erhielt die Rolle der Mary Trueblood, weil sie ihr Haus für die Dreharbeiten zur Verfügung gestellt hatte. Trueblood war die erste weibliche Leiche in einem *James Bond*-Film.

Die Inspiration für das *James Bond*-Thema stammt laut Komponist Monty Norman ursprünglich aus seinem Musical *A House For Mr. Biswas*.

Dolores Keator, die Mary Trueblood spielt, war bei den Dreharbeiten 37 Jahre alt und da ihre Hände sehr rau und faltig waren, kam das erste Handdouble der *James Bond*-Filmgeschichte zum Einsatz, als Trueblood die Frequenz der Funkverbindung einstellt.

Moneypenny-Darstellerin Lois Maxwell schrieb nach ihrer Arbeit an den *James Bond*-Filmen eine Kolumne für den *Toronto Star*, die den Titel »Moneypenny« trug.

DR. NOS LETZTE WORTE LAUTEN: »STOPP! ABSCHALTEN, IHR IDIOTEN! WOLLT IHR UNS DENN ALLE UMBRINGEN?«

Felix-Leiter-Darsteller Jack Lord hatte in Honolulu eine Galerie (am Ala Moana Boulevard), in der er seine selbst gemalten Bilder ausstellte.

Syd Cain, der die Dekoration und die Storyboard-Designs übernahm, überlebte im Zweiten Weltkrieg einen Flugzeugabsturz und wurde, nachdem er genesen war, vom Blitz getroffen.

Das Tauchermesser von Honey Rider taucht in *Im Geheimdienst Ihrer Majestät* in der Schreibtischschublade von 007 wieder auf.

Die ersten Töne aus *James Bond 007 jagt Dr. No* sind auch in *Stirb an einem anderen Tag* zu hören, als Bond nach dem Herzstillstand wiederbelebt wird und aus dem Krankenzimmer »auscheckt«.

Drehbuchautor Wolf Mankowitz ließ sich aus den Crewlisten des Films streichen, weil ihm das fertige Drehbuch nicht zusagte und er nicht an den Erfolg glaubte.

Die Produzenten Albert R. Broccoli und Harry Saltzman nahmen Ursula Andress unter Vertrag, nachdem sie lediglich ein Foto von ihr gesehen hatten.

Der Film klärt nicht auf, wo die Leichen von Trueblood und Strangways geblieben sind, nachdem sie von den Three Blind Mice abtransportiert wurden. Ian Flemings Roman gibt die Antwort: Die Leichen liegen auf dem Grund des Mona-Stausees.

Chris Blackwell, der Gründer des erfolgreichen Labels Island Records, hat einen Gastauftritt als Tänzer in Puss-Fellers Nachtclub. Bond-Erfinder Ian Fleming hatte mit seiner Mutter Blance Blackwell ein Verhältnis.

Honey Riders Vater war Meeresbiologe – James Bond gibt sich in *Der Spion, der mich liebte* (1977) als solcher aus, um Stromberg kennenzulernen.

Syd Cain, der am Film mitarbeitete, wurde im Abspann vergessen und nicht genannt. Als Entschuldigung schenkte ihm Produzent Albert R. Broccoli Cain einen goldenen Füllfederhalter.

M WILL IM FILM VON BOND WISSEN, WANN DER EIGENTLICH SCHLAFE. BOND: »JEDENFALLS NIEMALS IM DIENST«.

Noël Coward, Ian Flemings Nachbar auf Jamaika und Trauzeuge, mochte die *James Bond*-Romane nicht. Als man ihn per Telegramm anfragte, die Figur des Dr. No zu spielen, antwortete er mit »No, no, no!«

Ian Fleming traf Bond-Girl Ursula Andress während der Dreharbeiten und war so von ihr beeindruckt, dass er sie in seinem Roman *Im Geheimdienst Ihrer Majestät* vorkommen ließ.

Stuntman George Leech doubelte Joseph Wiseman in der Todesszene und rutschte in das vermeintlich kochende Wasser eines Atomreaktors – Leech trug den Titel »Bester Stuntman Englands«.

Die Entseuchungskammer, die Ken Adam designt hat, ist wie eine Waschanlage für Menschen aufgebaut. Er hatte sie den Anlagen in Atomforschungszentren der 1960er Jahre nachempfunden.

Um in Deutschland für den Film zu werben, tauchten in mehreren Großstädten als Dr. No verkleidete Darsteller auf, die sich von Bürgern jagen und fangen lassen sollten. Die Sieger bekamen Englandreisen und Musicalbesuche als Preise.

James Bond singt (!) im Film einen Teil des Liedes »Underneath the Mango Tree«.

Der Bauxithafen, den man für den Film anlegte, dient heutzutage als Anlegestelle für Kreuzfahrtschiffe und trägt den Namen James Bond Pier.

1999 wurde der Satz »My name is Bond. James Bond« zur berühmtesten Filmzeile der Geschichte gekürt.

Wie im Roman beschrieben sollte Honey Rider den Krabben zum Fraß vorgeworfen werden, doch die Tiere am Set, die man nach London gebracht hatte, waren durch die lange Reise halb tot und bewegten sich kaum. Die Szene wurde gestrichen.

1962 durfte ein Filmplakat niemanden zeigen, der eine Waffe auf den Betrachter richtete, daher hält Sean Connery auf dem Bild die rauchende Waffe nach unten.

DIE ANIMATIONEN IM TITELVORSPANN STAMMEN VON EINEM MANN NAMENS TREVOR BOND.

Im Lied »Underneath the Mango Tree« kommt das Wort »Boolooloop« vor. Die Einheimischen auf Jamaika verwendeten den Ausdruck als Beschreibung für Geschlechtsverkehr.

Marguerite Lewards, die die Fotografin verkörpert, wurde von Regisseur Terence Young angewiesen, in der Szene an ihrem Blitzlicht zu lecken, und fand das anrüchig. Young darauf: »Natürlich, das soll es doch auch sein!«

Wenn sich 007 und der Chauffeur prügeln, holt Bond mit der rechten Faust aus, trifft den Chauffeur aber mit links.

Bei der Verfolgungsjagd quietschen die Reifen von James Bonds Wagen, obwohl er auf einer Schotterstraße fährt.

Das Fahrzeug der Three Blind Mice wechselt sein Erscheinungsbild: Einmal sind die Scheinwerfer neben dem Kühlergrill, in der finalen Szene jedoch in den Kotflügeln.

Bond killt Professor Dent, nachdem er ihm gesagt hat: »Sie haben eine sechsschüssige Smith & Wesson und die sechs Dinger stecken in der Matratze«, womit er auf die Anzahl von Dents Patronen in der Pistole anspielt, die dieser in die von 007 präparierte Matratze abgefeuert hat. Jedoch hätte Dents Waffe acht Geschosse abfeuern können.

EIN SCHURKE AUF EINEM BOOT RUFT DURCH EIN MEGAFON UND HAT WEITERHIN EINE VERSTÄRKTE STIMME, ALS ER ES HERUNTERNIMMT.

Ursula Andress durfte wegen der Zensur nicht nackt zu sehen sein, daher trägt sie in der Entseuchungsstraße in Dr. Nos Laboratorium einen hautfarbenen BH.

Die von Dr. No mit seinen Stahlprothesen zerquetschte Statue fällt in der Großaufnahme zerstört vom Tisch. In der nächsten Einstellung liegt sie aber wieder auf dem Tisch.

Len Deighton, der am Drehbuch mitgeschrieben hatte, arbeitete 1976 mit Sean Connery an einem Konkurrenzdrehbuch, das den Titel *James Bond of the Secret Service* trug. Der Film kam jedoch nie zustande.

Miss Taro wurde ins Drehbuch eingebaut, obwohl Fleming die Figur niemals erwähnt hat, damit durch eine weitere sexy Frau das Interesse der männlichen Zuschauer gesteigert werden konnte.

Albert R. Broccolis Spitzname Cubby kommt lautmalerisch von der Comicfigur Little Kabble, der Albert Broccoli geähnelt haben soll.

Komponist Norman bat darum, vor Ort komponieren zu dürfen, um die Stimmung, die auf Jamaika herrschte, in seinen Liedern einfangen zu können. Was zunächst nur ein Vorwand für eine Reise war, wurde zur tatsächlichen Inspiration.

Der von Designerin Marie Therese Prendergast handgearbeitete Bikini, den Honey Rider trägt, ging nach den Dreharbeiten in den Besitz von Ursula Andress über. 2001 ließ sie ihn bei Christie's versteigern und erzielte vom Käufer, einem Besitzer der Restaurantkette Planet Hollywood, 41.125 Pfund.

Monty Norman und John Barry behaupteten beide, das *James Bond*-Thema geschrieben zu haben. Das Lied wurde gerichtlich Norman zugesprochen. Als Musiker bekam er damals im Jahre 1962 nur 200 Pfund für die Melodie, die zum Markenzeichen des britischen Geheimagenten geworden ist. Am 19.3.2001 gewann er einen Prozess gegen eine Londoner Tageszeitung, die behauptet hatte, John Barry hätte das Stück komponiert.

Das erste Mal stellt sich 007 im Buch *Casino Royale* mit den Worten: »Mein Name ist Bond – James Bond«, vor. Auf der Leinwand gibt es diese Wortfolge (»Bond, James Bond«) nach 7 Minuten und 45 Sekunden in *James Bond 007 jagt Dr. No* (1962).

James Bond hat Angst – zumindest behauptet er das gegenüber Honey Rider auf Dr. Nos Insel Crab Key.

LIEBESGRÜSSE AUS MOSKAU (1963)

Eine vergiftete Klinge im Schuh, die beim Zusammenknallen der Hacken hervorschnellt, besitzen auch die Agenten im Film *Kingsman: The Secret Service* von 2014.

Im Originaldrehbuch ist die Rede davon, dass Rosa Klebb lesbisch ist und versucht, Tatiana Romanova zu verführen. Im Film sind davon nur unauffällige Andeutungen enthalten.

Die 16-jährige Audrey Hepburn war während der Schlacht um Arnheim Pflegerin in einem Krankenhaus und kümmerte sich um einen verwundeten Fallschirmspringer der Alliierten. Es war Terence Young, Regisseur von *Liebesgrüße aus Moskau*, *James Bond 007 jagt Dr. No* und *Feuerball*.

Kronsteen wird mit einer vergifteten Stiefelspitze getreten und braucht 12 Sekunden, um zu sterben – zu lange für Blofeld: »Wir brauchen ein Gift, das schneller wirkt«.

Schurke Red Grant nennt Bond im Original »O-O-Seven« während Bonds Verbündete immer »Double-O-Seven« zu ihm sagen.

Liebesgrüße aus Moskau steht als Redewendung sogar im *Duden* »Zitate und Aussprüche«.

KEIN APRILSCHERZ: AM 1. APRIL 1963 HATTE DESMOND LLEWELYN SEINEN ERSTEN DREHTAG ALS Q.

Regisseur Terence Young stürzte während der Dreharbeiten mit einem Helikopter ins Meer. Er überlebte und rettete sogar noch den Piloten, der nicht schwimmen konnte.

Die Frau von Regisseur Terence Young hat am Schluss des Films einen Cameo-Auftritt: Sie steht in Venedig auf einer Brücke und beobachtet Bond und Tatiana Romanova, die darunter mit einer Gondel durchfahren.

In der Szene, in der Tatiana Romanova das Treffen mit Rosa Klebb hat, sind die beiden Frauen ganz allein. Als sie aber zur Tür hereinkommt, sieht man für einen Augenblick eine fremde Hand, die die Tür hinter Romanova leise schließt.

Auf dem Untersetzer von Kronsteens Wasserglas bei der Schachmeisterschaft steht der Satz: »You are required at once« (»Ihr Kommen ist dringend erforderlich.«)

Als für eine Actionszene die See in Brand gesteckt wurde, zog sich ein Stuntman Verbrennungen zu. Sein Unglück ist im fertigen Film zu sehen.

Die Idee für den Titelvorspann, Namen auf Frauenkörper zu projizieren, entstand, als die Ehefrau von Titeldesigner Robert Brownjohn bei einer Diavorführung versehentlich vor den Projektor lief.

Bei der finalen Actionszene geriet das Feuer außer Kontrolle und mehrere Stuntmen wurden verletzt.

Vladek Sheybal, der Kronsteen spielte, und Produzent Harry Saltzman stritten sich darüber, wie die Rolle anzulegen sei. Da Saltzman sich gegenüber Regisseur Young nicht durchsetzen konnte, schwor Saltzman zwar, Sheybal nie wieder zu besetzen, hielt sich aber nicht daran und verpflichtete ihn für den Spionagefilm *Das Milliarden-Dollar-Gehirn*.

Sean Connery, der Vladek Sheybal über seine Frau Diane Cilento kannte, schlug ihn für die Rolle des Kronsteen vor.

Schurkendarsteller Robert Shaw wohnte mehrere Jahre mit dem Blofeld-Darsteller Donald Pleasence aus *Man lebt nur zweimal* in einer WG.

Robert Shaw, der Darsteller des Red Grant, hatte aus zwei Ehen zwölf Kinder.

James Bond bestellt sowohl im Roman *Moonraker* als auch im Film *Liebesgrüße aus Moskau* gegrillte Seezunge.

Als Rosa Klebb James Bond mit einer vergifteten Spitze am Schuh töten will, drückt er die Angreiferin mit einem Stuhl an die Zimmerwand, um den Tritten entgehen zu können.

Harry Saltzmans Ehefrau ist in einer Statistenrolle im Orientexpress an einem Zugfenster zu sehen.

Es wurden Überlegungen angestellt, den Film nicht »From Russia with Love«, sondern »Russia with Love« zu betiteln.

Ein Angestellter des russischen Konsulats macht James Bond im Film unmissverständlich klar, dass russische Uhren immer richtig gehen.

Rattenfänger Pedro Vidal fing mehr als 500 wilde Ratten für die Dreharbeiten, doch die örtlichen Behörden entzogen der Produktion wegen Gesundheitsbestimmungen die Erlaubnis, mit den Tieren zu drehen, und ließen sie mit Gas töten.

Weil die extra beschafften weißen Ratten nicht bedrohlich genug wirkten, ließ man sie mit Kakaopulver einfärben. Gedreht werden konnte dennoch nicht: Die Tiere begannen, sich gegenseitig abzulecken.

Steven Spielberg beeindruckte die Rattenszene des Films so sehr, dass er eine Hommage daran in *Indiana Jones und der letzte Kreuzzug* einbaute.

DIE IDEE, LATEXMASKEN ZUR TARNUNG ZU BENUTZEN, WURDE ALS KERNMERKMAL IN DIE SERIE UND DIE FILME MISSION IMPOSSIBLE ÜBERNOMMEN.

Produktionsmanager Bill Hila schlüpfte kurzerhand in die Rolle des Captain Nash, den Grant in Zagreb in eine Toilette lockt und dort ermordet.

John Ketteringham, der in der Anfangsszene von Grant erdrosselt wird, sah Sean Connery zu ähnlich und man musste die Szenen mit ihm erneut filmen, nachdem er einen künstlichen Schnurrbart angeklebt bekommen hatte, damit die Zuschauer ihn nicht mit Connery verwechseln konnten.

Kerim Bay hat sich unter dem Schlupfwinkel der Schurken ein Periskop einbauen lassen, das er bei Bedarf ausfährt, um seine Gegner aus dem Untergrund zu beobachten.

007 sieht durch sein Zielfernrohr am Haus des Killers Krilencu das Filmplakat des Anita-Ekberg-Films *Call me Bwana (Bob auf Safari)*. Dieser Film wurde ebenfalls von den *Bond*-Produzenten Harry Saltzman und Albert R. Broccoli produziert.

Der Darsteller des Kerim Bay, Pedro Armendáriz, litt während der Dreharbeiten an Krebs und erschoss sich kurz nach Drehende im Krankenhaus.

Grants erster Mord im Film dauert 1 Minute und 52 Sekunden – ein anderer Schurke stoppt die Zeit.

Nach einem Schnitt haben die Zigeunerinnen zu Beginn des Kampfes plötzlich keine Röcke mehr an, sondern kurze Hosen.

Im Titelvorspann tanzt die 1937 geborene Julie Mendez, auf deren Körper Namen der Crewmitglieder mit einem 3.000-Watt-Projektor projiziert wurden.

Nachbildungen von James Bonds Aktenkoffer aus diesem Film waren Weihnachten 1964 heißbegehrte Weihnachtsgeschenke.

In einer frühen Version des Films taucht der Bulgare, der von Hasan Ceylan verkörpert wird, wieder auf, obwohl er in einer früheren Szene bereits getötet wurde. Dem Sohn von Regisseur Terence Young fiel der Fehler auf und der Film musste umgeschnitten werden.

Jason Neville, im Film Bonds Chauffeur, war nur als Darsteller gebucht, fuhr aber in einer Szene, in der es einen Auffahrunfall gibt, den Wagen selbst, obwohl er nicht als Stuntman gebucht war – die Szene wurde schließlich aus dem Film geschnitten.

Der Code, um sich als 00-Agent zu identifizieren, ist ein abgesprochener Dialog, der so lautet:
A: »Darf ich um ein Streichholz bitten?«
B: »Ich benutze immer mein Feuerzeug.«
A: »Das ist noch besser.«
B: »Bis es kaputtgeht!«

Blofeld hält sich in seinem Aquarium siamesische Kampffische, um an ihnen die Vorgehensweise seiner Verbrecherorganisation zu veranschaulichen.

In verschiedenen aufeinanderfolgenden Szenen wechselt die Haarfarbe von Rosa-Klebb-Darstellerin Lotte Lenya, da diese zeitlich weit auseinander liegend gefilmt wurden.

Im Zigeunerlager füllt sich James Bonds Teller nach einem Schnitt im Film plötzlich wieder, obwohl er vorher fast leer war.

Sean Connerys Maske folgt nicht ganz der Kontinuität: In der Badezimmerszene hat Bond noch keine Narbe auf dem Rücken, als er kurz darauf im Bett auf Tatiana Romanova trifft, ist die Narbe da.

Um die Gaffer abzulenken, als man in Istanbul eine Szene mit Sean Connery und Daniela Bianchi drehte, hängte sich Stuntman Bob Simmons von außen an das Balkongitter eines Hauses und lenkte damit die Aufmerksamkeit der Schaulustigen auf sich.

Als James Bond Krilencu erschießt, ist in den aufeinanderfolgenden Szenen die Augenpartie von Sean Connery völlig unterschiedlich geschminkt.

Obwohl der Transporter, mit dem James Bond flüchtet, nach einer Handgranatenexplosion an der Kühlerhaube völlig verkohlt ist, ist das Fahrzeug nach einem Schnitt wieder unbeschädigt.

James Bond besitzt im Roman *Liebesgrüße aus Moskau* einen Roman: Eric Amblers *Die Maske des Dimitrios*. Das Buch befindet sich in 007s Handgepäck.

Im Film blieb eine Szene im Orientexpress enthalten, in der Daniela Bianchi beim Dreh versehentlich zu lachen anfing.

Die Schurken versuchen, James Bonds Ruf zu zerstören, indem sie ihn mit versteckter Kamera beim Sex mit dem Bond-Girl aufnehmen und das gedrehte Material für ihre Pläne einsetzen wollen.

Als Red Grant über den Film redet, der 007 und Tatiana Romanova beim Sex zeigt, sagte er in einer frühen Filmversion etwas wie »Was für ein Schauspiel!«. Dieser Satz wurde aber als jugendgefährdend herausgeschnitten und damit ergibt ein Satz, den Bond im englischen Original am Schluss zu Tatiana über diesen Sexfilm sagt, kaum noch Sinn: »Weißt du, er hatte recht!«

Weil Red Grants Armbanduhr mit eingebautem Würgedraht beim Publikum so gut ankam, setzte sie Brian De Palma im Film *Blow Out* ebenfalls ein.

Darsteller Pedro Armendariz, der Kerim Bay spielte, war ein enger Freund von Ernest Hemingway.

Martine Beswick, die die Zigeunerin Zora spielt, behauptete, den Titel »Miss Jamaika« zu tragen, doch das war eine Lüge.

Im Original ist nicht die Stimme von Daniela Bianchi zu hören. Da sie nicht erotisch genug klang, wurde sie von Barbara Jefford synchronisiert.

Anthony Dawson, der bereits Professor Dent in *James Bond 007 jagt Dr. No* gespielt hatte, verkörpert hier Blofeld (dessen Gesicht nicht zu sehen ist).

In manchen deutschen Filmkopien ist im Abspann das Lied »Die Wolga ist weit« von Ruth Berle zu hören, das auf die Melodie des Titels »From Russia with Love« gesungen wurde.

Die eingeblendete Landkarte bei der Fahrt mit dem Orientexpress inspirierte Steven Spielberg für ähnliche Aufnahmen in seinen *Indiana Jones*-Filmen.

Zora-Darstellerin Martine Beswick hatte schon für eine Rolle in *James Bond 007 jagt Dr. No* vorgesprochen, wurde jedoch wegen fehlender Schauspielerfahrung abgelehnt.

GOLDFINGER
(1964)

Bond meint im Film, einen Dom Pérignon Jahrgang 1953 könne man nicht über 8° trinken. In der englischen Originalversion des Films spricht er von 38° (und meint Fahrenheit), das entspricht aber 3,33333° Celsius und nicht 8°.

Burt Kwouk spielte in drei *007*-Filmen mit: In *Goldfinger* (1964) ist er als Mr Ling zu sehen, in *Casino Royale* (1967) als chinesischer General und in *Man lebt nur zweimal* (1967) als SPECTREs Nummer 3.

Regisseur Guy Hamilton hatte bereits vor *Goldfinger* Szenen auf dem Golfplatz in Stoke Poges gedreht. Sein Film *The Intruder* (1953) beginnt mit Szenen, in denen Colonel Merton mit einem Freund Golf spielt. George Baker (Sir Hilary Bray aus *Im Geheimdienst Ihrer Majestät* (1969)) hat auch in diesem Film eine Rolle.

Ein Drehbuchentwurf des bisher letzten Teils der *Saw*-Reihe wurde von Josh Stolberg und Pete Goldfinger geschrieben.

Der Countdown der Atombombe bleibt bei »007« Sekunden stehen, dennoch spricht Bond von »drei Tickern«, weil er in der ursprünglichen Aufnahme bei 3 Sekunden stehen blieb. Regisseur Guy Hamilton änderte zwar die Bilder auf Bonds Kennnummer, nicht aber den Dialog.

Über Oddjobs Melone erfährt man in der Romanvorlage, dass sie nach jedem Wurf repariert werden muss.

Oddjobs berühmter Hut wurde für die Dreharbeiten dreimal hergestellt. Von einem der Hüte fehlt bis heute jede Spur.

EIN EXEMPLAR VON ODDJOBS MÖRDERISCHER MELONE BRACHTE IM JAHRE 1998 BEI EINER VERSTEIGERUNG 62.000 PFUND.

Angeblich soll Regisseur Guy Hamilton dem Schauspieler Harold Sakata nach Drehende eine der Melonen geschenkt haben.

Nadja Regin, die Nachtclubtänzerin Bonita, spielte auch schon in *Liebesgrüße aus Moskau* eine Zigeunerin.

Selina Wylie teilte die rund 50 Statisten in der Nachtclubszene am Anfang des Films in drei Gruppen ein: nüchtern, angetrunken und volltrunken.

Am 19. März 1964 hatte Sean Connery den dritten Drehtag seines dritten *James Bond*-Films. Gedreht wurde die Nachtclubszene zu Beginn des Films.

Der jetzige *Bond*-Produzent Michael G. Wilson verbrachte seine Semesterferien am Set des Films und vergaß, Oddjobs Melone zum Drehort mitzubringen, was Regisseur Guy Hamilton verärgerte, weil sich dadurch der Dreh verzögerte.

Harold Sakata, ehemals Profiringer, schlug bei der Kühlschrankszene so hart auf Sean Connerys Genick, dass dieser unter Schmerzen zusammenbrach – wie man sieht. Nach einer anderen Kampfszene ließ sich Connery für vier Tage krankschreiben.

Ab diesem Film trug Sean Connery in der Rolle des 007 immer ein Toupet. Entsetzen stellte sich ein, als er bei der Pressekonferenz zu *Man lebt nur zweimal* (1967) ohne Haarteil vor die Kameras trat.

James Bond trägt in der Pre-Title-Sequenz ein weißes Dinnerjacket unter seinem Taucheranzug. Er zieht den Taucheranzug aus und steckt sich eine rote Nelke ins Knopfloch. In *True Lies* kopiert Arnold Schwarzenegger den Kultmoment.

Auf dem Kopf trägt James Bond in der ersten Szene des Films eine ausgestopfte Möwe, die über der Wasseroberfläche zu sehen ist, während er taucht.

Mr Solo, ein unliebsamer Geschäftspartner Goldfingers, wird mit seinem Wagen in einer Schrottpresse zerquetscht.

In der Szene mit der Schrottpresse kann man genau erkennen, dass der Wagen leer ist – er hat nicht einmal mehr einen Motor.

Die Angestellten der Schrottpresse standen bei den Dreharbeiten kopfschüttelnd am Rand und nannten die Produzenten »Verrückte«, als ein nagelneuer Lincoln Continental Baujahr 1964 zerquetscht wurde.

Q sollte in seiner Werkstatt einen mit einer Kanone bestückten Servierwagen präsentieren. Die Szene wurde aber geschnitten und man sieht den Wagen nur noch kurz im Hintergrund.

Harold Sakata übte das Zielen und Werfen mit seiner Melone täglich eine Stunde.

Oddjob-Darsteller Harold Sakata ist im Abspann nicht unter seinem Künstlernamen aufgelistet, sondern unter seinem Geburtsnamen: Tosh Togo.

NACH DEN DREHARBEITEN TRAINIERTE SAKATA UNTER ANDEREM ZUSAMMEN MIT ARNOLD SCHWARZENEGGER, LANGE BEVOR DIESER SEINE FILMKARRIERE BEGANN.

Harold Sakata war auf Hawaii ein Nationalheld, da er als erster Einheimischer als Gewichtheber eine olympische Silbermedaille bei den Olympischen Spielen von 1948 errungen hatte.

Sakata ist auf Hawaii begraben. Auf seinem Grabstein steht Harold T. Sakata.

Im Film *Good Morning, Vietnam* (1987) mit Robin Williams in der Hauptrolle sieht man im Hintergrund ein Kino, in dem *Goldfinger* gezeigt wird.

Im Titelvorspann von *Goldfinger* (1964) werden Szenen aus *Liebesgrüße aus Moskau* und auch Einstellungen aus *Goldfinger* gezeigt, die erst später im Film zu sehen sind.

Die Szene, in der der Aston Martin, gefahren von Stuntman Georg Leech, in eine Mauer rast, wurde zweimal gedreht, da er bei der ersten Aufnahme zu weit fuhr und Guy Hamiltons Meinung nach nicht mehr ausreichend zu sehen war.

Die Berufspiloten, die Pussy Galores Mädchen der Fliegerstaffel doubelten, wollten keine Perücken und Frauenkleider tragen. Mehr noch: Einer hatte einen Vollbart, ein anderer eine Zigarre im Mund – und das kann man im Film erkennen.

Felix-Leiter-Darsteller Cec Linder unterschrieb seinen Vertrag, ohne das Drehbuch gelesen zu haben. Ursprünglich sollte er Goldfingers Gin-Rommé-Partner Simmons verkörpern, Regisseur Guy Hamilton ließ ihn aber wegen seiner schauspielerischen Fähigkeiten die Rollen tauschen und so bekam er die größere.

DER FILM ERHIELT EINEN EINTRAG IM GUINNESS-BUCH DER REKORDE ALS DIE PRODUKTION, DIE IN KÜRZESTER ZEIT (14 TAGE) DAS MEISTE GELD EINGESPIELT HATTE.

Bond ist gut in Mathe. Er berechnet im Kopf, dass 15 Billionen Dollar in Goldbarren (was falsch übersetzt wurde – es müsste von Milliarden die Rede sein) 10.500 Tonnen wiegen und 60 Männer zwölf Tage benötigen würden, um das Gold von Fort Knox auf 200 Lkws zu verladen, es aber nur zwei Stunden dauert, bis die Streitmächte aufmarschieren.

Die Karosserie von Goldfingers Rolls-Royce Phantom III besteht aus 38-karätigem Gold – er fährt also *in* seiner Schmuggelware von Land zu Land.

Das Kennzeichen von Auric Goldfingers Rolls-Royce lautet »AU1«, weil AU das chemische Symbol für Gold ist.

Goldfinger heißt mit Vornamen Auric, weil Aurum das lateinische Wort für Gold ist.

Goldfingers Filmfahrzeug, der Rolls-Royce Phantom III, wurde 1986 auf einer Auktion bei Sotheby's für umgerechnet 125.000 Euro an Steven Spielberg versteigert. Er setzte das Auto in seinem Film *Indiana Jones und der letzte Kreuzzug* (1989) ein.

In Qs Labor wird eine Parkuhr getestet, aus der Betäubungsgas strömt.

Cec Linder, der Felix Leiter darstellte, war in Miami Beach als einziger Schauspieler tatsächlich am echten Drehort. Sean Connery und Gert Fröbe drehten ihre Szenen in den Londoner Pinewood Studios.

Jack Lord, der Felix Leiter in *James Bond 007 jagt Dr. No* (1962) gespielt hatte, wollte zu viel Gage und prominent auf dem Filmplakat genannt werden, also ersetzte man ihn durch Cec Linder.

Im Titelvorspann ist eine Szene zu sehen, die im fertigen Film nicht vorhanden ist. Sie spielt in Qs Werkstatt. In ihr geht 007 an einem Fahrzeug vorbei, dessen Ladefläche aufklappt.

Der Angreifer, der sich in der Pre-Title-Sequenz im Auge von Bonita spiegelt, hebt den rechten Arm mit einem Totschläger in der Hand. Da es sich um eine Spiegelung handelt, hätte es aber der linke sein müssen.

James Bond hört das Durchbrechen von Goldfingers Bleistift, obwohl er ihn mit dem Fernglas beobachtet.

Die Position der goldüberzogenen Leiche Mastersons auf dem Bett verändert sich von Szene zu Szene.

Die Kognakflasche wechselt in den verschiedenen Szenen auf wundersame Weise die Position auf dem Tisch von Colonel Smithers, ohne dass sie berührt wird.

Oddjobs Melone köpft in einer Einstellung eine Statue und saust aus dem Bild. Als der Schurke die Melone wieder einsammelt, liegt sie genau neben dem abgeschlagenen Kopf.

Der Wagen, mit dem Oddjob vom Schrottplatz zurück zu Goldfingers Gestüt fährt, hat in verschiedenen Szenen unterschiedliche Reifen.

Das von Tania Mallet durch die Schweizer Alpen gesteuerte Mustang-Cabrio war das erste Fahrzeug dieser Bauart, das je in Europa aufgetaucht war.

Sean Connery lernte für den Film Golf und spielt das Spiel seitdem leidenschaftlich gern und oft.

Alf Joint hatte nach den Dreharbeiten für die Pre-Title-Sequenz starke Rückenschmerzen, weil er die Szene, in der er über Sean Connerys Schulter geworfen wird, mehrfach drehen musste, um Regisseur Hamilton zufriedenzustellen.

Jill Masterson stirbt, weil ihr Körper mit Goldfarbe bemalt ist und die Haut nicht mehr atmen kann. Dermatologen der Universität Bochum fanden aber heraus, dass nur Hautschichten bis zu einer Tiefe von 0,4 Millimetern direkt Sauerstoff aufnehmen und der Rest über die Atmung zugeführt wird. Masterson wäre also nicht erstickt.

Die Goldbemalung auf Shirley Eatons Körper wurde zweimal aufgetragen: Einmal für die Filmaufnahmen und einmal für den Pressetermin.

Am 6. November 1964 war die vergoldete Shirley Eaton auf dem Cover des *Life*-Magazins abgebildet.

Nicht Shirley Eaton war das erste goldbemalte Bond-Girl, sondern Margaret Nolan, auf deren Körper die Bilder für den Titelvorspann projiziert worden waren. Nolan spielt im Film Dink.

Der Name des Bond-Girls Dink ist laut Regisseur Guy Hamilton die Abkürzung für »double income, no kids«.

EINIGE BILDER VON MARGARET NOLAN (MAẞE 124-70-112) DURFTEN 1964 IN GROSSBRITANNIEN NICHT VERKAUFT WERDEN, WEIL SIE ALS ZU PROVOKATIV GALTEN.

Als eine Reporterin Sean Connery im Interview fragte, was es mit dieser »Frau Goldfinger« auf sich habe, drehte sich Connery einfach um und ging weg.

Set-Designer Ken Adam ließ Peter Lamont die Fort-Knox-Kulisse konzipieren und behauptete aus Spaß, Lamont hätte die Grundrisse komplett falsch berechnet. Erst nachdem der stundenlang alles nachgerechnet hatte, klärte Adam ihn auf, er habe ihn nur auf den Arm genommen.

Die von Ken Adam gebaute Fort-Knox-Kulisse für den Film kostete 1964 rund 30.000 Pfund.

In zwei *Bond*-Filmen will ein Schurke seine Gegner mit einem Laser zerteilen: Auric Goldfinger James Bond in *Goldfinger* und 38 Jahre später Mr Kil seine Gegnerin Jinx in *Stirb an einem anderen Tag*.

Bei den Dreharbeiten wurden vier verschiedene Modelle des Aston Martin DB5 benutzt.

Regisseur Guy Hamilton hatte die Idee für das drehbare Nummernschild des Aston Martin DB5, weil er sich maßlos über seine vielen Strafzettel wegen Falschparkens geärgert hatte.

Der Aston Martin DB5 hat ein rotierendes Nummernschild mit den Kennzeichen »BMT 216A«, »LU 6789« und »4711 EA 62«.

Der berühmte Aston Martin mit dem Kennzeichen »BMT 216A« war bereits vor *Goldfinger* in einer Episode von *Simon Templar* (Titel: »The Noble Sportsman«) zu sehen. Die Folge wurde am 9. Januar 1964 ausgestrahlt, *Goldfinger* hatte seine Premiere erst am 17. September 1964 im Odeon Leicester Square in London.

DIE ABKÜRZUNG DB BEIM ASTON MARTIN STEHT FÜR DEN ENTWICKLER DAVID BROWN.

Michael Mellinger, der Kisch spielt, zog den Zorn der Produzenten auf sich, als er am Set mit seiner Privatkamera auftauchte und scherzhaft meine, er bringe seinen Film vor ihnen in die Kinos.

Gert Fröbe wollte das Angebot, Auric Goldfinger zu spielen, ablehnen. Seine Frau, die die ersten beiden *007*-Filme im Kino gesehen hatte, überredete ihn, die Rolle zu übernehmen.

Gert Fröbe erfuhr erst Jahre später, dass er nicht die erste Wahl für die Rolle des Goldfinger gewesen war, sondern dass Theodore Bickel und Orson Welles abgelehnt oder zu hohe Gagen gefordert hatten.

Gert Fröbe sprach beim Dreh kein Englisch, obwohl seine Sprachtrainerin Nikki van der Zyl ihn über einen längeren Zeitraum coachte.

Da Gert Fröbe sehr schlecht Englisch sprach und synchronisiert werden musste, bat ihn Regisseur Guy Hamilton, in schnellem Deutsch zu sprechen. Das machte es Michael Collins beim Nachvertonen leichter, ihn zu übersprechen, ohne groß auf die Synchronität der Lippen achten zu müssen.

Turmspringer Al Coffey ist in der Miami-Beach-Szene der Mann, der vom 10-Meter-Brett ins Poolwasser des Fontainbleau-Hotels springt.

Mit diesem Film wurde eine Formel entwickelt, welche Bestandteile ein *James Bond*-Abenteuer haben müsse. Sie wurde bei allen anderen *007*-Filmen mit leichten Variationen immer wieder verwendet.

Der im Film nur genannte Schurke Ramirez produziert Bananen mit Heroinaroma, um Revolutionen zu finanzieren.

Ian Fleming setzte den Namen von James Bonds Golftrainer Alfred Blacking aus den Namen von Golfprofi Albert Whiting und Flemings Golfpartner John Blackwell zusammen.

Bevor Honor Blackman als Schauspielerin Erfolg hatte, war sie mehrfach bei einem Psychiater, um sich von ihren Depressionen heilen zu lassen.

Aus Angst, der Name Pussy Galore würde von den Zensoren niemals durchgewunken werden, überlegten die Filmemacher, die Figur in Kitty Galore umzubenennen.

Regisseur Guy Hamilton strich James Bonds Dauerfreundin der ersten beiden Filme aus dem Drehbuch von *Goldfinger*, weil er der Meinung war, 007 sollte keine feste Beziehung in seinem Leben haben.

Die *Goldfinger*-Premiere in Frankreich wurde doppelt genutzt. Neben der Filmpremiere drehte man in dieser Zeit Szenen im Château d'Anet, die in *Feuerball* (1965) zu sehen sind.

Als James Bond einen 30 Jahre alten Brandy trinkt, schmeckt er heraus, dass der etwas zu viel Bombua, also »undefinierbare Zusätze« enthalte.

Im Roman spielt Goldfinger gegen Junius Du Pont Canasta und betrügt. Im Film ist sein Gegner Mr Simmons und das Spiel ist Gin Rommé.

Jacqueline, die Frau des Produzenten Harry Saltzman, hatte eine Statistenrolle, die herausgeschnitten wurde. Sie spielte eine Tankstellenbesitzerin, die Tilly Masterson neue Autoreifen bestellt.

Die Schauspielerin Mai Ling verkörpert die Figur Mei-Lei.

Milton Reid, der in *James Bond 007 jagt Dr. No* (1962) einen Handlanger Nos spielt, hatte auch für die Rolle des Oddjob vorgesprochen. Er bot sogar an, öffentlich gegen Harold Sakata zu ringen, wurde aber abgelehnt. In *Der Spion, der mich liebte* (1977) versuchte Reid sein Glück erneut und bekam die Rolle des Sandor.

Während Goldfinger im Roman einen Golfball vom Typ Dunlop 65 spielt, ist es im Film ein Slazenger 1.

Eine harmlos wirkende alte Frau steht urplötzlich mit einer Maschinenpistole vor Bonds Auto und feuert auf seinen Aston Martin – ein Schockeffekt, der durch Alfred Hitchcocks Schreckmomente inspiriert ist.

Gert Fröbe hatte Skrupel, die Szenen mit dem Delta-9-Norvengas umzusetzen, weil er meinte, die Tötungsmethode mit Gas könnte vom jüdischen Publikum als Parallele zur Vorgehensweise im Dritten Reich angesehen werden.

DIE BAR AUS DER PRE-TITLE-SEQUENZ WIRD IM FILM NICHT NAMENTLICH GENANNT, IM DREHBUCH HEISST SIE ABER EL SCORPIO.

Berühmte Worte: James Bond gerät in Gefangenschaft und fragt Goldfinger: »Erwarten Sie von mir, dass ich rede?« Der Schurke antwortet: »Nein, Mr Bond. Ich erwarte von Ihnen, dass Sie sterben!«

Alf Joint, der Capungo spielt, bekam seine Rolle, weil der eigentlich gebuchte Schauspieler einige Tage vor Drehbeginn von der Polizei wegen Diebstahls verhaftet wurde.

TANJA MALLET, DIE TILLY MASTERSON SPIELT, SCHWOR SICH NACH DEN DREHARBEITEN, NIE WIEDER EINE ROLLE ANZUNEHMEN.

Goldfinger soll vor der offiziellen Premiere bereits einmal in New Orleans aufgeführt worden sein. Später spielte dort *Leben und sterben lassen* (1973).

FEUERBALL (1965)

Als *Feuerball* startete, war der Film so erfolgreich, dass von einem Kinoleiter berichtet wurde, der sein Theater mehrere Tage lang nicht verlassen konnte. Daraufhin drohte ihm seine Frau mit der Scheidung.

Produktionsdesigner Peter Lamont doubelte Sean Connerys Hand und nimmt dem toten SPECTRE-Mann im versunkenen Vulcan-Bomber Uhr und Erkennungsmarke ab.

Bei der 00-Agentenversammlung wollte Drehbuchautor Richard Maibaum am liebsten nur Darsteller sehen, die in ihrer Karriere schon einmal einen Spion oder Agenten gespielt hatten. Die Idee wurde dann aber als zu albern gestrichen.

Unter den 00-Agenten bei der Konferenz ist das erste und einzige Mal auch eine Frau zu sehen.

Die Sprengköpfe der gekidnappten Atombomben tragen die Seriennummern 456 und 457.

Albert R. Broccoli engagierte für eine Massenszene 200 Rotkreuz-Helfer als Statisten und setzte sie in der Casinoszene auf den Bahamas ein – als Gegenleistung spendete er eine unbekannte Summe an die Organisation.

Largos Wohnsitz hieß in einer frühen Drehbuchversion noch Xanadu – benannt nach dem Ort in Samuel Coleridges Gedicht »Kubla Khan« (1798) – und nicht Palmyra.

Bonds Gegner in der Pre-Title-Sequenz heißt in vielen Quellen unterschiedlich. Grund: Die Nachnamen der Figuren Madame Boitier und des Schurken Colonel Jacques Bouvar wurden vertauscht.

Die Wasserlandung des Vulcan-Bombers wurde mithilfe eines Modells aufgenommen, das an Drähten geführt wurde.

HAIE, DIE AM UNTERWASSERSET AUFTAUCHTEN, SORGTEN DAFÜR, DASS SICH DIE DREHARBEITEN VERZÖGERTEN.

Die Unterwasserkulisse des Vulcan-Bombers wurde nach Beendigung der Dreharbeiten gesprengt, um anderen Filmproduktionen nicht die Möglichkeit zu geben, dort drehen zu können. Die Überreste sind noch heute ein beliebtes Taucherziel.

Fiona Volpe sollte ursprünglich Fiona Kelly heißen und von einer Irin gespielt werden. Als man die Rolle mit der Italienerin Luciana Paluzzi besetzte, änderte man den Namen.

Felix-Leiter-Darsteller Rick Van Nutter hatte für drei aufeinanderfolgende *007*-Filme unterschrieben. Dummerweise kam die Figur Leiter in den beiden folgenden *Bond*-Filmen nicht vor und der Vertrag lief aus.

Unterwasserkameras waren 1965 eine technische Sensation. Bond macht mit seiner Infrarotkamera sogar Aufnahmen im Dunkeln.

Der Stuntman, der bei der Unterwasserschlacht von einer explosiven Harpune getroffen wird, hatte den Sprengsatz verkehrtherum im Taucheranzug und er ging nach innen los. Der Verletzte musste mit Verbrennungen in ein Krankenhaus gebracht werden.

Als der Figur Palazzi der Sauerstoffschlauch durchgeschnitten wird, ereignete sich fast eine Katastrophe: Der Sitzgurt im Vulcan-Bomber hatte sich verklemmt und der Stuntman wäre fast ertrunken, wenn nicht ein Crewmitglied den Ernst der Lage erkannt hätte.

Stammstuntman Bob Simmons ließ sich bei einem Autostunt im falschen Moment aus einem brennenden Fahrzeug fallen und fiel direkt ins Feuer. Er überlebte mit leichten Verbrennungen.

Drei Nächte drehte man an den Tanzszenen, bei denen sich James Bond und Domino näherkommen.

Nachdem Bond Jacques Bouvar mit einem Feuerhaken erschlagen hat, wirft er einen Strauß Tulpen auf die Leiche.

Die Einfahrt des Martinique-Cafés, in dem man Szenen für *Feuerball* filmte, wurde in Erinnerungen an die Dreharbeiten in Thunderball Canal umbenannt.

Domino Derval hieß in einer frühen Drehbuchfassung noch Domino Smith und war eine britische Agentin, die verdeckt bei der Mafia arbeitete und den Schurken Cuneo ausspionierte.

Das Sky-Hook-Rettungssystem am Ende des Films existiert tatsächlich: Ein vorüberfliegendes Flugzeug nimmt die Rettungsleine und die daran befestigten Personen auf. Sean Connery macht in seiner Rolle als 007 aber einen fatalen Fehler: Er führt das Rettungsseil unter seinem Arm durch und wäre in der Realität in Stücke gerissen worden.

Stuntman Bob Simmons, der in den ersten drei *007*-Filmen als Bond im Gun Barrel zu sehen ist, spielte Colonel Jacques Bouvar, mit dem 007 im Chateau d'Anet kämpft.

James Bond wird von Graf Lippe auf einer motorisierten Dehnungsbank zur Streckung der Wirbelsäule gefoltert. Bond rächt sich und schließt Lippe in einem Dampfsaunakasten ein.

Stuntman Bill Sawyer wurde in einer Szene von Sean Connery durch eine Fensterscheibe geschleudert. Eine Scherbe schnitt ihm ins Augenlid und man sieht in einem kurzen Moment sogar Blut auf die Heizung tropfen.

Das Tattoo von Graf Lippe, ein rotes Quadrat mit einem durchgehenden Pfeil, ist ein Tong-Zeichen – Tong-Organisationen sind geheime Gesellschaften oder vereidigte Bruderschaften, die oft in kriminelle Aktivitäten verwickelt sind.

Bond meint gegenüber Pat, er sei eine Art Problemlöser. Ähnliches sagt er auch in *Lizenz zum Töten* (1989) zu Franz Sanchez.

Kein Film spielte 1966 in Großbritannien und Amerika mehr in den Kinos ein als *Feuerball*.

Bei Interviews bestand die 25 Jahre alte Luciana Paluzzi darauf, dass ihr vier Jahre alter Sohn Christian nicht erwähnt wurde, um ihrem Image nicht zu schaden.

Luciana Paluzzis Trauzeuge bei ihrer dritten Hochzeit war *Bond*-Regisseur Terence Young.

Molly Peters war vor ihrem Einsatz bei *Bond* Model und ihre Agentur hatte einen Exklusivvertrag mit ihr, der eine Verfügung enthielt, alle weiteren Auftritte nach *Feuerball* zu unterbinden, um nur noch für die Agentur eingesetzt werden zu können. Peters spielte nach dem Film nie wieder eine Rolle.

Der Sänger des Titelsongs, Tom Jones, heiratete schon mit 16 Jahren, ein Jahr nachdem er die Schule verlassen hatte. Mit 17 war er bereits Vater.

James Bonds Raketenrucksack war unter dem Namen Jetpack für die Armee entwickelt worden. Da man damit nur 21 Sekunden in der Luft bleiben konnte, kam er nie zum Einsatz.

Viele Jahre benutzten Stuntmen einen Raketenrucksack, wie ihn 007 am Anfang des Films besitzt, bei den täglichen Shows in Disneyland.

Das Jetpack, mit dem James Bond vor seinen Feinden wegfliegt, ist auch in der Werkstatt des Waffenmeisters in *Stirb an einem anderen Tag* (2002) zu sehen.

In einer frühen Drehbuchversion, die Ian Fleming schrieb und die später den Stoff für *Feuerball* (1965) lieferte, hält James Bond lange Monologe, um sich dem Publikum vorzustellen (»Mein Name ist James Bond. Ich bin Geheimagent Nummer 007 im Secret Service ...«). Man verwarf die Idee als untauglich für die Leinwand.

Titeldesigner Maurice Binder hatte große Freude daran, nackte Frauen in einem Wassertank der Pinewood Studios zu filmen, deren Silhouetten schließlich im Vorspann zu sehen sind. Binder bestand auf kaltem Wasser, damit die Brustwarzen der Schwimmerinnen besser zur Geltung kamen.

Feuerball sollte als erster *Bond*-Film gedreht werden – das Drehbuch war bereits 1961 fertig, jedoch schaltete sich Kevin McClory ein und behauptete, an Flemings Roman urheberrechtliche Ansprüche zu haben. Das Projekt wurde auf Eis gelegt und stattdessen *James Bond 007 jagt Dr. No* (1962) gedreht.

Robert McGinnis' ungenutzte Plakatentwürfe wurden von Averardo Ciriello in Italien benutzt und zeigen Connery ohne Hosen.

JAMES BOND STREICHELT DIE KRANKENSCHWESTER PATRICIA FEARING MIT EINEM NERZHANDSCHUH, UM DIE HORMONE ZU »BERUHIGEN«.

Auf den Bahamas besucht 007 den Kiss Kiss Club. Der Name kommt daher, dass der Titelsong des Films ursprünglich »Kiss Kiss Bang Bang« heißen sollte.

In einer frühen Drehbuchversion heißt das Bond-Girl noch Gaby.

Earl Cameron spielt die Figur Pinder. Seine Stimme ist aber fälschlicherweise im Film zu hören, wenn nur Bond und Felix Leiter in einem Helikopter unterwegs sind.

Bevor Bond, der Gefahr läuft, von seinen Gegnern entdeckt zu werden, das Zimmer verlässt, nimmt er sich noch eine Weintraube aus einem Obstkorb. In Anspielung auf diese Szene isst Bond auch in *Stirb an einem anderen Tag* im »Schönheitssalon« von Los Organos eine Traube.

Zufall: Während eines Langstreckenflugs las Adolfo Celi zufällig den Roman *Feuerball*, mochte die Story und malte sich aus, wie es wohl wäre, den Schurken Largo zu spielen. Zwanzig Tage später bekam Celi von seinem Agenten die Mitteilung, *Bond*-Produzent Harry Saltzman wolle ihn in Paris treffen.

ZUVOR WAR KLAUS KINSKI ALS DARSTELLER DES SCHURKEN LARGO IN BETRACHT GEZOGEN WORDEN.

Ein seltsamer Filmfehler passiert am Anfang: Aus weißen Rosen in einer Vase werden nach einem Schnitt rosa Tulpen.

Felix Leiters Hosen sind bei der Suche nach dem Vulcan-Bomber mal kurz und mal lang.

Auf der Tür des Raums, in dem 007 sich an Graf Lippe rächt, steht beim Betreten die Aufschrift »Massage«. Als Bond das Zimmer verlässt, lautet die Aufschrift »Sitz Bath & Heat Treatment«.

Die Farbe von James Bonds Taucherbrille verändert sich beim großen Unterwasserfinale: Bond wird die blaue Brille vom Gesicht gerissen, er schnappt sich eine schwarze von einem toten SPECTRE-Mann und hat in der nächsten Einstellung wieder eine blaue Brille auf.

Die Atemstäbchen, die 007 in diesem Film benutzt, gehören auch in *Stirb an einem anderen Tag* zu Bonds Equipment.

Damit der Aston Martin Wasserfontänen ausstoßen konnte, brachte Spezialeffektexperte John Stears Feuerwehrschläuche unter dem Fahrzeug an.

Produzent Albert R. Broccoli wollte nicht Claudine Auger als Bond-Girl verpflichten, sondern Raquel Welch.

Wenn Graf Lippe James Bond mit seinem Wagen verfolgt, sind die Nummernschilder des Aston Martin geschwärzt, da man die Szenen im Film spiegelverkehrt zeigt.

Die Figur Kutze ist im Roman ein ostdeutscher Physiker und heißt darin Kotze. Er ist auch nicht wie im Film am Schluss auf 007s Seite, sondern schlägt vor, Domino zu ertränken.

In einer gedrehten, aber aus dem Film geschnittenen Szene haben James Bond und Domino unter Wasser Sex. Sie lassen sich hinter eine große Koralle sinken und im Strom der Luftblasen aus den Sauerstofflaschen treibt schließlich Dominos Bikini nach oben.

Connerys Double, Frank Cousins, ist als 007 zu sehen, als dieser mit dem Unterwasserantrieb durchs Meer rauscht. Cousins hing an einem Draht hinter einem Motorboot und wurde so schnell durchs Wasser gezogen, dass eine falsche Kopfbewegung seinerseits zum Genickbruch hätte führen können.

Für die Junkanoo-Parade rief die Filmcrew Statisten auf, sich extravagante Kostüme einfallen zu lassen. Eine Gruppe sollte jedoch aus dem Film geschnitten werden, weil sie »007« auf ihren Umzugswagen und die Kleider geschrieben hatte. Kurz sind sie dennoch im Bild, weil Cutter Peter Hunt unbedingt einen pinkelnden Hund zeigen wollte, der vor der Gruppe steht.

Largos Swimmingpool beherbergt Haie und per Steuerpult kann ein Gitter über die Wasseroberfläche gefahren werden, damit im Pool schwimmende Menschen nicht entkommen können.

Die Raketen, die die BSA 650 Lightning abfeuert, tragen den Namen Ikarus – so heißt auch Gustav Graves Weltraumwaffe in *Stirb an einem anderen Tag* (2002).

Hai-Experte Jacques Cousteau überredete Sean Connery, in ein Becken voller Haie zu steigen, die nur durch eine Plexiglasscheibe von ihm getrennt waren. Was Connery erst unter Wasser bemerkte: Produktionsdesigner Ken Adam hatte die Scheibe zu kurz gemacht, um die Haie vom Darsteller zu trennen. Connerys geschockter Blick im Film ist echt.

18 Personen waren allein damit beschäftigt, die echten Haie unter Kontrolle zu halten. Bis alle Haiszenen im Kasten waren, vergingen über 50 Tage.

Ken Adam und Peter Lamont fotografierten heimlich echte Atombomben auf einem Luftwaffenstützpunkt und bauten basierend darauf die Attrappen für den Film.

Produktionsdesigner Ken Adam kaufte das marode alte Tragflächenboot *The Flying Fish* und ließ es für 500.000 US-Dollar zu Largos Yacht *Disco Volante* umbauen.

James Bond erkennt (in der deutschen Synchronversion) einen männlichen Gegner in Frauenkleidern daran, dass er Plattfüße hat und schlecht auf Pfennigabsätzen laufen kann. Im Original enttarnt er den als Frau verkleideten Ganoven, weil er sich die Autotür selbst geöffnet und das nicht dem Chauffeur überlassen hat wie eine Dame.

Die Kampfszenen an Bord der *Disco Volante* wurden in höherer Geschwindigkeit in den Film geschnitten, um sie actionreicher wirken zu lassen.

Martine Beswick, die Paula Caplan spielte, war bereits als Zigeunerin Zora in *Liebesgrüße aus Moskau* mit von der Partie. Für diesen Film bekam sie den Auftrag, sich 14 Tage in die Sonne zu legen, um so braun wie eine Insulanerin auszusehen.

Blofeld stellt die Bedingung, der Big Ben solle bei Akzeptanz der Lösegeldforderung am Folgetag um 18:00 Uhr sieben Mal schlagen. Im Film heißt es, die falsche Schlagzahl ereignete sich schon einmal 1889 während eines Unwetters, was nicht stimmt.

Anthony Dawson, Professor Dent aus *James Bond 007 jagt Dr. No* (1962), ist (ohne, dass sein Gesicht gezeigt wird) in der Rolle des Ernst Stavro Blofeld zu sehen. Er spielte diese Rolle nach *Liebesgrüße aus Moskau* (1963) zum zweiten Mal.

Weil Stuntman Bob Simmons, der Madame Boitier verkörperte, sich nicht weiblich genug bewegte, kam Rose Alba als zusätzliche Darstellerin mit ins Team und war in allen Szenen zu sehen, in denen der Schleier der Figur noch nicht gelüftet ist.

Drei Drehstunden wurden benötigt, bis die Szene gefilmt war, in der sich Evelyn Boren als Double von Claudine Auger von einer Schildkröte ziehen lässt.

Michael Brennan sollte ursprünglich Vargas spielen, bekam aber schließlich den Part des Janni, weil er affenähnlicher aussah – so war die Figur in Flemings Roman beschrieben worden.

Erstmals drehte Q-Darsteller Desmond Llewelyn nicht im Studio, sondern reiste zum Drehort auf die Bahamas. Die Freude währte nicht lange: Die ersten drei Wochen regnete es durchgehend. Am Tag seines Rückflugs kam die Sonne heraus. Er wollte die letzte Chance zu einem Poolbesuch nutzen und es begann wieder zu regnen.

James Bond und Domino unterhalten sich darüber, dass die Schneckenmuschelsuppe, die sie essen, potenzsteigernd wirken soll. Im Roman heißt es, die Schnecken werden Hochzeitspaaren für ihre erste Nacht überreicht.

CASINO ROYALE
(1967)

Das Drehbuch des Films hatte 240 Seiten. Pro Drehbuchseite geht man von einer Filmminute aus, womit der Stoff für damalige Verhältnisse fürs Kino völlig ungeeignet gewesen wäre.

Ursula Andress bekam beim Dreh die Anweisung, ihre Schultern weiter nach hinten zu ziehen, um ihren Busen besser in Szene zu setzen.

Peter Sellers selbst schlug Orson Welles als Le Chiffre vor. Die beiden Männer konnten sich aber am Set auf den Tod nicht ausstehen und weigerten sich schließlich sogar, miteinander zu drehen.

Bei einem Treffen vor Drehbeginn zwischen Orson Welles und Peter Sellers begann Sellers, einen Vortrag zum Thema Übergewicht zu halten. So wurden Sellers und Welles schon zu Rivalen, noch bevor eine einzige Aufnahme der beiden im Kasten war.

Das Lied »The Look of Love« wurde extra für den Film geschrieben, doch Charlie Feldman wollte, dass es aus dem Film geschnitten werden sollte. Schließlich blieb es drin und bekam eine Oscar-Nominierung.

»The Look of Love« von Dusty Springfield wird in der deutschen Version des Films von Mireille Mathieu gesungen. Hier heißt das Lied »Ein Blick von dir«.

Die beim Dreh eingesetzten Lichtquellen brauchten teilweise bis zu 30 Minuten, um sich aufzuwärmen und dann voll einsatzbereit zu sein.

Casino Royale (1967) wird nicht zu den offiziellen *James Bond*-Filmen gezählt, weil er nicht von den ursprünglichen Produzenten Harry Saltzman und Albert R. Broccoli produziert wurde.

DER SCHURKE DR. NOAH LÄSST JAMES BONDS TOCHTER MATA MIT EINEM UFO ENTFÜHREN.

Das Letzte, was von M nach einer Explosion übrig bleibt, ist sein Toupet. Sir James Bond übergibt es dessen vermeintlicher Witwe als Andenken.

Der Arbeitstitel des Films lautete »The David Niven Story«.

Das SMERSH-Hauptquartier befindet sich im Film in der Friedrichstraße in Berlin.

Ursula Andress war bereits als Bond-Girl Honey Rider in *James Bond 007 jagt Dr. No* (1962) mit von der Partie. In *Casino Royale* (1967) spielt sie Vesper Lynd.

Ein als Gartenzwerg verkleideter Spion verfolgt Evelyn Tremble. Der Zwerg ist ein Sicherheitsmann im James-Bond-007-Schulungszentrum.

DER SCHURKE PAULE LÄUFT BATTERIEBETRIEBEN.

Eine Frau im Film heißt Miss Langbein. Im Untertitel der Blu-ray wird sie »Miss Gutschenkel« genannt, weil sie in der englischen Filmversion Miss Goodthighs heißt.

In einer Szene probiert Peter Sellers in seiner Rolle mehrere Kostüme aus und verkleidet sich u. a. als Adolf Hitler. In einigen Schnittversionen des Films, die im TV liefen, ist diese Szene nicht enthalten.

Terence Cooper hält einen Rekord: Er gibt die meisten Filmküsse, die jemals von einer Person in einem *007*-Film verteilt worden sind.

In den geheimen Gängen des Casinos trifft Sir James Bond auch auf Frankensteins Monster, das orientierungslos durch die Gegend irrt.

James Bond ist am Ende des Films tot, weil im Casino Royale eine Bombe explodiert ist, die sein Neffe Jimmy Bond verschluckt hat.

Die Bombe, die das Casino in diesem Film in die Luft sprengt, befindet sich in dem von Dr. Noah erfundenen Aspirin.

Woody Allen sagte während der Dreharbeiten einmal: »Feldman will keinen *James Bond*-Film machen. Er möchte einen Film machen, der allen *James Bond*-Filmen ein Ende setzt.«

Woody Allen war mit den Dreharbeiten dermaßen unzufrieden, dass er das Set am letzten Drehtag noch in seinem Kostüm verließ und zum Flughafen eilte.

Jean-Paul Belmondo, der zur Zeit der Dreharbeiten mit Ursula Andress zusammen war, hat einen Gastauftritt als Fremdenlegionär/Gendarm, der lediglich »Scheiße« sagt.

Da Terence Cooper als Darsteller unbekannt war, wurde das Darstellerteam um die Stars David Niven, Orson Welles und Ursula Andress aufgestockt.

Terence Cooper schloss mit Produzent Feldman einen Vertrag als Darsteller, der über sieben Jahre lief und ihm eine Startgage von 250 Pfund zusicherte, die pro Woche um 1.000 Pfund stieg.

Sir James Bond spielt Stücke von Debussy auf dem Klavier.

Rennfahrer Stirling Moss, von dem Peter Sellers ein Fan war, bekam einen Gastauftritt als Chauffeur.

David Niven bekam niemals das ganze Drehbuch zu sehen und verlor irgendwann den Überblick, da auch ständig Änderungen vorgenommen wurden. Als er den fertigen Film sah, war er sprachlos vor Enttäuschung.

In einer Actionszene wird ein Loch in die Berliner Mauer gesprengt.

Schurke Dr. Noah hat am 20. April Geburtstag (wie Adolf Hitler) und will an diesem Tag alle wichtigen Staatsmänner töten und durch Doubles ersetzen lassen. Man änderte das Datum in der deutschen Synchronversion.

Mata Hari hat mit James Bond die uneheliche Tochter Mata gezeugt. Hari ist Bonds »Frau fürs Leben« und hat ihn dazu gebracht, den Dienst zu quittieren.

Im Film ist die Rede davon, dass Miss Moneypenny ins Kloster gegangen sei, als Bond in den Ruhestand ging.

GEORGE RAFT SPIELT SICH IM FILM SELBST.

Ursula Andress übernahm die Rolle der Vesper Lynd für 250.000 Dollar unter der Bedingung, in der Endfassung des Films synchronisiert zu werden, wie es bei *James Bond 007 jagt Dr. No* (1962) der Fall gewesen war. Damals hatte Nikki van der Zyl alle Textstellen Andress' neu synchronisiert. Für ihre Rolle in *James Bond 007 jagt Dr. No* bekam Ursula Andress dagegen nur 1.800 Pfund Gage.

Während zahlreiche Hauptfiguren, die bei der Explosion des Casinos ums Leben kommen, am Ende des Films als Engel auf einer Wolke Harfe spielen, kommt Jimmy Bond in die Hölle.

Ein Karate-Experte im Film ist so in seine Karateschläge vertieft, dass er sich beim Salutieren selbst k. o. schlägt.

Dr. Noahs biologische Waffe, Dr. Noahs Bazillus, wirkt sich bei Verströmen in der Atmosphäre so aus, dass Frauen schön und alle Männer über 1,27 Meter vernichtet werden.

Eine Anspielung auf den Schurkendarsteller aus *Casino Royale* (1954) macht die Figur Paule: Er berichtet, Peter Lorre sei in der Mata-Hari-Tanzschule zur Spionageausbildung gewesen.

Mata Bonds Rechnung für die Taxifahrt von London nach Berlin beträgt 481 Pfund, 15 Shilling und 9 Pence.

Das Büro des Casinoleiters ist ein gigantischer Aufzug, der sich in Bewegung setzt, wenn man auf das Auge eines ausgestopften Tigers drückt. Damit verbunden ergibt sich ein Filmfehler, denn später wird dem Tiger ins Ohr gedrückt, um den Fahrstuhl in Gang zu setzen.

Im August 1965 gab Peter Sellers dem Produzenten Feldman die mündliche Zusage, am Film mitzuarbeiten. Er sollte eine Gage von 750.000 Dollar zuzüglich 10.000 Dollar bei Vertragsunterschrift erhalten.

In Dr. Noahs Schrank liegt in einer Szene, in Anspielung auf *Goldfinger* (1964), eine Melone, wie sie Oddjob getragen hat.

Charles Feldman wollte 1961 Howard Hughes als Regisseur für den Film gewinnen, der lehnte aber ab, weil Albert R. Broccoli und Harry Saltzman bereits mit der Vorproduktion von *James Bond 007 jagt Dr. No* (1962) begonnen hatten und er nicht mit ihrem Film konkurrieren wollte.

Peter Sellers engagierte einen persönlichen Trainer, um fit für die Rolle zu werden, doch das Gegenteil geschah: In der Nacht auf Samstag, den 5. April 1964, wurde Sellers mit Brustschmerzen ins Krankenhaus eingeliefert. Zwei Tage später erlitt er einen Herzinfarkt.

Nach seinem Herzinfarkt war Peter Sellers immer mit dem Fahrrad im Studio unterwegs und radelte anderen Leuten über die Füße – Sellers' Arzt hatte ihm das Radfahren verordnet.

In einer frühen Drehbuchversion foltert die Figur Le Chiffre sein Opfer, Bond, durch Waterboarding, wobei er nicht Wasser, sondern Whisky benutzt.

Man hatte der Schauspielerin Joan Collins (bekannt durch die Serie *Der Denver-Clan*) die Rolle der Vesper Lynd angeboten, sie konnte aber aufgrund ihrer Schwangerschaft nicht annehmen.

David Niven war der Ansicht, mit 56 Jahren noch immer »große Liebhaberrollen auf ›leichte Art‹ glaubwürdig zu verkörpern.«

Terence Cooper gab später zu, dass er sich zur Darstellerin Daliah Lavi hingezogen fühlte, die aber verheiratet war und von ihrem deutschen Ehemann am Set auf Schritt und Tritt beobachtet wurde.

David Nivens Badeszene mit Angela Scoular soll zu einem Gerichtsverfahren geführt haben, weil niemals zuvor in einem Film ein Mann und eine Frau gemeinsam in einer Badewanne gezeigt wurden. Scoulars Agent tobte, da ausgerechnet seine Klientin in dieser Szene eingesetzt wurde.

MAN LEBT NUR ZWEIMAL (1967)

Der Handlanger, gegen den Bond in Osatos Büro kämpft, wurde von dem samoanischen Wrestler »The High Chief« Peter Fanene Maivia, dem Großvater von Dwayne »The Rock« Johnson, gespielt.

Tetsuro Tamba, der Darsteller des Tiger Tanaka, wurde nach den Dreharbeiten Anführer einer religiösen Sekte in Japan.

Nebenbei verdiente sich Tetsuro Tamba auch als Hypnotiseur ein Zubrot.

James Bond redet Miss Moneypenny nur in *Man lebt nur zweimal* mit dem Spitznamen Penny an.

Die Falltür – Bond fällt in ein Rutschensystem, das ihn in einem bequemen Ledersessel von Tiger Tanaka landen lässt – hat ihren Ursprung im Roman, nur wird sie hier nicht von Tanaka, sondern von Ernst Stavro Blofeld eingesetzt, um 007 zu fangen.

Ken Wallis, der Pilot der *Little Nellie*, startete 85 Mal mit dem Autogyro WA-116 und verbrachte zusammengerechnet 46 Stunden in der Luft, um nicht einmal 5 Minuten auf der Leinwand zu sehen zu sein.

Sean Connery hatte die Studioszenen in der *Little Nellie* kurzärmlig abgedreht – man hatte außer Acht gelassen, dass in großer Höhe geringe Temperaturen herrschten. Darunter hatte schließlich Ken Wallis zu leiden: Damit es keine Anschlussfehler gab, flog Ken Wallis den echten Minihelikopter bei den Dreharbeiten ebenfalls kurzärmlig und fror erbärmlich.

Bei den Dreharbeiten brach sich ein Stuntman den Fußknöchel – angeblich, weil er im Vulkankrater zu schnell an einem Seil herunterrutschte. Experten meinen aber, es war Bob Simmons, der Sean Connery beim Kampf in Osatos Büro doubelte.

James Bond wird über den Torpedoschacht des U-Boots M1 vor der japanischen Küste von Bord geschossen. In *Die Welt ist nicht genug* (1999) lässt er sich mit Dr. Christmas Jones noch einmal als menschlicher Torpedo aus einem U-Boot katapultieren.

Die Szene in der Sumoarena war eine Zerreißprobe für 10.000 Komparsen, weil die hohen Temperaturen von den vielen Scheinwerfern noch verstärkt wurden. Produzent Albert R. Broccoli ließ 35.000 kalte Getränke kommen.

Nach den Dreharbeiten wurde eine limitierte Anzahl von Kissy-Suzuki-Puppen auf den Markt gebracht, für die Sammler heute bis zu 2.000 Euro zahlen.

Die Figur Aki sollte ursprünglich Suki heißen, doch Darstellerin Akiko Wakabayashi schlug eine Namensänderung vor, um nicht mit der anderen weiblichen Figur im Film, Kissy Suzuki, verwechselt zu werden.

Beim Dreh an den Docks von Kobe in Japan benutzte Sean Connery eine Spielzeugpistole, weil echte Waffen dort strengstens verboten waren.

Die Dreharbeiten der Hafenszene fanden am Pier 8 des Hafens von Kobe statt.

Albert R. Broccoli wollte seinen Freund Frank Sinatra das Titellied singen lassen. Der lehnte ab und schlug seine Tochter Nancy vor, die den Song schließlich aufnahm.

Schauspieler Teru Shimada löste bei Produzent Albert R. Broccoli Mitgefühl aus, weil der ohne Engagement als Hausmeister in den Filmstudios den Boden fegte. Broccoli bot ihm die Rolle des Mr Osato an.

Erstaunlicherweise ist Bond auf alles vorbereitet: Als er in den Vulkankrater gerät, hat er zufällig zwei Paar Saugnäpfe bei sich, um damit an der Decke des Kraters entlangzuklettern.

James Bond und Tiger Tanaka trinken Sake und Bond meint, er schmecke richtig temperiert am besten. Im Original behauptet James Bond, Sake sollte bei 98,4° Fahrenheit – also 36,9° Celsius serviert werden. Experten empfehlen 40-45° Celsius.

Q wohnt laut Drehbuch im selben Hotel wie 007 (im Hilton). Seltsam, dass sie sich erst bei der Übergabe der Little Nellie treffen.

HELGA BRANDTS LIPPENSTIFT BEINHALTET EINE RAUCHBOMBE.

Brandt besitzt eine Skalpellsammlung und droht James Bond, ihm mit einem davon die Haut abzuziehen.

Es gibt drei bekannte Pornoparodien von *Man lebt nur zweimal*. Sie tragen die Titel: *I Only Came Twice*, *You're Only Wet Twice* und *You Gave Me Crotch Lice* (Anspielungen auf den Originaltitel *You only live twice*).

Die *Little Nellie* existiert tatsächlich. Der Helikopter erreicht eine Höchstgeschwindigkeit von 208 Stundenkilometern, beschleunigt von 0 auf 155 Stundenkilometer in nur 13 Sekunden und kann bei einer Reichweite von 11,2 Kilometer pro Liter bis zu 5.644 Meter über dem Meeresspiegel fliegen.

Bonds Kontaktmann Henderson wird von Charles Gray gespielt, der vier Jahre später als Ernst Stavro Blofeld in *Diamantenfieber* (1971) zurückkehrt.

Ein Pilot, der die Filmcrew zur Location-Suche über Japan flog, gab zu, als Kamikazepilot im Zweiten Weltkrieg geflogen zu sein.

Henderson serviert James Bond einen unüblich zubereiteten Drink: »Wodka Martini gerührt, nicht geschüttelt« – 007 ist das völlig recht.

Karin Dor schrie in ihrer Sterbeszene so laut, dass sie am folgenden Drehtag keine Stimme mehr hatte.

In der Anfangssequenz wird James Bond in einem Klappbett eingeklemmt und scheinbar von Maschinenpistolen durchsiebt – der Tod ist fingiert.

Während der Dreharbeiten feierte Regieassistent Billy Graf seinen 21. Geburtstag und Sean Connery stürzte sich als Erster auf die Geburtstagstorte.

Harold Jack Bloom, der an einem frühen Drehbuch mitgearbeitet hatte, sollte im Vorspann zunächst nicht genannt werden. Er klagte dagegen und gewann.

Karin Dor musste sich die Haare für die Rolle der Helga Brandt rot färben. Nach eigenen Aussagen hätte sie sich die Haare auch grün gefärbt, um die Rolle zu bekommen.

Man lebt nur zweimal war der erste Film, in dem Massen-Ninja-Kampfszenen gezeigt wurden. Nach dem Erscheinen des Films brach eine regelrechte Ninja-Welle aus.

Roald Dahl schrieb das Drehbuch zum Film in nur sechs Wochen.

Dahls Ehefrau, Patricia Neal, war nach mehreren Schlaganfällen schwer behindert. Er nahm den Auftrag, das Drehbuch zu schreiben, an, um ihre Arztrechnungen bezahlen zu können.

Gissy André sang eine deutsche Version des Liedes »You Only Live Twice« unter dem Titel »Du lebst nur zweimal«.

KÖNIGIN ELIZABETH II. BESUCHTE ALS ERSTE MONARCHIN DIE URAUFFÜHRUNG DES FILMS AM 12. JULI 1967 IM LONDONER ODEON-KINO.

Kameramann Johnny Jordan wurde bei Aufnahmen des Luftkampfs zwischen der *Little Nellie* und feindlichen Helikoptern durch ein Rotorblatt sein halbes Bein abgetrennt. Trotz Not-OP musste das Bein später amputiert werden. Er kehrte jedoch als Kameramann für *Im Geheimdienst Ihrer Majestät* (1969) zurück.

Sean Connerys Ehefrau, Diane Cilento, doubelte Mie Hama mit schwarzer Perücke für die Unterwasseraufnahmen, da Hama nicht tauchen konnte.

»Bevorstehend« ist das Codewort für den Beginn des Dritten Weltkriegs. Es geht in der deutschen Synchronversion unter, als es von den Amerikanern genannt und später zurückgezogen wird.

Bond gibt sich als Mr Fisher aus und behauptet, sein Vorgänger sei im Chemiewerk von Empire Chemical in eine Pulvermühle gefallen.

Im Roman *Man lebt nur zweimal* entkommt Blofeld nicht wie im Film, sondern wird von James Bond mit bloßen Händen erwürgt.

Obwohl Ernst Stavro Blofeld schon in *Liebesgrüße aus Moskau* (1963) und *Feuerball* (1965) vorkam, sah man sein Gesicht erst in *Man lebt nur zweimal*.

Als Lewis Gilbert das Angebot der *Bond*-Produzenten, Regie zu führen, ablehnte, rief ihn Broccoli persönlich an und sagte: »Du kannst den Film nicht ablehnen, die ganze Welt ist darauf gespannt, wie du ihn versaust!« Gilbert akzeptierte.

Mie Hama war für japanische Verhältnisse mit etwas mehr als 1,60 Meter relativ groß.

Jan Werich war als Blofeld verpflichtet worden, ohne dass Regisseur Lewis Gilbert ihn gesehen hatte. Nachdem die ersten Szenen gedreht waren und Gilbert meinte, er sehe aus wie ein gutmütiger Weihnachtsmann, wurde der Vertrag aufgelöst und Donald Pleasence übernahm die Schurkenrolle.

James Bond steigt links in den Toyota ein, verlässt diesen bei Henderson aber auf der rechten Seite – einer der populärsten Filmfehler in diesem Teil.

ALS MODEL WAR HAMA SO BEGEHRT, DASS SIE JÄHRLICH IM DURCHSCHNITT AUF 25 TITELSEITEN ZU SEHEN WAR.

James Bond gibt an, in Cambridge orientalische Sprachen studiert zu haben und könne daher auf das von Moneypenny angebotene Buch *Instant Japanese* verzichten. Raymond Benson schreibt im Roman *Der Morgen stirbt nie*, Bond habe Moneypenny angelogen, als er dies behauptete.

Sean Connery gab noch während der Dreharbeiten bei einem Interview mit der *Los Angeles Times* bekannt, keinen sechsten *James Bond*-Film mehr zu drehen. Schließlich drehte er aber doch noch zwei: *Diamantenfieber* (1971) und *Sag niemals nie* (1983).

James Bond hat einen handgroßen elektronischen Safeknacker, mit dem er Osatos Tresor öffnet. Im Folgefilm *Im Geheimdienst Ihrer Majestät* (1969) ist der Safeknacker so groß wie ein Aktenkoffer – beinhaltet aber noch einen Fotokopierer, was 1969 innovativ war.

Im Juni 1967 bot United Artists einem US-TV-Sender die Ausstrahlungsrechte der ersten fünf Filme der Reihe und des geplanten sechsten Teils für 30 Millionen Dollar an. Es hätten laut Vertrag zwei Filme pro Jahr (maximal zweimal) gezeigt werden dürfen. Der Deal kam nicht zustande.

IM GEHEIMDIENST IHRER MAJESTÄT (1969)

Diana Rigg lernte ihre Texte zu Hause und hatte Angst, sie würden von anderen Menschen aufgeschnappt werden, da ihr Papagei Chrome sich alles einprägte und wiederholte.

Johnny Jordan, der bei den Dreharbeiten zu *Man lebt nur zweimal* (1967) ein Bein verloren hatte, kehrte zurück und konnte dank des fehlenden Beins flexibel an Orten filmen, an denen kein zweibeiniger Kameramann Platz gefunden hätte – so filmte er aus der Frontverkleidung eines Bobs heraus.

Das Büro von James Bond wird nur in zwei Filmen gezeigt. Das echte in *Im Geheimdienst Ihrer Majestät* (1969) und ein virtuelles »Büro« in *Stirb an einem anderen Tag* (2002).

George Lazenby, der 007 zum ersten und letzten Mal spielte, sollte sich auf Wunsch von Albert R. Broccoli und Harry Saltzman eine Warze auf seiner linken Wange entfernen lassen, was er nicht tat.

Bernhard Russi, der als Stuntman im Einsatz war und in einer Szene vor die Schneefräse stürzt, war in den 1970er Jahren als Sportler aktiv und gehörte damals zu den weltweit besten Athleten im Abfahrtslauf. Russi gewann eine olympische Goldmedaille und zwei Weltmeistertitel. Beim Dreh einer Verfolgungsjagd stürzte er schwer und brach sich dabei einen Halswirbel.

Um glaubwürdig zu zeigen, wie ein SPECTRE-Mann in eine Schneefräse fällt, warf man ein totes Schaf (andere Quellen besagen, es sei ein Schwein gewesen) zusammen mit zwanzig Litern roter Farbe in die Fräse.

Beim Casting von George Lazenby sollte dieser eine Prügelszene vorspielen und brach dem Stuntman Yuri Borienko die Nase.

Irma Bunt tötet am Ende des Films James Bonds Frau Tracy mit einem Maschinengewehr. Im Roman war Blofeld selbst der Mörder von Tracy Bond. Sie wird von Bond niemals gefasst.

George Lazenby drehte die letzte Filmszene, in der Tracy tot auf seinem Schoß liegt, mit Tränen in den Augen. Regisseur Peter Hunt wollte aber keinen weinenden Bond zeigen und bat Lazenby, die Szene noch einmal ohne Tränen zu spielen.

Um 007 in der finalen Filmszene verzweifelter wirken zu lassen, ließ sich Regisseur Peter Hunt an diesem Tag vor Drehbeginn nicht am Set sehen und gab Lazenby zunächst auch keine Anweisungen. Der Bond-Darsteller deutete das falsch und war sauer.

Blofelds Mädchen, die einen Virus verbreiten sollen, der die Menschheit unfruchtbar macht, werden Todesengel genannt. Der Virus befindet sich in Parfümzerstäubern, die sie geschenkt bekommen.

In James Bonds Schreibtischschublade liegen die Goldmünzen aus seinem Koffer, den er in *Liebesgrüße aus Moskau* (1963) von Q bekommen und im Orientexpress hat liegen lassen.

IM TITELVORSPANN SIND 13 FILMSZENEN AUS VERGANGENEN 007-ABENTEUERN ZU SEHEN.

Ilse Steppat, die Irma Bunt spielt, starb vier Tage nach der Welturaufführung des Films an Krebs.

James Bond benutzt seinen Ski als Waffe und würgt damit einen Gegner.

Laut Location-Scout Hubert Fröhlich soll George Lazenby seinen Job als 007 verloren haben, weil er während der Dreharbeiten in der Schweiz aus Spaß auf einen Kirchturm geschossen hatte, was den streng katholischen Albert R. Broccoli wütend machte.

M sammelt Schmetterlinge und James Bond kennt sich damit aus: Er identifiziert mit einem kurzen Blick einen *Nymphalis polychloros* (Großen Fuchs).

Es ist der erste *Bond*-Film, in dem es einen Rückblick gibt: 007 erinnert sich, wie Blofelds Männer Tracy di Vicenzo aus dem Lawinenschnee ziehen.

Telly Savalas war begeisterter Kartenspieler und gewann gegen George Lazenby größere Summen. Produzent Harry Saltzman verbot das Glücksspiel am Set, doch die Spielsucht Savalas' ging so weit, dass er während der Dreharbeiten kaum schlief und nächtelang in Gasthäusern saß und zockte.

James Bond tarnt sich bei seinem Aufenthalt in den Schweizer Alpen als Hilary Bray und trägt einen Schottenrock ohne Unterwäsche.

Blofeld-Darsteller Telly Savalas hatte einen verkrüppelten linken Zeigefinger. Grund: Eine Ratte hatte ihn gebissen, als er ein Kind war.

007 liest in der Rechtsanwaltspraxis der Gebrüder Gumbold den *Playboy* und klaut das ausklappbare Foto des Playmates des Monats.

George Lazenby wollte in einer Drehpause unbedingt sein Können auf dem Pferd unter Beweis stellen. Das Tier ging mit ihm durch und er ritt beim Dreh der Hochzeitsszene M-Darsteller Bernhard Lee über den Haufen.

Q hat eine radioaktive Faser entwickelt, mit der man den Aufenthaltsort des Trägers jederzeit bestimmen kann. Das Smartblood in *Spectre* (2015) ist eine Weiterentwicklung dieser Idee.

Auf James Bonds Familienwappen sind der Brustpanzer einer Ritterrüstung, ein Schild mit drei goldenen Münzen und der Leitspruch »Orbis non sufficit« (»Die Welt ist nicht genug«) zu sehen. Diesen Titel trägt schließlich auch der 19. offizielle Film.

Blofelds Familienwappen, das noch heute auf dem Schilthorn an einer Wand abgebildet ist, zeigt Adler und Wildschweine.

Der Set-Mechaniker Willy Neuner, der die gleiche Größe wie Diana Rigg hatte, doubelte sie bei der Autoverfolgungsjagd.

Die Pre-Title-Sequenz ist nach dem Aschenputtel-Prinzip aufgebaut. Die flüchtende Frau lässt nur ihre Schuhe zurück, die der Held James Bond einsammelt.

In drei *Bond*-Filmen durchbricht 007 die vierte Wand. In *Im Geheimdienst Ihrer Majestät* sagt er den Zuschauern: »Das wäre dem anderen nie passiert« – bezogen auf Connery, da Lazenby das Bond-Girl davongelaufen ist –, in *Casino Royale* (1967) spricht Bond aus einem Rennwagen zu uns und in *Sag niemals nie* (1983) zwinkert Bond dem Publikum zu.

IM **TITELVORSPANN** LAUFEN DIE ZEIGER EINER UHR **RÜCKWÄRTS** UND ENDEN BEZEICHNEND AUF **5 VOR 12**, BEVOR DER HAUPTFILM BEGINNT.

James Bonds Rollkragenpullover, den er auf den Werbeplakaten zu *Spectre* (2015) trägt, wird in den Medien immer wieder als Anspielung auf seine Garderobe in *Leben und sterben lassen* (1973) bezeichnet. Genau genommen trägt er aber schon in *Im Geheimdienst Ihrer Majestät* (1969) dieses Kleidungsstück.

Die Charaktereigenschaften der Figur Marc-Ange Draco sind denen der Figur Kerim Bay aus *Liebesgrüße aus Moskau* (1963) nachempfunden, dieser heißt im Roman auch Draco Kerim.

Der Geburtstag von Marc-Ange Draco ist der 21. September.

Diana Rigg bekam als bekannte Darstellerin die weibliche Hauptrolle, weil man mit einem Star im Film punkten wollte und George Lazenby völlig unbekannt war. Rigg war allerdings nur die zweite Wahl als Bond-Girl und bekam ihre Chance, weil Brigitte Bardot die Rolle zugunsten des Westerns *Shalako* (1968) mit Sean Connery abgelehnt hatte.

James Bond wirft seinen Hotelzimmerschlüssel lässig auf sein Bett. Diese Angewohnheit zeigt er auch in *Ein Quantum Trost* (2008).

JAMES BOND KÜSST MISS MONEYPENNY DIREKT AUF DEN MUND.

Die für den Film erfundenen Schlagzeilen des *Daily Express* lauten: »Why Brown had to go« – »Cabinet backs New Year Plan« – »Rebels challenge cousins on who takes over« – »19 People killed in rush-hour rail crash« – »Russia puts heat on« – »Never boys skim into class of their own« – »It's a rough deal, Allan« – »Curran set to sign after Colon death«.

Ernst Stavro Blofeld bleibt am Schluss des Films mit seinem Hals in der Astgabel einer umgestürzten Birke hängen und wird vom Bobschlitten gerissen, in dem James Bond weiterrast.

Diana Rigg aß vor der im Schuppen spielenden Kussszene ein mit Knoblauch gewürztes Essen, um George Lazenby zu ärgern.

Drehstart des Films war der 21. Oktober 1968.

In der deutschen Synchronversion ist das Lied »Do you know how Christmas Trees are grown« als übersetzte Version mit dem Titel »Wovon träumt ein Weihnachtsbaum im Mai?« von Katja Ebstein zu hören.

Ein kleinwüchsiger Mann bekam die Statistenrolle eines fegenden Hausmeisters und pfiff dabei die ersten Töne des Liedes »Goldfinger«. Regisseur Peter Hunt hatte sich (wortwörtlich) einen »Liliputaner« gewünscht. Der bekannteste kleinwüchsigste Mann bei 007 bleibt aber Hervé Villechaize als Schnick Schnack in *Der Mann mit dem goldenen Colt* (1974).

Weil Georg Leech sich bei einem Unfall den Arm verrenkt hatte und nicht einsatzfähig war, konnte er dem Stunt von Richard Graydon, der sich an den Seilbahnkabeln entlanghangelte, nur zusehen. Graydon begann an den vereisten Kabeln plötzlich nach unten ins Tal zu rutschen. Ein anderer Stuntman streckte sein Bein aus, bremste ihn und rettete sein Leben.

James Bond nennt Tracy di Vicenzo in einer Scheune schon Mrs James Bond, als beide über ihre Hochzeit sprechen. Als er sie fragt, ob sie ihn heiraten wolle, sagt sie jedoch nicht einfach Ja, sondern stellt Bond die Gegenfrage: »Möchtest du das wirklich?« Auch später ist im Film kein Ja von ihr zu hören.

1968 war Barlett Morgan noch Miteigentümer des Drehrestaurants auf dem Schilthorn und hatte als Haustier einen jungen Alligator, den er oft in einer Gondel der Seilbahn einsperrte. Die Filmcrew war sehr irritiert, als sich die Gondeltüren öffneten.

James Bond überbrückt den nur von außen bedienbaren Türöffner seiner Zimmertür mit dem Metallstreifen aus einem Lineal, einem Radiergummi und einer Büroklammer, damit er unbemerkt den Raum verlassen kann.

Extra für den Film wurde eine Lawine mit Dynamit ausgelöst, deren Größe alle Erwartungen übertraf und fast Mitglieder der Filmcrew unter sich begrub.

James Bond diktiert Moneypenny seine Kündigung, die kurz und knapp gehalten ist: »Sir, ich habe die Ehre, Sie zu bitten, meine Kündigung – und zwar mit sofortiger Wirkung – entgegenzunehmen.«

Als 007 seine Schreibtischschublade aufräumt, findet er die Uhr mit Drahtschlinge, mit der Red Grant ihn in *Liebesgrüße aus Moskau* (1963) töten wollte, obwohl er sie der Leiche des Killers gar nicht abgenommen hat.

In der Schublade findet 007 auch die Atemstäbchen, die er in *Feuerball* (1965) benutzt hat. Damit ist das Gadget in drei Filmen zu sehen, weil 007 es auch in *Stirb an einem anderen Tag* (2002) einsetzt.

Eine kurze Sequenz des Liedes »Under the Mango Tree« aus *James Bond 007 jagt Dr. No* (1962) wird angespielt, als 007 Honey Riders Tauchermesser in seiner Schreibtischschublade findet.

Die Schlägerei in der Pre-Title-Sequenz war aufgrund der unterschiedlichen Wellen unmöglich in sinnvoller Kontinuität schneidbar.

In vielen Schnittfassungen fehlt eine lange Passage, die zeigt, wie 007 die Rechtsanwaltskanzlei der Gebrüder Gumbold betritt und den Safe knackt. Die Kürzung wurde für einige Kinos und TV-Anstalten vorgenommen, um den überlangen Film im normalen Programm unterzubringen. Auch andere kleine Szenen fehlen oft – ohne Grund.

Als Tracy mit dem Aston Martin über den Strand fährt, quietschen die Reifen, obwohl sie auf sandigem Untergrund unterwegs ist.

Da die Romane Ian Flemings in veränderter Reihenfolge verfilmt wurden, kennt Bond Blofeld am Ende von *Man lebt nur zweimal* schon, lernt ihn aber in *Im Geheimdienst Ihrer Majestät* erst kennen.

Eine lange Verfolgungsjagd zu Fuß – teilweise über die Dächer von London – wurde gedreht, aber nicht für den Film verwendet. 007 wird in den Szenen zunächst abgehört, als er mit Hilary Bray spricht, und verfolgt dann einen von Blofelds Männern bis in die Londoner U-Bahn-Schächte, wo es zu einem Unglück mit mehreren Toten kommt.

Darauf angesprochen, warum Blofeld 007 nicht wiedererkennt, antwortete Broccoli: »James Bond hat ein neues Gesicht – das von George [Lazenby] – und auch Blofeld hat sich verändert (der Darsteller Donald Pleasence wurde durch Telly Savalas ersetzt), da können sie sich gar nicht wiedererkennen.«

Das Stockcarrennen enthält eine Szene, in der ein Fahrzeug auf das Wagendach kippt und darauf weiterrutscht. Wenn der Fahrer in Großaufnahme zu sehen ist, kann man erkennen, dass nur die Kamera gedreht wurde, nicht der Wagen: Der Hintergrund steht auch Kopf.

Louis Armstrong sang den Titelsong »We have all the Time in the World«. Dieser wird aber erst in der Mitte des Films gespielt, weil das Lied den Produzenten für den Vorspann nicht rasant genug erschien.

Schon bevor Louis Armstrong den Song »We have all the Time in the World« eingesungen hatte, wurde er bei 007 erwähnt: Im Roman *Leben und sterben lassen* (1954) wird er genannt, als es darum geht, welche großen Kapellen stolz darauf gewesen seien, einmal im Savoy Ballroom in New York gespielt zu haben.

Die Textzeile »All the Time in the World« aus dem Lied »We have all the Time in the World« entstammt einer Kapitelüberschrift des 27. Kapitels aus Flemings Roman *Im Geheimdienst Ihrer Majestät*.

Das Erste, was James Bond sieht, als er wieder zu sich kommt, nachdem man ihn niedergeschlagen hat, ist die Figur eines Engels auf der Spitze eines Weihnachtsbaums.

Darsteller George Baker, der Hilary Bray spielt, synchronisiert George Lazenby im Film ab dem Moment, wo dieser in die Rolle des Bray schlüpft. Baker war 1968 selbst als 007-Darsteller im Gespräch.

Willy Bogner jr. filmte die Skiverfolgungsjagden rückwärts auf beidseitig gebogenen Spezial-Skiern fahrend.

1969 BEKAM BOGNER WEGEN SEINER GROSSARTIGEN SKIAUFNAHMEN DEN SPITZNAMEN »WILLY GOLDFINGER«.

1966 ging man in Deutschland noch davon aus, der Film würde den Titel »In Ihrer Majestät Secret Service« tragen und kündigte ihn im Abspann von *Feuerball* (1965) so an.

Nach einer Actionszene kuschelt James Bond mit einem Bernhardiner.

Der Titelvorspann von Maurice Binder wurde in einigen Ländern gänzlich herausgeschnitten, weil man nackte Brüste sah.

In der Originalversion des Films schmeckt 007 heraus, dass der Kaviar, den er isst, genau genommen Königsbeluga aus den Regionen nördlich des Kaspischen Meeres ist.

Marc-Ange Draco sagt in der deutschen Version, er habe seine Freundin Olympe aus einer Damenkapelle wegengagiert, wo sie Saxofon gespielt habe. In der englischen Fassung bezeichnet er sie lediglich als gute Schachspielerin.

James Bonds Vorfahren sind laut Sir Hilary Bray u. a. Otho le Bon und Sir Thomas Bond, der 1734 verstarb.

Das rote 1969er-Cougar-Cabrio wurde von der Firma Corgi als Spielzeugauto hergestellt und bringt heutzutage unter Sammlern bis zu 600 Euro.

George Lazenby bekam 1969 den Golden Globe als »Most Promising Newcomer«.

007 riecht die Marke von Tracy di Vicenzos Parfüm heraus und fragt: »Ist Le Bleu nicht etwas zu aufreizend?«

James Bond und Teresa di Vicenzo philosophieren darüber, wie sehr sie sich lieben, und sagen: »Unbeschreiblich – unwiderstehlich – unsagbar – unendlich« (im Original: »instinctively – infuriatingly – intensely – indubitably«, was übersetzt »Instinktiv – aufreizend – intensiv/ernsthaft – zweifellos« bedeutet).

DIAMANTENFIEBER
(1971)

United Artists schloss 1972 schließlich einen Vertrag mit dem US-Fernsehsender ABC ab, die ersten sieben Filme der Serie für jeweils 2,5 Millionen US-Dollar auszustrahlen.

David de Keyser, der einen Zahnarzt verkörpert, war in der englischen Version von *Im Geheimdienst Ihrer Majestät* (1969) die Synchronstimme von Gabriele Ferzetti, der Marc-Ange Draco spielt.

Der erste und einzige Zahnarzt in einem *James Bond*-Film wird getötet, indem der Killer Mr Wint ihm einen Skorpion in den Hemdkragen fallen lässt.

Regisseur Guy Hamilton drehte den Tod des Zahnarztes in verschiedenen Versionen: In einer steckt Bruce Glover als Mr Wint den Skorpion in den Mund des Arztes.

1986 erschien das Buch *Diamantenfieber* von Autor Wilbur Smith in deutscher Übersetzung. Es hat absolut nichts mit James Bond zu tun.

Die Killer im Film heißen Wint und Kidd. Hugh Grant und Jemima Goldsmith haben im September 2004 Ringe für ihre bevorstehende Hochzeit beim Juwelier Wint & Kidd in Notting Hill ausgesucht.

Im Filmfinale macht James Bond eine Zeitbombe zwischen Wints Beinen fest, wirft ihn über eine Reling und kommentiert die Explosion des Schurken mit: »Den Hund hat's mit eingeklemmtem Schwanz zerrissen.«

Das von Ken Adam gebaute Wasserbett aus Plexiglas soll zwischen 300 und 500 Salzwasserfische enthalten haben, in der Szene sieht man nicht einmal zehn der Tiere. Sean Connery war das Bett zu unbequem, Jill St. John war das Plexiglas zu kalt.

Die zu schmuggelnden Diamanten versteckt James Bond im Magen-Darm-Trakt der Leiche von Peter Franks und erhält sie, nachdem diese eingeäschert wurde, in einer Urne zurück. Sie wären allerdings weg gewesen, da Diamanten spätestens bei 800°C verbrennen und Krematorien darüber liegen.

Die Szene, als Bond mit der Leiche von Peter Franks ankommt, wurde auf dem Frankfurter Flughafen gedreht.

Stuntman George Leech verbrannte bei den Dreharbeiten fast, als er als Mr Kidd in Flammen stand, weil der zuständige Feuerwehrmann, von der Szene fasziniert, auf das »Cut!« von Regisseur Guy Hamilton nicht reagierte und nicht zu löschen begann.

Eine tödliche Bombe befindet sich im Film in einer Torte, die der Killer Wint James Bond als »Bombe Surprise« beschreibt.

James Bond überschüttet Mr Kidd mit Brandy und da dieser brennende Kebabspieße in der Hand hat, wird er zu einer lebenden Fackel.

In der finalen Actionszene gibt es einen gravierenden Fehler in der deutschen Synchronversion: Als Kidd brennend über die Reling springt, ruft ihm Wint »Wint!« statt »Kidd!« zu.

James Bond dringt über ein Dachfenster in das Penthouse des Whyte House in Las Vegas ein und landet auf einer videoüberwachten Kloschüssel.

DAS WERBEPLAKAT ZEIGT TAUCHER, OBWOHL IM GESAMTEN FILM KEINE VORKOMMEN.

Tiffany Case bezeichnet James Bond gegenüber Ernst Stavro Blofeld als »Superman«. Regisseur Guy Hamilton lehnte sechs Jahre später die Regie bei *Der Spion, der mich liebte* zugunsten des Films *Superman* ab.

Darstellerin Jill St. John wurde bei einem Test ein Intelligenzquotient von 164 bescheinigt. Sie war bereits mit fünfzehn Jahren an der Universität in Los Angeles eingeschrieben.

Q beeindruckt James Bond mit einem Stimmmodulator, der es dem Benutzer ermöglicht, die Stimme einer beliebigen Person nachzuahmen. Für Q ist die Erfindung nichts Besonderes: »Oh, nicht der Rede wert, letzte Weihnachten habe ich so etwas für meine Kinder gebaut!«

James Bond tötet eine von Blofelds Wachen, indem er Skalpelle nach ihr wirft.

Anthony Sinclair, Schneider in der Savile Row in London, fertigte bis *Diamantenfieber* die Anzüge der James-Bond-Darsteller.

Sir Donald schenkt James Bond einen Sherry ein und 007 schmeckt heraus, dass es sich um einen Solera handelt. Er datiert das Getränk auf Jahrgang 1851 und M protestiert: »Bei Sherry gibt es keinen Jahrgang.« Bond setzt noch einen drauf: »Ich wollte nur den Jahrgang der Weine in Erinnerung bringen, aus denen dieser Sherry gebrannt wurde.«

Burt Saxby, der das Spielcasino leitet, hat auf seinem Schreibtisch ein Namensschild mit der Aufschrift Albert R. Saxby. Eine Anspielung auf den Produzenten Albert R. Broccoli.

Blofelds letzte Worte vor seinem Tod lauten: »Verdammt noch mal! Kommandozentrale! Melden!«

Q besitzt einen sogenannten »RPM-Kontrollring«, mit dem er die Rotation der Zylinder von Spielautomaten manipulieren und immer gewinnen kann. Darsteller Desmond Llewelyn glaubte, diese Requisite würde ihm Glück bringen, und hatte ihn bei Auslandsreisen immer dabei.

David Picker, Präsident von United Artists, köderte Sean Connery mit 1,25 Millionen Dollar Gage zuzüglich einer Gewinnbeteiligung von 12,5 Prozent der Bruttoeinnahmen, um den Filmvertrag zu unterschreiben. Connery hätte weitere 14.500 Dollar pro Woche bekommen, wenn der Zeitplan der Dreharbeiten nicht hätte eingehalten werden können.

Bond behauptet Blofelds Wachmännern gegenüber, er sei Inspekteur für Umweltschutz, säubere die Welt und wolle auf Blofelds Ölbohrinsel anfangen.

Jimmy Dean, der Williard Whyte spielt, kaufte, nachdem er im Showgeschäft erfolgreich war, eine Schweinefarm und produzierte Wurst.

Anfang des 21. Jahrhunderts lebte Jimmy Dean dann auf seiner luxuriösen Yacht *Big Bad John* und bereiste die Weltmeere.

Die Figur Willard Whyte ist an den Milliardär Howard Hughes, einen Freund Albert R. Broccolis, angelehnt.

Milliardär Howard Hughes erlaubte Albert R. Broccoli und dem Filmteam, das in seinem Besitz befindliche Las Vegas Hilton als Drehort zu nutzen, und stellte als Bedingung, eine 16-mm-Kopie des fertigen Films zugeschickt zu bekommen, noch bevor dieser in die Kinos kam.

Bruce Glover, der Mr Wint verkörpert, hatte zu Armeezeiten bereits schauspielerisches Talent bewiesen, als er an manipulierten Ringkämpfen teilnahm.

UM MR WINT DAVON ABZUHALTEN, JAMES BOND ZU STRANGULIEREN, WIRFT TIFFANY CASE EINE SAHNETORTE NACH IHM.

Um sich zu tarnen und unerkannt vor Tiffany Case' Haus auf Peter Franks warten zu können, umarmt sich Bond selbst und wendet seinen Rücken zur Straße und streichelt diesen: Er sieht auf den ersten Blick aus wie ein Liebespaar.

Die Idee des Drehbuchautors Richard Maibaum, eine Motorbootjagd zu zeigen, fand ihren Weg in das Skript von *Leben und sterben lassen* (1973). Ein von ihm im Drehbuch erwähnter Supertanker entwickelte sich zur *Liparus* in *Der Spion, der mich liebte* (1977) und eine Tigersafari inspirierte die Macher von *Octopussy* (1983).

Bond wird in der Firma Whyte Tectronics über ein Testgelände, auf dem eine Mondlandung in entsprechender Kulisse nachgestellt wird, verfolgt. Die Akteure bewegen sich, als wären sie tatsächlich auf dem Mond, und machen 007 das Entkommen leicht.

In der Mondkulisse, in der Bond den Mondbuggy stiehlt, schlug Sean Connery in den Drehpausen mehrfach Golfbälle und ließ sich dabei von den Reportern fotografieren.

Die Räder des Mondbuggys, den Ken Adam gebaut hatte, brachen bei den Dreharbeiten ständig ab. In einer Szene rollt sogar eins durchs Bild, dennoch ist das Fahrzeug in der nächsten Aufnahme wieder intakt.

Der völlig verrostete Mondbuggy wurde von einem James-Bond-Fanklub restauriert und stand jahrelang im Planet Hollywood in Las Vegas. Dean Jeffries Custom Car Business hatte das Fahrzeug damals für 10.000 Dollar hergestellt.

Die Steuerbänder für Blofelds todbringenden Satelliten sind in einer Kassettenhülle mit dem Cover der Musikkassette *Die größten Märsche der Welt* getarnt.

In einer Drehbuchversion sollte Blofeld in einer Salzgranulatmaschine zerstückelt werden.

Eine Drehbuchversion basiert auf einer Idee aus Ian Flemings Roman *Man lebt nur zweimal*: 007 sollte darin an einem Wetterballon hängen.

James Bond erkennt den Killer Mr Wint an seinem Aftershave wieder und beschreibt den extremen Duft: »Riecht ziemlich kräftig [...] zu süß und zu schwul. [...] Ihr Aftershave habe ich schon mal irgendwo gerochen, und beide Male sah ich eine Ratte!«

Tanja Berg sang eine deutsche Version des Liedes »Diamonds Are Forever« mit dem Titel »Diamanten sind für immer«.

In *Diamantenfieber* glaubt Bond, der Boden im Fahrstuhl wäre eine sich öffnende Falltür – er liegt falsch und Betäubungsgas füllt stattdessen die Kabine. In *Der Spion, der mich liebte* (1977) hat der Lift dann tatsächlich eine eingebaute Falltür.

Lana Wood spielte die vollbusige Plenty O'Toole. »Plenty« bedeutet »reichlich« oder »massenhaft«. Die Darstellerin war sechsmal verheiratet. Zweimal wurde die Ehe annulliert, viermal geschieden.

In der deutschen Filmversion stellt sich Plenty O'Toole nicht mit Plenty, sondern mit dem Vornamen Penny vor – eine Veränderung, die James Bonds Wortwitz zulässt. 007 sagt in der Übersetzung nach einem Blick auf Pennys Busen: »Die Auslage ist mehr wert!«

Szenen einer Harfe spielenden Frau namens Myrna, einer Freundin Plenty O'Tooles, wurden gedreht, fielen aber der Schere zum Opfer.

Die meisten Crewlisten weisen Donna Garret als Darstellerin der Bambi auf, obwohl Lola Larson die Rolle gespielt hat. Garrett doubelte lediglich für zehn Tage Jill St. John an der kalifornischen Küste.

Mankiewicz, der seiner Fantasie freien Lauf lassen durfte, erarbeitete sich wegen seines schnellen Schreibstils den Spitznamen »MGkiewicz«, weil die Anschläge seiner Schreibmaschine wie die Salven aus einem Maschinengewehr klangen.

Ken Adam dachte 1970, der Film würde »Diamonds for ever« heißen und beschriftete alle seine Skizzen mit diesem falschen Titel.

Ken Adam arbeitete an seinen Entwurfszeichnungen noch mit der Vermutung, der Schurke trage die Initialen »G. G.« Der erste Drehbuchentwurf von Richard Maibaum sah vor, Auric Goldfingers Zwillingsbruder German in Erscheinung treten zu lassen.

DIE MIETGEBÜHR FÜR DIE ÖLBOHRINSEL BETRUG 400.000 DOLLAR.

John Gavin verdiente am Film, obwohl er nicht mitwirkte. Da unklar war, ob Sean Connery zurückkehren würde, unterschrieb er einen Vertrag und wurde ausbezahlt, als der Ur-Bond den Film dann doch drehte.

Im Verlauf der Verfolgungsjagd in Las Vegas rast James Bond sechsmal am Golden-Nugget-Casino vorbei.

James Bonds Wagen rast auf den beiden rechten Rädern in eine enge Gasse, kommt aber auf den linken wieder heraus. Grund: Einige Szenen wurden in England gedreht, andere in Amerika und die jeweils anwesenden Stuntmen waren nur darin geübt, das Fahrzeug auf einer bestimmten Seite zu fahren.

Die Idee, einen Wagen auf nur zwei Rädern fahren zu lassen, hatte man dem Roman Ian Flemings entnommen. Darin steht: »Bond hielt sich fest, als die Reifen quietschten, das Auto kurzzeitig nur noch auf zwei Rädern fuhr, wieder auf der Straße aufsetzte und schließlich anhielt.«

James Bond fährt nicht nur in diesem Film mit einem Fahrzeug auf zwei Rädern: Er tut es ebenso in *Octopussy* (1983) und *Lizenz zum Töten* (1989). Für *Ein Quantum Trost* (2008) wurde eine solche Szene gedreht, aber letztlich geschnitten.

Nach einem Sturz in den Swimmingpool taucht Connery frisch gekämmt aus dem Wasser auf.

David Bauer, der den Krematoriumsleiter Morton Slumber spielt, verkörperte bereits in *Man lebt nur zweimal* (1967) einen Vertreter der Vereinigten Staaten.

Die Inspiration für die Pre-Title-Sequenz stammt aus Flemings Roman: Darin wird ein guter Reiter namens Tingaling Bell von einem Killer in einem Schlammbad mit heißem Schlamm übergossen.

Die Leiche im Schlammbad kneift die Augen fester zusammen, als Bond ihr Gesicht mit Wasser abspritzt.

Die Figur Klaus Hergersheimer bekam ihren Nachnamen von Drehbuchautor Tom Mankiewicz deshalb, weil Regisseur Guy Hamilton alles und jeden, auf dessen Namen er nicht kam, Hergersheimer nannte.

James Bond reißt Marie (Denise Perrier) den BH vom Körper und würgt sie mit dem Kleidungsstück. Das spanische Kinoaushangfoto der Szene zeigt die nackte Brust der Frau – im Film war davon nichts zu sehen.

Über die Mutter von Tiffany Case wird im Roman *Diamantenfieber* bekannt, dass sie in San Francisco Leiterin eines Bordells war.

Ernst Stavro Blofeld verkleidet sich am Ende des Films als Frau.

DER KRONLEUCHTER VON TIFFANY CASE BESTEHT AUS DIAMANTEN MIT EINEM GESAMTGEWICHT VON 50.000 KARAT.

James Bond ist der Ansicht, Diamanten hätten den Hund als besten Freund der Frau abgelöst.

Die Skyline von Las Vegas wirkt überzeugend echt, bestand aber nur aus Lichtern in schwarzem Samt, vor denen Bänder mit einem Ventilator bewegt wurden.

Bruce Cabot, Enkel des französischen Botschafters in Amerika, spielte im Film Burt Saxby. Im echten Leben hatte er jedoch wenig Glück mit Frauen: Seine Scheidungen wurden teilweise vor den höchsten Gerichten ausgetragen.

Während der Dreharbeiten bekam Cabot die Diagnose Lungenkrebs. Er starb am 3. Mai 1972, *Diamantenfieber* war sein letzter Film.

Im Roman bucht Felix Leiter für James Bond und Tiffany Case eine Kabine auf der *Queen Elizabeth*. Im Film ist es schließlich die *Queen Elizabeth II*.

Blofeld zitiert La Rochefaucault mit dem Satz »Bescheidenheit ist die schlimmste Form der Eitelkeit.« Broccoli wollte das nicht im Film haben, weil er selbst bescheiden war. Regisseur Guy Hamilton setzte die Szene aber um und drehte sie so, dass sie sich nicht mehr schneiden ließ.

Zahlreiche Filmbeschreibungen auf DVDs und Blurays enthalten den Hinweis, James Bond besitze in diesem Teil eine »tragbare Fernlenkwaffe mit Infrarotsensoren«, aber 007 und auch niemand anders im Film hat eine derartige Waffe.

James Bond hat eine kleine Schnappfalle in der Innentasche seines Jacketts. Als ihm die Taschen durchsucht werden, greift ein Handlanger Blofelds hinein und wird verletzt.

DIE DREHARBEITEN ENDETEN AN EINEM FREITAG, DEN 13. – CONNERYS LETZTE SZENE WAR EIN SICH SCHLIESSENDER SARGDECKEL.

007 wird lebendig begraben. Er findet sich in den Rohren einer Pipeline wieder, wo eine Ratte vor ihm steht. Bond beschuldigt das Tier, nach »Nuttenparfüm« zu riechen, doch dann stellt er fest, dass er selbst danach riecht.

Anwalt Sidney Korshak, der sich um Drehgenehmigungen in den USA kümmerte, fragte Albert R. Broccoli, ob man seine Freundin Jill St. John für eine Nebenrolle berücksichtigen könnte. Schließlich bekam sie die weibliche Hauptrolle und spielte Tiffany Case.

Peter Lorre, der Le Chiffre im TV-Film *Casino Royale* (1954) gespielt hatte, war bereits Jahre vor den Dreharbeiten für die Rolle des Mr Wint vorgesehen. Er war aber bereits 1964 an Herzversagen gestorben.

Im Beatles-Song »Good Day Sunshine« singen die Musiker vom »Shady Tree« – diesen Namen trägt ein Handlanger Blofelds. 37 Jahre später trägt ein Bond-Girl in *Ein Quantum Trost* (2008) ebenfalls den Namen eines Beatles-Songs: Strawberry Fields.

James Bond traut den Kellnern nicht: Als er einen Mouton Rothschild 1955 angeboten bekommt, fragt er, ob es auch einen Claret gäbe. Die Kellner entpuppen sich als Schurken, als einer meint, der Weinkeller verfüge nicht über einen Claret. Bond lässt sie auffliegen: »Mouton Rothschild ist ein Claret!«

Professor Dr. Metz sächselt in der deutschen Synchronversion.

Dr. Metz' Vorname wird im Film nicht genannt. Er lautet Ki.

Mr Kidd ist nur ein Mitläufer. Sämtliche Morde werden von Mr Wint begangen. So auch der an Shady Tree: Er wird in einer geschnittenen Szene von Mr Wint mit einer Pistole erschossen, die auf den ersten Blick wie ein Spielzeug aussieht.

LEBEN UND STERBEN LASSEN (1973)

Salvador Dalí wurde von Albert R. Broccoli beauftragt, Tarotkarten für den Film zu entwerfen. Dalís Gagenforderungen waren aber so hoch, dass Broccoli die Karten des Künstlers nicht verwendete. Dalí veröffentlichte seine Karten zehn Jahre später im Alleingang. Im *Bond*-Film wurden schließlich die Entwürfe von Fergus Hall benutzt.

Fergus Hall entwarf Tarotkarten, bei denen die »Hohepriesterin« erstaunliche Ähnlichkeit mit Jane Seymour hatte, die die Hellseherin Solitaire spielt.

Solitaires Tarotkarten zeigen auf der Rückseite die Ziffernfolge »007«. Schnelle Schnitte und geschickte Kameraeinstellungen verbergen den Insidergag.

M erteilt James Bond seinen Auftrag zu Hause und klingelt ihn um 5:48 Uhr aus dem Bett.

Wieder versuchte Drehbuchautor Tom Mankiewicz, eine Zuckermühle, eine Kaffeemühle oder eine Salzmühle einzubauen, in die Bond und der Schurke hineingeraten sollten, da sie in *Diamantenfieber* (1971) gestrichen worden war. Erneut wurde die Idee nicht verwendet.

Der Zigarettenanzünder in Harold Strutters Auto ist ein getarntes Funkgerät, über das Felix Leiter zu Bond Kontakt aufnimmt. Bond nennt es im Original »Felix Lightner«, was im Deutschen mit »Felix-Feuerzeug« übersetzt wurde.

JAMES BOND QUETSCHT EINE WEINTRAUBE IN EINE MODERNE SKULPTUR UND ZERSTÖRT DAMIT EINE WANZE.

Als 007 die Wasserhähne der Badewanne zudreht, öffnet er damit unwissentlich zwei Lüftungsgitter, wodurch eine Schlange ins Badezimmer gelangt.

Tee-Hee verbiegt mit seinem Stahlhaken James Bonds Walther PPK. Da der danach keine Verwendung mehr für die Waffe hat, wirft er sie in einen Mülleimer.

Tee-Hee ist laut Romanvorlage ein Spitzname, der sich auf die auffällige Lache des Schlägers bezieht.

Auf Mr Bigs Insel stehen zahlreiche Vogelscheuchen mit integrierten Schusswaffen in den Mündern und Kameras in den Augenhöhlen und Nasenlöchern.

Rosie Carver wird durch eine in einer Vogelscheuche befindliche Schussvorrichtung getötet.

Beim Dreh der Motorbootverfolgungsjagd verlor Roger Moore die Kontrolle über sein Schnellboot, brach sich einen Schneidezahn ab und quetschte sich ein Bein.

Ein Stuntman verletzte sich beim Filmen der Verfolgungsjagd schwer. Er sollte nach einem Sprung im Wasser landen, doch genau unter ihm war ein Korallenriff.

Die Stuntmen Jerry Comeaux und Murray Cleveland stellten mit ihren Motorbootsprüngen einen Weltrekord auf. Sie schafften mit einem Glastron-Schnellboot rund 37 Meter. Die Rampe für den Sprung kostete ca. 600.000 Euro.

Stuntman Jerry Comeaux arbeitete vor seiner Zeit beim Film als Anwalt. Gemeinsam mit Murray Cleveland führte er die Motorbootsprünge bei den Actionszenen durch und verdiente 1973 pro Sprung umgerechnet rund 6.500 Euro.

Die Figur Whisper flüstert, weil sie aufgrund einer Tuberkuloseerkrankung nur noch Teile einer Lunge hat.

James Bonds Schuhbürste ist in Wirklichkeit ein Sprechfunkgerät.

Der Tod von Tee-Hee aus dem Roman wurde nicht in den Film übernommen. Dafür stirbt ein Schurke in *Casino Royale* (2006) genauso, wie es Fleming für Tee-Hee in seinem Roman *Leben und sterben lassen* beschrieben hatte.

JANE SEYMOURS **KLEID** ALS SOLITAIRE WURDE 1997 FÜR **4.200 PFUND** VERSTEIGERT.

Schauspielerin Jane Seymour verkörpert die jungfräuliche Solitaire. Die Darstellerin war selbst als Jungfrau in die Ehe gegangen, worüber Roger Moore sich bei den Dreharbeiten lustig machte.

In der deutschen Version meint Bond, er und Baines hätten denselben Schneider. In der Originalversion waren beide Agenten beim selben Schuhmacher.

Baron Samedi, der Voodoo-Gott der Friedhöfe und oberste Chef der Toten, existiert im Glauben des haitianischen Voodoo tatsächlich. Dort ist er seit Jahrhunderten eine religiöse Hauptfigur. Als bei den Dreharbeiten vermehrt Pannen passierten, begannen einige Crewmitglieder, von einem Voodoo-Fluch zu sprechen.

Mit seinem bei den Dreharbeiten verfassten Tagebuch *Roger Moore's James Bond Diary* verdiente Moore 1973 rund 25.000 Euro. Das Buch erschien 2018 in einer Neuauflage.

Bereits Sean Connery hatte während der Dreharbeiten zu *Diamantenfieber* (1971) für Milch geworben und Roger Moore stand dem bei seinem Film nicht nach und trank für die Werbung nach dem Dreh einer Actionszene ebenfalls ein Glas.

Ursprünglich sollte Honey Rider aus *James Bond 007 jagt Dr. No* (1962) wieder in Erscheinung treten, doch Broccoli war der Ansicht, Rider sollte kein Verhältnis mit zwei Bonds – also Sean Connery und Roger Moore – haben.

Dafür tritt Quarrel Junior auf und ist laut Drehbuch der Sohn von Quarrel, der in *James Bond 007 jagt Dr. No* (1962) ums Leben gekommen war.

Ein Krokodil trägt den Namen Albert, womit Drehbuchautor Tom Mankiewicz auf den Produzenten Albert R. Broccoli anspielt.

Nachdem Yaphet Kotto seinen Vertrag als Dr. Kananga unterschrieben hatte, verlor er die Rolle fast wieder, weil Regisseur Guy Hamilton ein Foto sah, auf dem Kotto den »Black Power Salute« machte.

Adam will James Bond töten, indem er ihn ohne Fallschirm aus einem Flugzeug zu werfen plant.
In *Moonraker – streng geheim* (1979) kommt Bond tatsächlich in diese brenzlige Lage und in *Ein Quantum Trost* (2008) erneut.

Bernard Lee, der M verkörpert, wurde auf dem Weg zum Dreh beim Verlassen des Regent Palace Hotels in der Londoner Innenstadt überfallen und seine Brieftasche gestohlen.

Baron Samedis Querflöte wird beim Auseinanderziehen zu einem Funkgerät.

Auf den Filmplakaten ist eine Flugabwehrkanone zu sehen. Die Szenen mit der Waffe wurden allerdings geschnitten.

Als Pepper sich Bond in der deutschen Synchronversion vorstellt, nennt er sich Sheriff J. W. Nepomuk Pepper.

Sheriff Pepper wurde von Drehbuchautor Tom Mankiewicz erfunden, um mit seinen rassistischen Ansichten den Fokus des Publikums auf sich zu ziehen und davon abzulenken, dass 007 in diesem Film nur farbige Gegner tötet.

DAS EXPLODIERENDE MOHNFELD WURDE NUR ALS MINIATUR GEBAUT UND GESPRENGT.

Mit Solitaires Nagelschere knipst James Bond die Metalldrähte in Tee-Hees tödlicher Armprothese durch, wodurch dieser sich am Fenstergriff verhakt und kampfunfähig wird.

Roger Moore lernte für die Dreharbeiten extra das Flugdrachenfliegen. Angeblich wurden die Szenen bereits für *Diamantenfieber* (1971) geschrieben und Bond sollte mit einem Drachen zum Penthouse von Williard Whyte segeln.

Die Statistin Ruth Kempf aus New Orleans spielte eine nervenschwache Flugschülerin, die in eine Verfolgungsjagd verwickelt wird. Erinnerungswürdig ist einer ihrer Sätze: »Ach du liebe Scheiße!«

Im Roman erklärt Ian Fleming, wofür der Name Mr Big steht: Buonaparte Ignace Gallia.

George Martin, u. a. Musikproduzent der Beatles, komponierte den Soundtrack zum Film. Zu rechtlichen Auseinandersetzungen mit den Produzenten der *Bond*-Filme kam es jedoch, als Martin das *James Bond*-Thema als Einleitungsmelodie für eines seiner Alben benutzte.

JAMES BONDS ROLEX WURDE 1998 FÜR 21.850 PFUND BEI CHRISTIE'S IN LONDON VERSTEIGERT.

Regisseur Guy Hamilton wollte, dass Bond durch Disneyland flüchtet und auf Mr Bigs Männer stößt, die sich als Disneyfiguren verkleidet durch den Park bewegen. Die Idee wurde nicht umgesetzt.

Dennis Edwards, der Baines verkörpert und in der Pre-Title-Sequenz an einem Schlangenbiss stirbt, hatte panische Angst vor den Tieren und soll bei den Dreharbeiten tatsächlich ohnmächtig geworden sein.

Der Londoner Busfahrer Maurice Patchett wurde engagiert, um Roger Moore zu doubeln und auf Jamaika die Bus-Stunts durchzuführen.

Damit die obere Etage des Busses beim Unterqueren der zu niedrigen Brücke wie gewünscht abriss, wurde sie vorher abgesägt und nur provisorisch auf zwei Schienen montiert, von denen sie beim Zusammenprall mit der Brücke rollen konnte. Der Bus kostete inklusive Umbauten rund 30.000 Euro.

Heutzutage kaum denkbar: Darstellerin Jane Seymour saß selbst hinten im Doppeldeckerbus, als Stuntfahrer Maurice Patchett das Fahrzeug schleudern ließ und an einer zu niedrigen Brücke die obere Etage abriss.

Baron Samedi sitzt am Ende des Films auf dem Puffer einer Lokomotive – damit wollte man demonstrieren, dass selbst James Bond gegen Voodoo keine Chance hat. Samedi sollte in *Der Mann mit dem goldenen Colt* (1974) zurückkehren.

Nachdem 007 eine Schlange getötet hat, sagt er in der englischen Originalversion zu Rosie Carver, es wäre sicherer, das Badezimmer nicht ohne einen Mungo aufzusuchen.

Um nicht noch mehr Vergleiche mit Sean Connerys Bond-Interpretation heraufzubeschwören, ließ man 007 in diesem Film keinen Wodka Martini, sondern Bourbon ohne Eis bestellen. »Ohne Eis« will der Kellner extra berechnen.

Einheimische in Louisiana hielten es für Frevel, dass Baron Samedi in einem Film dargestellt wurde, weil sie diese Figur tatsächlich in Ritualen anbeten.

Michael Ebbin, der den Hohepriester spielt, wurde bei den Dreharbeiten von einer giftigen Schlange gebissen und musste ärztlich versorgt werden.

Der Eingang zu Kanangas »Unterwelt« ist ein Fahrstuhl auf einem Friedhof, der sich in einem Grab befindet. Über Klopfsignale auf den Grabstein wird Kanangas Schergen signalisiert, eine Rampe zu betätigen, die zum Grab hinauf- oder vom Grab herunterführt.

Julius W. Harris, Darsteller des Tee-Hee, schlug selbst vor, seine Figur solle einen Piratenhaken erhalten. Die Idee wurde modernisiert und so erhielt er die Stahlprothese mit integrierter Zange.

Pilot Nigel Brendish, Roger Moores Double, fuhr die einmotorige Propellermaschine durch die Lagerhallen. Er kam am 4. Dezember 1984 bei einem Flugzeugabsturz ums Leben.

George Martin hat den Song »Live and Let Die« komponiert, ohne dafür gebucht worden zu sein. Er schickte das Lied an Harry Saltzman und Regisseur Guy Hamilton, die es für unklug hielten, den Song abzulehnen, da Martin einen sehr hohen Bekanntheitsgrad hatte.

Earl Jolly Brown, der Whisper spielte, wog 150 Kilo. Dennoch bat er um eine Sonderkonstruktion, die es ihm ermöglichte, Roger Moore heben zu können, ohne ihn zu verletzen.

DER NAME DER FIKTIVEN RESTAURANTKETTE FILLET OF SOUL LIESS SAMMY DAVIS JR. BEI DER FILMPREMIERE LAUT AUFLACHEN.

Sollte Solitaire ihre hellseherischen Fähigkeiten verloren haben, so Kananga, solle Tee-Hee mit seinem Stahlarm James Bonds kleinen Finger der rechten Hand abkneifen. Bond kommt davon – jedoch nicht in der Romanvorlage: Hier wird sein Finger gebrochen.

Die erste Frau der Filmgeschichte in James Bonds Privatwohnung ist Miss Caruso, eine italienische Agentin, die sich während eines Einsatzes in Rom in 007 verliebt hat und nun in London das Bett mit ihm teilt. Die zweite ist Moneypenny in *Spectre* (2015).

Roger Moore verhalf Bob Dix, dem Sohn von Richard Dix, zur Rolle des Hamilton, weil er großer Fan der Filme von Dix' Vater war.

Der Schurkenname Kananga ist durch den Krokodilzüchter Ross Kananga inspiriert, der den spektakulären Stunt durchführte, bei dem 007 über den Rücken dreier Reptilien rennt. Angeblich starb der Züchter durch einen Tigerangriff.

Stuntman und Krokodilzüchter Ross Kananga musste mehrfach über die Rücken der fixierten Krokodile laufen, bis der Stunt gelang. Bei einem Versuch blieb er sogar mit seinem Hosenbein am Zahn eines Krokodils hängen und konnte sich nur mit Mühe befreien, ohne gebissen zu werden.

M kommt auf 007s letzten Auftrag zu sprechen, den er in Rom erledigt hatte – doch vor *Leben und sterben lassen* (1973) gab es keine Mission in Rom, die erste war in *Spectre* (2015).

Roger Moore besuchte bei den Dreharbeiten in New Orleans einen Wahrsager, der mit seinen Äußerungen tatsächlich recht hatte: Er sagte, Moore würde einen Sohn bekommen (der wurde offensichtlich während der Dreharbeiten gezeugt!) und Moore sei zu humanitären Aufgaben berufen (er wurde Unicef-Botschafter).

Bond erklärt Solitaire die »Lektionen der Liebe« – erstens: »Keine Geheimnisse«, zweitens: »Alles gemeinsam, bis dass der Tod uns scheidet.« Solitaire ist der Ansicht, es sei Zeit für Lektion drei: Sex.

Q-Darsteller Desmond Llewelyn sagte bei einem Treffen 1998 in Deutschland, er wäre in diesem Film nicht mit von der Partie gewesen, weil es »Uneinigkeit bei den Produzenten« gegeben hätte. Die Presse schrieb damals, Llewelyn sei zurzeit der Dreharbeiten auf Werbetour für *Diamantenfieber* (1971) gewesen.

James Bond will in einem Hinterhof in Harlem eine aus einer Mülltonne hervorstehende Eisenstange als Waffe benutzen. Als das nicht klappt, benutzt er eine Feuerleiter.

Das Sprichwort »Pech im Spiel, Glück in der Liebe« wird von James Bond abgewandelt. »Unglück im Spiel ... na, den Rest kennst du ja ...«, sagt er zu Solitaire, nachdem er beim Kartenspiel verloren hat, und bereitet das Bett vor.

DER MANN MIT DEM GOLDENEN COLT (1974)

Der Schauspieler Christopher Lee war ein Cousin von Ian Fleming und spielte im *James Bond*-Film die Rolle des Scaramanga.

CHRISTOPHER LEE UND IAN FLEMING SPIELTEN LANGE VOR DEN DREHARBEITEN UND LEES VERPFLICHTUNG SCHON GOLF MITEINANDER.

In einer frühen Drehbuchversion war vorgesehen, dass ein Erpresser James Bond beim Sex in einem Bordell filmen will. 007 wurde bereits in *Liebesgrüße aus Moskau* (1963) beim Beischlaf mit Tatiana Romanova gefilmt und beinahe hätte man ihn auch in *Stirb an einem anderen Tag* (2002) mit einer anderen Frau in einer solchen intimen Situation aufgenommen.

Es sollte sowohl im Iran (was man später verwarf) als auch in der Ha Long Bay gedreht werden. Beide Schauplätze waren problematisch. Der erste, weil der Yom-Kippur-Krieg tobte, der andere wegen eines unsicheren Waffenstillstands zwischen den USA und Vietnam.

> Die Energiekrise als Thema des Films war Richard Maibaums Idee. Tatsächlich kam es in der Realität zu einem solchen Szenario, das zum Iran-Israel-Krieg führte.

Nicht Christopher Lee rutscht in der Pre-Titel-Sequenz auf Schuhen eine zur Rutsche umschaltbare Treppe herunter, sondern sein Double Eddie Powell.

Guy Hamilton, der auch bei *Goldfinger* (1964) und *Leben und sterben lassen«* (1973) Regie geführt hatte, war dieser Posten schon bei *James Bond 007 jagt Dr. No* (1962) angeboten worden.

Den Text des Titelliedes hielt Roger Moore für sehr doppeldeutig im Sinne sexueller Anspielungen.

Im Roman *Diamantenfieber* fährt James Bond mit der *Queen Elizabeth*. Im Film *Der Mann mit dem goldenen Colt* (1974) liegt der Dampfer nach einem Feuer im Hafen von Hongkong auf der Seite und verrostet. Der britische Geheimdienst hat an Bord ein verstecktes Hauptquartier eingerichtet.

Ein Bond-Girl heißt Saida. Der Name kam aber schon vorher zum Einsatz: Er steht in *Im Geheimdienst Ihrer Majestät* (1969) an einer Wand.

003 wird im Film genannt. Moneypenny berichtet, er wurde beim Sex mit einer Beiruter Bauchtänzerin von hinten durch den Hals erschossen.

TYPISCHER BOND-HUMOR: ALS ANDREA ANDERS MIT EINER PISTOLE AUS DER DUSCHE KOMMT, FRAGT ER: »EINE WASSERPISTOLE?«

Der 50-jährige Hervé Villechaize, der Schnick Schnack spielt, litt an schweren Magengeschwüren und erschoss sich im Rausch am 5. September 1993 im San Fernando Valley, Kalifornien.

Ende der 1990er Jahre verriet Roger Moore, dass Hervé Villechaize während der Dreharbeiten in Thailand die Nächte im Rotlichtmilieu verbracht habe. Auch versuchte er, bei den Darstellerinnen Maud Adams und Britt Ekland zu landen.

Scaramangas Waffe lässt sich aus verschiedenen unauffälligen Komponenten zusammenbauen: Ein Zigarettenetui ist der Kolben, ein Füller der Lauf, ein Feuerzeug die Geschosskammer und ein Manschettenknopf dient als Abzug.

Der kleinwüchsige Hervé Villechaize, der Schnick Schnack spielte, war nur 1,25 Meter groß. Dagegen war Richard Kiel – Beißer in zwei Filmen – fast einen Meter größer als er.

Hervé Villechaizes Vater konnte mit der Kleinwüchsigkeit seines Sohnes nicht umgehen. Ein deutscher Arzt versuchte, ihn zu strecken, und er musste sechs Monate in einer Spezialklinik absurde Therapien über sich ergehen lassen.

Als für den Dreh Scaramangas Insel in die Luft fliegt, sollte Roger Moore zusammen mit Britt Ekland wegrennen, doch sie stürzte und konnte nur um ein Haar den Explosionen entgehen. Die Angst der Schauspielerin ist nicht gespielt.

Das Erste, wonach Scaramanga verlangt, ist die scharfe Würzsauce Tabasco. Ein klarer Fall von Product-Placement.

Der Schießstand in Scaramangas Fun House heißt einmal »Super Shot« und auf einer anderen Tafel »Super Shoot«.

Zwei Sumoringer greifen James Bond an, obwohl der Film in China spielt und Sumos üblicherweise in Japan kämpfen. 007 gewinnt gegen die zwei Kämpfer, indem er u. a. den Knoten der Hose eines Angreifers fester dreht und ihm damit die Hoden quetscht.

James Bond benutzt eine Spraydose als Waffe, indem er einem Gegner in einem Beiruter Nachtlokal Haarspray in die Augen sprüht. In *Leben und sterben lassen* (1973) hatte 007 das Treibgas einer Spraydose entzündet, sie so zum Flammenwerfer umfunktioniert und eine Giftschlange damit gegrillt.

Soon-Taik Oh, der Darsteller des Hip, trainierte dermaßen viel Kampfsport für die Dreharbeiten, dass der Kostümbildner die Hosen Ohs mehrfach enger nähen musste.

Scaramanga stellt sich Bond auf die gleiche Art vor, wie es 007 sonst selbst macht: »Scaramanga, Francisco Scaramanga.«

SCARAMANGAS INSEL, KHAO PHING KAN, WURDE DURCH DEN FILM WELTWEIT ALS JAMES-BOND-INSEL BEKANNT.

Auf der Insel Khao Phing Kan herrschten bei den Dreharbeiten katastrophale Bedingungen. Es gab weder warmes Wasser noch sanitäre Einrichtungen und der am ganzen Körper braun geschminkte Christopher Lee, dessen Körperfarbe durch sein Schwitzen verlief, musste sich mit dem kalten Meereswasser abwaschen, um neu »gefärbt« werden zu können.

Im ersten Drehbuchentwurf gab es noch die Brüder Hai Fat und Lo Fat. Diese beiden chinesischen Geschäftsleute engagieren den Killer Scaramanga. Lo Fat wurde schließlich gestrichen.

In den ersten Szenen, die am 6. November 1973 gedreht wurden, war Roger Moore gar nicht im Einsatz: Double Mike Lovatt sprang für ihn von einem Motorboot auf das Wrack der *Queen Elizabeth*.

Auf Scaramangas Insel bietet der Schurke 007 einen Wein an, der Bond entfernt an den 34er Mouton erinnert. Scaramanga gibt zu, dass dieser noch in seinem Keller fehlt.

Francisco Scaramanga liebt Tiere, hat aber im Laufe der Jahre eine noch größere Liebe entdeckt: »Menschen zu erschießen.«

Schnick Schnack wirft im Filmfinale zahlreiche Weinflaschen auf 007, um diesen abzuwehren, doch das Regal leert sich wie von Geisterhand: Es beinhaltet zunächst 30 Flaschen. Schnick Schnack wirft 15, später fehlen jedoch 18 Flaschen.

Alle im Finale von Schnick Schnack auf Bond geschleuderten Weinflaschen aus Scaramangas Weinschrank sind leer.

Scaramangas Felseninsel wurde in Miniatur nachgebaut. Sie hat bei ihrer Zerstörung nur eine Höhe von 30 Zentimetern.

Die Produzenten und der Regisseur flogen immer per Helikopter zur Insel Khao Phing Kan. Roger Moore hatte weniger Glück: Er musste die lange Bootsfahrt über sich ergehen lassen.

Bond verzieht sein Gesicht, als er den 74er Phuyuck probiert. Das Getränk schmeckt offenbar scheußlich.

Lois Maxwell alias Miss Moneypenny hatte schon einmal mit Christopher Lee in *Im Banne der Vergangenheit* zusammengearbeitet. Obwohl beide in *Der Mann mit dem goldenen Colt* spielten, trafen sie sich erst bei der Filmpremiere.

James Bond trifft auf Hips Nichten, die sich lautstark miteinander unterhalten. Experten fanden heraus, dass die beiden Frauen nicht einmal dieselbe Sprache sprechen.

DIE KOSTEN FÜR EINEN GOLDENEN COLT MIT PATRONE, AUF DER »007« EINGRAVIERT IST, BELAUFEN SICH AUF CA. 600 PFUND.

Der Filmtitel passt nicht ganz zum Inhalt, denn Scaramangas Waffe ist kein Colt, sondern eine Pistole.

James Bond trinkt 64er Dom Pérignon und Regisseur Guy Hamilton erinnert damit an seine erste *Bond*-Regie bei *Goldfinger* (1964).

Im Roman *Man lebt nur zweimal* fliegen James Bond in Blofelds Schloss Fledermäuse um den Kopf und ihn erinnert das Anwesen an das Schloss aus einem *Dracula*-Film. In *Der Mann mit dem goldenen Colt* war schließlich *der* Dracula-Darsteller, Christopher Lee, in der Rolle von Bonds Gegner zu sehen.

Als Christopher Lee auf der Insel Khao Phing Kan Fledermäuse sah, sprach der Ex-Dracula-Darsteller Lee die Tiere an, als würde es sich um verwandelte Vampire handeln: »Not now, Stanislav.«

Maud Adams, die Darstellerin der Andrea Anders, heißt in Wirklichkeit Maud Wikström.

Für die Kung-Fu-Szenen engagierte Produzent Harry Saltzman die damals 15 Jahre alte Joie Pacharin-Traporn, die bereits den schwarzen Gürtel in Karate besaß.

Kra, der von Sonny Caldinez dargestellte Techniker auf Scaramangas Insel, wird von Mary Goodnight niedergeschlagen und stürzt in flüssiges Helium. Sein Körper gefriert bei minus 270° Celsius.

Colonel Claire doubelte Roger Moore und flog das Wasserflugzeug zu Scaramangas Insel. Als Claire mit der Maschine vom Wasser auf den Strand glitt, schlug sich der Pilot den Kopf blutig. Das Flugzeug war abrupt zum Stehen gekommen und er war nicht angeschnallt gewesen.

In der englischen Originalversion heißt die Schwimmerin in Hai Fats Pool Chew Mee (deutscher DVD-Untertitel: »Kau Misch«). In der Synchronversion wurde daraus Hasch Misch, worauf Bond entgegnet: »Gern!«

Rodney benutzt zwar einen Schalldämpfer, aber die Schussgeräusche entsprechen einer Waffe ohne.

Rodneys Waffe scheint etwas Besonderes zu sein: Er feuert dreizehnmal, ohne nachladen zu müssen.

Wenn sich 007 später im Film in der Umkleide von Saida mit drei Killern schlägt, stößt einer versehentlich gegen eine Frisierkommode mit Spiegel. Der Spiegel wird dadurch zur Seite gerückt und man sieht darin ein Crewmitglied und einen Scheinwerfer.

Der Astro-Sprung mit dem Wagen über eine eingestürzte Brücke kostete in der Entwicklung 300.000 Dollar und war bereits 1971 am Computer erprobt worden.

Der 360°-Sprung des Wagens klappte so reibungslos, dass Regisseur Guy Hamilton ihn noch einmal drehen wollte, weil er glaubte, das Publikum würde den Sprung für einen Trick halten. Stuntman Jay Milligan lehnte den Vorschlag ab.

Der linke Schwimmer von Bonds Wasserflugzeug verschwindet auf wundersame Weise, als Bond auf Scaramangas Insel landet.

SCARAMANGA HAT IMMER DANN MIT ANDREA ANDERS SEX, WENN ER EINEN MORD PLANT. ER VERFÄHRT LAUT BOND WIE EIN STIERKÄMPFER: SEX SCHÄRFE DAS AUGE.

Im *Guinness-Buch der Rekorde* 2005 wurde Christopher Lee auf Platz eins der lebenden Schauspieler mit den meisten Filmrollen geführt. Er hatte bereits 211 Rollen gespielt, als er den Eintrag erhielt.

Roger Moore und Albert R. Broccoli spielten in Drehpausen oft Backgammon. Wenn die Verluste für einen der beiden zu groß wurden, wurden einfach die Nullen beim Betrag gestrichen und das Spiel nahm seinen Lauf.

Schnick Schnack (im Englischen Nick Nack) hieß in der ersten Drehbuchversion von Tom Mankiewicz noch Demi-tasse, Richard Maibaum änderte das aber bei der Überarbeitung des Scripts.

Titeldesigner Maurice Binder strich angeblich die Schamhaare der Modelle mit Vaseline ein, damit diese nicht zu sehen waren, wenn er die Silhouetten der Frauen für seine Vorspänne verwendete.

Bei *Bond*-Dreharbeiten sind alle Getränke immer echt. Christopher Lee überraschte es, als er an einem Glas nippte und tatsächlich den acht Jahre alten kanadischen Whisky Black Velvet im Mund hatte.

BOTTOMS UP (»HINTERN HOCH«) IST DER NAME EINES LOKALS IN DEM BOND GLAUBT, SCARAMANGA ZU FINDEN.

Roger Moore erlangte für die Dreharbeiten den Grünen Gürtel in Karate, um bei den Kampfszenen überzeugender zu wirken.

DER SPION, DER MICH LIEBTE (1977)

Die Londoner *Times* fand heraus, dass Bond mit dem Lotus Esprit S1 die meisten Menschen getötet hat. Es waren acht Personen.

Als James Harold Wilson, der Premierminister von Großbritannien, 1977 das Set von *Der Spion, der mich liebte* besuchte, wurde der an Gürtelrose erkrankte Roger Moore genötigt, ebenfalls anwesend zu sein.

Regisseur Lewis Gilbert wunderte sich, warum er nach einigen Tagen Dreh mit Beißer-Darsteller Richard Kiel an Genickschmerzen litt. Grund: Er musste die ganze Zeit zu dem 2,13 Meter großen Kiel hinaufschauen, wenn er mit ihm sprach.

Als sich der Union-Jack-Fallschirm in der Pre-Titel-Sequenz öffnete, applaudierten die Zuschauerinnen und Zuschauer 1977 im Kino.

James Bond gleitet auf einer Überwachungskamera der *Liparus* an der Decke entlang und entgeht so den Blicken von Strombergs Überwachungspersonal.

Bond tarnt sich als Robert Sterling. Es gab einen Schauspieler mit diesem Namen, der neben Bob Hope im Film *Staatsaffären* von 1963 spielte. Das Plakat von Hopes Vorgängerfilm, *Bob auf Safari*, ist im Film *Liebesgrüße aus Moskau* an einer Hauswand zu sehen.

MS VORNAME LAUTET **MILES**. GENERAL GOGOL NENNT IHN UND AUCH SEIN VORNAME FÄLLT: **ALEXIS**.

Barbara Bach, die später Ringo Starr, den Schlagzeuger der Beatles, heiratete, spielte neben Richard Kiel und Corinne Cléry (aus *Moonraker – streng geheim*) in *Kampf um die 5. Galaxis*.

Anya Amasova kennt sich anscheinend mit Fahrzeugen aus: Als Beißers Van bei der Fahrt durch die Wüste plötzlich stehen bleibt, diagnostiziert sie zu Bonds Überraschung sofort: »Die Zylinderkopfdichtung ist hin!«

Sterbend rutscht Karl Stromberg mit dem Gesicht ins Salatbuffet.

In einigen Quellen ist die Rede davon, Roger Moore habe sich bei den Dreharbeiten eine Verletzung am Penis zugezogen. Plausibler ist jedoch, dass es »nur« zu einer Rückenverletzung kam, als er zu spät vom Stuhl sprang, den der Darsteller Curd Jürgens als Stromberg mit einer Waffe beschoss.

Im Roman *Leben und sterben lassen* hat Mr Big im Schlüsselloch einer Tischschublade, vor der Bond sitzt, eine eingebaute Schusswaffe. Die Idee wurde zu Strombergs Tischpistole mit langem Lauf erweitert und ist in *Der Spion, der mich liebte* zu sehen.

Barbesitzer Max Kalba rempelt in seinem Club eine Frau an und entschuldigt sich in der Originalversion dafür. In der deutschen Synchronfassung sagt er beim Zusammenstoß aber: »Tisch 7.«

Agent Bond flüchtet mit seinem tauchfähigen Lotus Esprit unter Wasser vor Strombergs Tauchern und wendet ein humorvolles Täuschungsmanöver an: Er setzt den Blinker des Tauchfahrzeugs rechts, biegt aber links ab.

Stromberg ist der Schurke, der am häufigsten von Bonds Pistole getroffen wurde: Vier Kugeln töten den Bösewicht.

Stromberg hat missgebildete Hände mit Schwimmhäuten zwischen den Fingern, weshalb er eine Aversion gegen das Händeschütteln hat. Dr. No hatte in *James Bond 007 jagt Dr. No* (1962) ebenfalls Probleme mit den Händen und entschuldigte sich für ein ausbleibendes Händeschütteln.

1976 sagte Albert R. Broccoli, die Hauptidee des Films stamme ursprünglich von seinem Freund Howard Hughes.

Im Buch *Leben und sterben lassen* spießt 007 einen Skorpionfisch mit einem Messer auf und findet im Schlamm des Aquariums wertvolle Münzen. Der Skorpionfisch ist auch als Rotfeuerfisch bekannt und heißt auf Lateinisch *Pterois volitans*. Genau diesen Namen will Stromberg von Bond wissen, um zu testen, ob 007 tatsächlich Meeresbiologe ist.

MILTON REID, DER SANDOR SPIELTE, LITT AN DEM BEI MÄNNERN AUSGESPROCHEN SELTENEN TURNER-SYNDROM.

Der Name des KGB-Agenten und Geliebten von Anya Amasova hat in der Literatur zahlreiche Schreibweisen: Sergey Borsove, Sergei Barsov, Sergej Barsow, Sergej Borsove und Sergei Borzov.

Komponist Marvin Hamlish spielte Teile einer möglichen Filmmelodie auf dem Klavier, als Carole Bayer-Sager die Zeile »Nobody Does It Better« sang. Das Titellied war geboren. Vorher hatten sich beide stundenlang vergeblich den Kopf zerbrochen, wie man den Titel »The Spy Who Loved Me« zur Hauptzeile des Songs machen könnte.

Beißer-Darsteller Richard Kiel musste während der Dreharbeiten oft nach wenigen Sekunden würgen, weil das Kunstgebiss diesen Reflex auslöste.

James Bond erschießt Anya Amasovas Geliebten Sergei Borzov mit einem als Skistock getarnten Gewehr.

In einer frühen Drehbuchversion sollte Stromberg in einer Pyramide sein Hauptquartier haben, die er hydraulisch im Wüstensand versenken konnte. Die Konstruktionskosten hätten bei 500.000 Dollar gelegen und man verwarf die Idee.

Eine Spieluhr auf Triple X' Nachttisch dient der Kontaktaufnahme zum russischen Hauptquartier. Die Box spielt die Titelmelodie des Films *Doktor Schiwago*. David Lean hatte den Film 1965 inszeniert und *Bond*-Regisseur Lewis Gilbert bei den Dreharbeiten zu *Man lebt nur zweimal* (1967) einen Besuch abgestattet.

Curd Jürgens war nur für zwei Wochen als Darsteller gebucht und feierte während der Dreharbeiten seinen 61. Geburtstag.

Als es bei den Dreharbeiten in Ägypten einen Lebensmittelengpass gab, kochte Produzent Albert R. Broccoli für alle Spaghetti mit Tomatensauce. Eines der Siebe, das er dabei benutzte, war ein jahrtausendealtes Artefakt.

James Bond tötet Naomi, indem er ihren Helikopter mit einer Rakete abschießt. Die Szene ist ungewöhnlich für *007*-Filme, denn er ist der Frau längst entkommen und tötet hier erstmalig völlig ohne Grund.

Erstmals ist der Darsteller Geoffrey Keen als Verteidigungsministers Frederick Gray zu sehen. Er spielte die Rolle danach noch in fünf weiteren *James Bond*-Filmen.

Als James Bond mit seinem Lotus Esprit aus dem Meer auftaucht, öffnet er das Seitenfenster und wirft eine Goldbrasse hinaus.

Tine Kemp sang den Filmsong »Nobody Does It Better« in der Übersetzung mit dem Titel »Kein anderer fliegt mich höher«.

Charles Gray, der in *Man lebt nur zweimal* (1967) Henderson und in *Diamantenfieber* (1971) Blofeld verkörpert hatte, ist im Film als Lautsprecherstimme in der Pyramidenszene zu hören.

BEISSER HEISST IM ORIGINAL JAWS – EINE ANSPIELUNG AUF DIE FILMREIHE DER WEISSE HAI, DIE IM ORIGINAL AUCH JAWS, ALSO »KIEFER«, HEISST.

Guy Hamilton hatte zwar den Vertrag als Regisseur bereits unterschrieben, bat aber darum, daraus entlassen zu werden, da er lieber *Superman* inszenieren wollte.

James Bond entdeckt in Strombergs Unterwasserstation auf dem Meeresgrund die Überreste einer Leiche, von der lediglich eine Hand übrig geblieben ist. Dabei läuft im Hintergrund »Nocturne Nr. 8« von Frédéric Chopin.

Das Meeresforschungslaboratorium Atlantis ist durch die Ozeanplattform Okinawa inspiriert.

Als sich das Unterwassergebäude Atlantis aus den Fluten erhebt, erklingt das »Klavierkonzert Nr. 21« von Wolfgang Amadeus Mozart.

Laut Drehbuch hätte Beißer sterben sollen, aber in Testvorführungen kam die Figur so gut an, dass Regisseur Lewis Gilbert ein alternatives Ende drehte, in dem Beißer aus dem versunkenen Atlantis auftaucht und aufs offene Meer hinausschwimmt.

Die Strecken, die James Bond in Ägypten zurücklegt, sind kaum plausibel: Zwischen den Orten, die er zu Fuß an einem Tag erreicht, liegen mehrere Hundert Kilometer.

Drei Tage warteten Fallschirmexperte Jim Buckley und Stuntman Ricky Sylvester zusammen mit den anderen Mitgliedern der *Bond*-Crew am Mount Asgard auf besseres Wetter, um den Stunt der Pre-Title-Sequenz realisieren zu können. Broccoli wollte den Stunt schon aus dem Drehbuch streichen, da besserte sich das Wetter.

Rick Sylvester bekam den Auftrag für den Skisprung vom Mount Asgard, weil Albert R. Broccoli ein Bild von ihm bei diesem Stunt in einem Magazin gesehen hatte. Allerdings war das nur eine Fotomontage. Dennoch wagte sich Sylvester an den Sprung aus ca. 2.000 Metern Höhe.

Drei Kameras liefen, als Rick Sylvester mit Skiern vom Mount Asgard sprang. Durch das schlechte Wetter lieferte nur eine einzige brauchbare Aufnahmen, weshalb der Sprung im Film ohne einen einzigen Schnitt zu sehen ist.

Christopher Wood schrieb die Drehbücher zu *Der Spion, der mich liebte* und *Moonraker – streng geheim* (1979) und verfasste auch zu beiden Romane basierend auf den Drehbüchern.

Anthony Burgess schrieb eine frühe Drehbuchvorlage, in der die Verbrecherorganisation SPECTRE vorkommt. Christopher Wood strich die Organisation auf Albert R. Broccolis Wunsch, da dieser rechtliche Schwierigkeiten befürchtete. SPECTRE sollte 007 erst 38 Jahre später in *Spectre* (2015) wieder das Leben schwermachen.

Tom Mankiewicz arbeitete am Drehbuch von *Der Spion, der mich liebte* mit, wollte aber nicht genannt werden, weil er fürchtete, Angebote für anspruchsvollere Drehbücher würden ausbleiben.

Bei seinem Skistunt lösten sich im freien Fall die Skier von Stuntman Rick Sylvesters Füßen und ein Ski traf seinen sich öffnenden Fallschirm.

Insgesamt zwölf Autoren sollen versucht haben, ein Drehbuch zu entwickeln, das dem Produzenten Albert R. Broccoli gefiel.

Als Stromberg seine Sekretärin an einen Hai verfüttert, läuft im Hintergrund eine Violinsonate von Johann Sebastian Bach.

Darsteller George Baker, der Captain Benson spielt, war auch schon in *Im Geheimdienst ihrer Majestät* (1969) als Hilary Bray zu sehen. Baker hatte auch als James Bond vorgesprochen.

In einer frühen Drehbuchversion sollte Beißer in einen Hochofen fallen und ums Leben kommen.

In einer frühen Drehbuchversion von Cary Bates hieß das Unterwasserauto »Esther Williams« (in Anlehnung an die gleichnamige Filmnixe, die zahlreiche Schwimmmeisterschaften gewonnen hatte). Unter Christopher Woods Feder wurde der Name in *Wet Nellie* geändert – eine Anspielung auf Bonds Minihelikopter in *Man lebt nur zweimal* (1967).

In der 007-Stage, die extra für den Film gebaut wurde, erschuf Ken Adam das Innenleben des Supertankers *Liparus*, in dem wiederum drei Atom-U-Boote Platz fanden. Das Set wurde als größtes je gebautes ins *Guinness-Buch der Rekorde* aufgenommen.

Derek Meddings Modell der *Liparus* war 21 Meter lang. Firmen, die über echte Tanker verfügten und im Gespräch waren, ein Schiff für den Film zur Verfügung zu stellen, waren von den Aufnahmen so überzeugt, dass sie das Modell für einen richtigen Tanker hielten.

Die Szenen, die im Hotel Cala di Volpe auf Sardinien in James Bonds Zimmer spielen, wurden in der Bar der Hotelhalle gedreht, die man zur Suite umgebaut hatte.

Eine Version des Lotus Esprit, die die Dreharbeiten überstanden hatte, wurde Ende der 90er Jahre für 30.000 Pfund versteigert. Die tauchfähige, aber nicht fahrtüchtige Karosserie des Lotus brachte 1998 nochmals 29.900 Pfund.

Bond erschießt hier erstmals drei Gegner mit einem Schuss: Der Bolzen eines Bolzengewehrs durchdringt die Körper der Angreifer.

007 baut den Zünder einer Nuklearrakete aus, um damit die Panzerung des Tankers *Liparus* zu durchbrechen. Ken Adam entwarf die Rakete und benutzte einfach einen Kamerawagen, dessen Hebemechanismus er veränderte.

Roger Moore machte mit der Einschienenbahn schlechte Erfahrungen: Das Fahrzeug rutschte aus der Führungsschiene und bei einem zweiten Versuch bekam Moore das Gefährt nicht zum Stehen.

Ursprünglich war Ernst Stavro Blofeld als Schurke vorgesehen, doch die Rechtslange war nicht klar und so entschloss man sich zur Namensänderung in Karl Stromberg.

Shane Rimmer spielte bereits in *Man lebt nur zweimal* (1967) einen NASA-Radartechniker, war in *Diamantenfieber* (1971) als Angestellter Tom von Williard Whyte zu sehen und verkörpert hier Captain Carter.

Vernon Dobtcheff spielte Max Kalba und wird in seiner Rolle von Beißer totgebissen. In Interviews sagte er, der *Bond*-Film gleiche einem »Horrorfilm« – verständlich, bei den Szenen, die er drehte.

Nachdem Max Kalba von Beißer in einer Telefonzelle getötet wurde, legt James Bond ein Schild mit der Aufschrift »Out of Order« auf die Leiche.

Die Figur P sollte als russisches Gegenstück zu Q der Waffenmeister von Anya Amasova sein und ihr eine Perlenkette, bestehend aus kleinen Handgranaten, aushändigen. Man verwarf die Idee jedoch.

Lewis Gilbert inszenierte *Man lebt nur zweimal* (1967), *Der Spion, der mich liebte* (1977) und *Moonraker – streng geheim* (1979). Er sagte Jahre nach den Dreharbeiten, Moores Film von 1977 wäre ein Remake von Connerys Film aus dem Jahr 1967.

Richard Kiel, der Beißer verkörpert, besuchte zusammen mit seiner Familie 1979 die Stadt Kiel und ließ sich am Ortsschild für die Zeitungen fotografieren.

In einem frühen Drehbuchentwurf von Cary Bates sollte der Schurke seinen Stützpunkt in Loch Ness haben, was erklären könnte, warum 007s Unterwasserauto in dieser Drehbuchversion *Wet Nellie* hieß.

John Landis war einer von vielen Drehbuchautoren, die Entwürfe zu *Der Spion, der mich liebte* ablieferten. Landis hatte die Idee, 007 solle sich vor seinen Verfolgern in eine Kirche flüchten und in der Position des Gekreuzigten hinter einem Kreuz verstecken. Der streng gläubige Broccoli soll Landis angeblich wegen Gotteslästerung entlassen haben.

MOONRAKER – STRENG GEHEIM (1979)

Im Roman tippt Bond in das Codeschloss des geheimen Labors die Ziffernfolge 51135 ein. Im Film ist es der Code 12589. Bei der Eingabe erklingt das Leitmotiv aus Steven Spielbergs Film *Unheimliche Begegnung der dritten Art*.

Der Zuckerhut in Brasilien wurde für die Dreharbeiten drei Tage komplett als Touristenattraktion gesperrt.

Beißers Fallschirm öffnet sich bei einem Sprung nicht. Der Schurke überlebt, weil er in ein Zirkuszelt stürzt.

Holly Goodheads Parfüm ist ein getarnter Flammenwerfer. Im Film probiert Bond die versteckte Waffe aus. Im Roman zum Film benutzt Goodhead den Flammenwerfer gegen Beißer, als dieser sie am Zuckerhut angreift.

Beim Kampf gegen Chang gehen fünf Vitrinen von Venini Glas zu Bruch. Eine Anspielung darauf gibt es im Film *Stirb an einem anderen Tag* (2002) und in Madonnas Musikvideo zum Song »Die Another Day«.

Obwohl James Bond die ganze Zeit seine von Q überreichte Handgelenkswaffe besitzt, benutzt er sie nicht gegen Beißer und andere Angreifer, sondern erst am Ende des Films gegen Hugo Drax.

Bei einem Stunt flog einem Stuntman ein brennendes Plastikteil ins Genick und er wurde schwer verletzt.

Roger Moore verletzte sich beim Dreh einer Actionszene an der Kniekehle, konnte aber seine Arbeit nach einem Arztbesuch wieder aufnehmen.

Claude Renoir, Enkel des berühmten Malers Pierre Auguste Renoir, arbeitete schon als Kameramann an *Der Spion, der mich liebte* (1977). Einen Tag vor Drehbeginn von *Moonraker – streng geheim* musste er seine Arbeit niederlegen, weil er aufgrund eines Grauen Stars kaum etwas sehen konnte.

Hugo Drax' Plan ist es, auf seiner Raumstation eine Superrasse zu züchten und diese nach Ausrottung der Menschheit zur Neubesiedelung auf die Erde zurückzuschicken.

Laut Drehbuch beobachtet Hugo Drax auf einem Monitor die geschlechtliche Vereinigung seiner Paare in der Raumstation, in der er die Superrasse züchten will. Die Szene wurde als zu schlüpfrig befunden und kommt nicht im Film vor.

Der Darsteller des Chang, Toshiro Suga, war vor seiner Verpflichtung als Schauspieler der Karatelehrer von Michael G. Wilson.

JAMES BONDS ZIGARETTENETUI IST EIN KLEINES RÖNTGENGERÄT ZUM ÖFFNEN VON TRESORTÜREN.

Als Bonds Boot bei den Dreharbeiten den Wasserfall hinabstürzen sollte, verkantete sich das Q-Boot an einem Felsen und blieb dort hängen. Als die Crew am nächsten Tag wiederkam, war das Wasser angestiegen und das Q-Boot verschwunden. Man drehte die fehlenden Szenen mit einem Modell nach.

Die Ian-Fleming-Stiftung kaufte eines der für den Film gebauten Q-Boote 1996 auf, um es für Ausstellungen zu erhalten.

Das Q-Boot trägt im Drehbuch den Namen Q-Craft.

Melinda Maxwell, die Tochter der Moneypenny-Darstellerin Lois Maxwell, verkörpert eine von Drax' Schönheiten.

Darstellerin Corinne Cléry durfte auf Wunsch ihren Vornamen im Film behalten und spielt Corinne Dufour, die Privatpilotin von Drax.

Corinne Dufour hieß in der Drehbuchvorlage noch Trudi Parker.

Der Schauspieler Ian Hunter hatte sich eine Option auf Flemings Roman für 1.000 englische Pfund kurz nach Erscheinen sichern lassen. Die Rank-Organisation besaß damit die Filmrechte (für die sie nochmals 10.000 englische Pfund bezahlt hatte), aber Ian Flemings Literaturagent Bob Fenn kaufte das Buch frei.

Die Maya-Pyramide, in der Drax einen Stützpunkt eingerichtet hat, gehört zur versunkenen Stadt Tikal in Guatemala. Bei Bond steht sie nahe der Iguaçu-Wasserfälle. Die Orte sind mit Zwischenlandungen über 20 Flugstunden voneinander entfernt.

James Bond benutzt einen Degen, um gegen Chang zu kämpfen. Die Waffe mit Glasgriff aus einem Museum soll im späten 18. Jahrhundert einem General Menotti gehört haben.

Das von Elmer Bernstein komponierte Thema des Films *Die glorreichen Sieben* erklingt, als James Bond auf einem Pferd durch die Prärie reitet.

Hugo Drax' letzte Worte, bevor er von Bonds Blausäurepfeil getroffen wird, sind: »Ich werde wenigstens das Vergnügen haben, Sie aus meinem Blickfeld zu entfernen. Es tut mir unsagbar leid, Mr Bond …« 007 schießt den Pfeil in Drax' Herz und kommentiert: »Das Herz bricht mir, Mr Drax.«

In einer frühen Drehbuchversion war eine Motorradverfolgungsjagd durch Venedig enthalten, bei der die Motorräder durch enge Gassen jagen, über die Brücken rasen und von Gondel zu Gondel springen sollten. Der Höhepunkt dabei wäre die Hindernisfahrt um die Touristen auf dem Markusplatz gewesen.

Verteidigungsminister Frederick Gray hat nach eigenen Angaben schon einmal Bridge gegen Hugo Drax gespielt: Eine Anspielung auf Flemings Romanfigur, die im Buch M im Blades Club beim Bridge betrügt.

Obwohl Beißer mit seinen Zähnen das Stahlseil der Seilbahn am Zuckerhut durchbeißt und die Gondel dadurch zum Stehen kommt, schafft es sein Komplize, die Gondel per Knopfdruck wieder zum Laufen zu bringen.

Als sich Bond und Chang im Uhrturm prügeln, passiert das im Film am frühen Morgen. Wenn Chang durch das Ziffernblatt der Uhr geschleudert wird, landet er in einem Piano neben einem Sänger und zahlreichen Zuschauern, was um diese Uhrzeit sehr seltsam erscheint.

Ein Techniker des Radarstörsystems ist derselbe Schauspieler, mit dem 007 zuvor in einem Krankenwagen kämpfte und der starb, als er mit einer Bahre in ein Werbeplakat geschleudert wurde. Auf dem Plakat von British Airways steht: »We'll take more care of you.«

Corinne Dufours Schuhwerk wechselt von Szene zu Szene: Als sie vor den Dobermännern flüchtet, hat sie zuerst normale Schuhe und dann hohe Stiefel an.

Bei der Prügelei im Krankenwagen sollte Guy di Rigo ein Büschel Kunsthaar ausgerissen werden. Dummerweise griff Lois Chiles auch echte Haare von di Rigo und riss sie ihm aus.

Hugo Drax' Dobermänner fressen erst, wenn ihr Herrchen mit den Fingern schnipst.

Ein Schurke aus der Pre-Title-Sequenz trägt den Rollennamen »Drax' Pilot«, obwohl er mit dem Bösewicht Drax, der erst später im Film in Erscheinung tritt, gar nichts zu tun hat, sondern vielmehr ein Rächer von Karl Stromberg aus *Der Spion, der mich liebte* (1977) ist.

Hugo Drax' Wohnsitz ist ein Schloss in Kalifornien, das in Wirklichkeit in der Nähe von Paris steht: Vaux-le-Vicomte.

Der Darsteller des M, Bernard Lee, war alkoholabhängig.

ÜBER 500 FRANZÖSINNEN CASTETE MARGOT CAPELIER FÜR DEN FILM, UM DIE RICHTIGEN SCHÖNHEITEN FÜR HUGO DRAX ZU FINDEN.

Bei der Fasanenjagd lobt Hugo Drax diesen Zeitvertreib als »hübschen Sport«. Bond kontert: »Außer man ist ein Fasan.«

Als 007 sich an einer Fasanenjagd beteiligen soll, sieht er durch das Fernrohr seines Gewehres einen auf ihn angesetzten Killer in einer Baumkrone sitzen. Bond verfehlt den Fasan absichtlich und schießt dafür den Gegner vom Baum.

Q präsentiert 007 zwar Laserwaffen, und auch die Filmplakate zeigen Bond damit, aber der Agent hat niemals selbst eine in der Hand und feuert demzufolge auch keine ab.

Im Film kämpft 007 gegen eine Python, im Roman von Christopher Wood ist es eine Anakonda. Bond sticht der Schlange im Film einen vergifteten Kugelschreiber in den Körper.

Der Posträuber Ronald Biggs sollte eine Gastrolle als Bonds Chauffeur erhalten. Roger Moore war dagegen, weil die kriminelle Vergangenheit einer Person nicht zu ihrer Karriere beitragen sollte.

Die Bondola, James Bonds Gondel aus der Q-Abteilung, verfügt über ein Luftkissen unter der Gondel, um über Land fahren zu können, und zwei Motoren mit je 140 PS. Nach den Dreharbeiten wurde die Bondola von Vandalen zerstört.

Bei der Fasanenjagd bläst ein Jagdhelfer das Thema aus *Also sprach Zarathustra*.

Beim Dreh der Szene, in der die Bondola an Land fährt, fiel sie mehrmals um und Roger Moore stürzte in das brackige Wasser Venedigs.

In Christopher Woods Roman *Moonraker Streng geheim* hält James Bond eine Flasche Wein in Händen, deren Etikett sie als »Kubrick 2001« ausweist – eine Anspielung auf den Film *2001 – Odyssee im Weltraum* von Regisseur Stanley Kubrick, der u. a. mit Ken Adam befreundet war und ihm Tipps zur 007-Stage gab.

John Long flog den Flugdrachen über die Iguaçu-Wasserfälle, über denen aufsteigende Winde die Kontrolle über den Drachen unmöglich machten. Er stürzte in den Dschungel und wurde erst über eine Stunde später unverletzt gefunden.

Derek Meddings erzeugte den Effekt eines Schweifs bei den startenden Miniatur-Moonraker-Raumfähren, indem er Salz aus den Brennkammern rieseln ließ. Die ersten Spaceshuttles starteten erst zwischen 1981 und 1982.

Vor Drehstart versuchten die Maskenbildner, Michael Lonsdale bedrohlicher und denkwürdiger wirken zu lassen, und testeten unter anderem, wie er mit silbergrauen Haaren aussah. Da sich dies als wirkungslos erwies, ist sein dichter Bart das einzige optische Merkmal des Darstellers.

IM ABSPANN WIRD ALS DREHORT UNTER ANDEREM AUCH DER WELTRAUM GENANNT.

Zum elften offiziellen *James Bond*-Film kam Lois Chiles per Zufall: Sie saß bei einem Flug neben Regisseur Lewis Gilbert und er lud sie zu Probeaufnahmen nach London ein, woraufhin sie die Rolle der Holly Goodhead erhielt.

Während der Dreharbeiten erreichte Lois Chiles die Nachricht, dass ihr an Lymphogranulomatose erkrankter Bruder im Sterben lag. Broccoli bot ihr eine Drehunterbrechung und einen Flug nach Hause an. Chiles lehnte ab und spendete alle zehn Tage Blut, womit sie ihren Bruder aber nicht retten konnte.

Für den Fallschirmsprung in der Pre-Titel-Sequenz doubelte Gerald F. Lombard Roger Moore und sprang 88-mal aus einem Flugzeug, um alle Actionszenen für die Kameras umsetzen zu können.

Holly Goodheads Handtasche ist eine Sendestation, ihr Terminplaner kann Giftpfeile abschießen.

Roger Moores gelber Raumanzug wurde auf einer Auktion 1995 für 6.750 Pfund versteigert.

Ken Adam entwarf eine 36 x 15,5 Meter große Raumstation in der Nähe von Paris. Es sollte das größte Innenset werden, das jemals in Frankreich gebaut wurde.

Ken Adams Lieblingsszene zeigt die aus der Dunkelheit auftauchende Raumstation in der Totalen.

Um die Zerstörung der Raumstation überzeugend wirken zu lassen, mussten sich die Miniaturspezialisten etwas Besonderes einfallen lassen. Da die Szenen im luftleeren Raum spielen und kein Feuer zu sehen sein sollte, besorgten sie sich Handfeuerwaffen und schossen die Station vor laufender Kamera in Stücke.

IN TÖDLICHER MISSION (1981)

Regisseur John Glen setzte den Originaltitel *For Your Eyes Only* filmisch um, indem er einen sehr starken und damit komplizierten Zoom auf Carole Bouquets Augen in den Film integrierte. Titeldesigner Maurice Binder arbeitete auch mit dieser Technik. Er filmte aber den Mund von Sängerin Sheena Easton in einer extremen Nahaufnahme.

Maurice Binder war Perfektionist. Als er den Mund Sheena Eastons beim Singen filmen wollte, fixierte er ihren Kopf, um keine verwackelte Nahaufnahme zu erhalten.

Carole Bouquet, die Melina Havelock spielt, hatte 1978 für die Rolle der Holly Goodhead in *Moonraker – streng geheim* (1979) vorgesprochen und wurde damals abgelehnt.

Bernhard Lee, der M verkörpert hatte, starb noch während der Dreharbeiten. So wurden die mit ihm gefilmten Szenen nicht verwendet und im Film heißt es, M habe einen Tag Urlaub.

Nach Bernard Lees Tod beschloss Produzent Albert R. Broccoli aus Respekt, die Rolle von M für den *007*-Film *In tödlicher Mission* nicht neu zu besetzen.

Der Darsteller James Villiers stellte den Stabschef Bill Tanner dar und übernahm zusätzlich Textzeilen, die Bernard Lee als M hätte haben sollen, wenn er nicht vor Abschluss der Dreharbeiten gestorben wäre.

Bond vermutet in der englischen Originalversion, Gräfin Lisl von Schlaf stamme aus Liverpool, sie korrigiert: »Manchester.« In der deutschen Synchronfassung tippt Bond auf Berlin und sie sagt, es sei nicht weit davon: Breslau.

Der Name einer Figur ändert sich von Version zu Version: Im Original heißt Bonds Verbündete Lisl von Schlaf, in der deutschen Synchronversion wurde daraus Lisa von Sahm, im Roman heißt sie Lisa von Slaugh.

Die Unfallquote war höher als bei den vorherigen *Bond*-Produktionen: Ein Toter und mehrere Schwerverletzte durch Stürze mit Motorrädern, Unfällen mit Bobschlitten und auf Skiern.

Darsteller Chaim Topol, ein Freund von Albert R. Broccoli, wurde verletzt, als ihm bei einer Explosion ein Splitter ins Auge flog. Broccoli fuhr Topol persönlich zu einem Arzt.

Stuntman Pascal Bernard wurde mit seinem Motorrad aus der Bobbahn geschleudert und verletzte sich. Die Szene des Herausschleuderns ist im Film zu sehen, der Aufprall nicht.

Am 17. Februar 1981 verunglückte Stuntman Paolo Rigon, der hinten in einem Viererbob saß, als dieser aus der Bahn geschleudert wurde. Rigon starb noch am selben Tag.

Da Schauspieler Chaim Topol in den Drehpausen mit Michael G. Wilson Backgammon spielte und gewann, besserte er sein Honorar, das er für den Film bekam, durch die Spielgewinne auf.

Dana, die Frau Albert R. Broccolis, hatte Chaim Topol für die Rolle des Milos Columbo vorgeschlagen, als sie ihn auf einer Dinnerparty sah.

Columbo zeichnet Gespräche zwischen Bond und Kristatos mit einem Tonbandgerät auf, das sich im Boden einer Öllampe befindet. Im Roman war es noch in einem Stuhlbein versteckt.

Am Schluss des Films wird über James Bonds Armbanduhr eine Direktverbindung zur Downing Street hergestellt. 007 soll mit Margaret Thatcher sprechen. Dabei ist auch der Papagei Max zu hören und bringt Q, M und Frederick Gray damit in eine peinliche Situation.

Das Thatcher-Double Janet Brown spielt die Premierministerin. Die Szenen mit ihr waren eine spontane Entscheidung des Regisseurs John Glen und wurden erst kurz vor Fertigstellung des Films produziert.

John Glen ließ bei seiner ersten *Bond*-Regie sein Erkennungszeichen, eine auffliegende Taube, in die Handlung integrieren. Er benutzte in vier seiner fünf *007*-Filme auffliegende Vögel und verzichtete nur in *Im Angesicht des Todes* (1985) darauf, weil bei den Luftaufnahmen seiner Meinung nach sowieso irgendwo Tauben zu sehen sein würden.

Zunächst sollte *For Your Eyes Only* in Deutschland unter dem Titel »Streng geheim« in die Kinos kommen, was von der Bedeutung dem Originaltitel nahekommt, doch der Vorgängerfilm war bereits mit dem Titel *Moonraker – streng geheim* (1979) gelaufen und so wählte man den Allerweltstitel *In tödlicher Mission*.

Der Strand, an dem Gräfin Lisa von Sahm ihr Leben lassen muss, liegt auf Korfu und heißt St. Georges – genau wie das Schiff, in dem sich das ATAC befindet.

Das Nachäffen des Wortes St. Cyril durch einen Papagei bringt James Bond auf die richtige Spur der Schurken.

Nach Bonds Information, dass sich die Schurken in St. Cyril versteckt halten könnten, ist Q entsetzt, da es 439 Orte namens St. Cyril in Griechenland gibt.

Der Mönch Archimandrite Haritonas boykottierte die Dreharbeiten. Zwar hatte die griechische Regierung die Dreherlaubnis für die Klosterhöfe auf den Felsformationen erteilt, die Gelder für die Mönche wurden aber von der Regierung nicht weitergeleitet. Haritonas und seine Glaubensbrüder hängten Wäsche und Plastiktüten in die Klosterfenster und Büsche der Anlage.

Die *Bond*-Macher wollten Szenen an der Akropolis drehen, doch die griechische Regierung verweigerte die Dreherlaubnis. Man wolle für die antike Stadtfestung keine Werbung von einem Actionhelden haben.

Um vor seinen Verfolgern zu fliehen, springt James Bond von einer hohen Mauer und benutzt einen Sonnenschirm, um seine Fallgeschwindigkeit zu verringern.

Der Rollstuhlschurke, der zwar Ernst Stavro Blofeld sein soll, aber aus rechtlichen Gründen nicht so genannt werden durfte, wird von James Bond mitsamt Rollstuhl mit einer Helikopterkufe aufgespießt und in einen Schornstein geworfen.

Die Rechte an der Figur Blofeld lagen 1981 bei Kevin McClory, der 1983 *Sag niemals nie* produzierte. Daher wird die Figur, die 007 am Anfang des Films tötet und die wie Blofeld aussieht, nur »Rollstuhlschurke« genannt.

Da James Bond in der Pre-Title-Sequenz einen Rollstuhlfahrer tötet, hatten die Macher Bedenken, weil man glaubte, behinderte Menschen würden das verurteilen. Das Gegenteil passierte, da 007 sich auf Augenhöhe mit einem Behinderten begab.

Pierce Brosnans verstorbene Ehefrau, Cassandra Harris, spielte Gräfin Lisa von Sahm. Brosnan besuchte die Dreharbeiten und machte Albert R. Broccoli erstmals auf sich aufmerksam.

Auf dem Filmplakat ist Joyce Bartle breitbeinig, knapp bekleidet und mit Armbrust zu sehen. Fotograf Morgan Kane lichtete das amerikanische Model ab. Später behauptete ein anderes Model, für die Aufnahmen posiert zu haben, und der Fall ging vor Gericht.

Bill Golds Plakatidee, die Beine und den Po einer knapp bekleideten Frau zu zeigen, wurde von der Presse als sexistisch verurteilt.

Das U-Boot *Neptune* wurde in zweifacher Ausfertigung gebaut – wobei eines nur zur Hälfte existierte, da man die andere im Film nie sah.

Damit das U-Boot *Neptune* unter Wasser besser unter Kontrolle gehalten werden konnte, ließ man es mit Wasser volllaufen. Die Überreste des U-Boots befinden sich heute im Besitz der Ian-Fleming-Stiftung. Eines der beiden für den Film gebauten Miniatur-U-Boote wurde 1992 für den Preis von 2.000 Pfund versteigert.

Der Erfinder des Mini-U-Boots, das die *Neptune* angreift, Graham Hawkes, spielte selbst den Schurken, der es steuert. Das sogenannte Mantis-U-Boot war nur einen Meter breit und 2,2 Meter lang.

Die Aufkleber mit der Aufschrift »Diebstahlsicherung«, die im Fenster des Lotus Esprit angebracht sind, wurden in den Jahren 1981/82 zum Verkaufsschlager. Bonds Wagen explodiert durch unsachgemäßes Öffnen, wie ein Schurke am eigenen Leib erfahren muss.

Wenn Emile Leopold Locque mit seinem Wagen flüchtet, verfolgt ihn James Bond zu Fuß. Die Jagd beginnt im Dunklen, zwischendurch scheint die Sonne und als Bond seinem Gegner in die Schulter schießt, geht die Sonne gerade auf.

Sollie Nero sang die deutsche Version des Titelliedes »For Your Eyes Only« mit dem Titel »In deinen Augen«.

James Bond bestellt zwölf Lilien, als er einen Blumenladen betritt, um nicht von Melina Havelock gesehen zu werden. Als er schließlich einen angreifenden Motorradfahrer ins Fenster des Blumenladens schleudert, bittet er die Blumenverkäuferin, die Lilien zur Beerdigung zu schicken.

Albert R. Broccoli engagierte Lynn Holly Johnson, die Bibi Dahl verkörpert, noch bevor er sie persönlich getroffen hatte. Vor *Bond* war sie bereits für den Golden Globe nominiert.

Die ehemalige Pornodarstellerin Koo Stark sollte ursprünglich als Bond-Girl auftreten. Man verwarf die Idee, weil man glaubte, es könne dem Image der *007*-Filme schaden.

Bibi Dahl ist das erste Bond-Girl, das 007 durch ihren starken sexuellen Trieb abschreckt. Bond sollte das Image verlieren, mit jeder Frau sofort ins Bett zu steigen.

DER SKIANZUG, DEN LYNN HOLLY JOHNSON TRÄGT, WURDE 1997 FÜR DIE STOLZE SUMME VON 1.300 PFUND VERSTEIGERT.

Ian Fleming beschrieb das Kielholen Bonds in seinem Roman *Leben und sterben lassen*. Es erschien den Machern aber 1973 als unmöglich für die Leinwand umsetzbar und erst bei *In tödlicher Mission* wagte sich Regisseur John Glen an die komplizierte Szene.

Da die Darstellerin Carole Bouquet nicht tauchen konnte, wurden alle Unterwasseraufnahmen im Studio gedreht, ohne dass sie und Roger Moore mit Wasser in Berührung kamen. Die Luftblasen wurden durch optische Effekte erzeugt.

Um James Bonds Können in den Mittelpunkt zu stellen und nicht die technischen Spielzeuge, wurde sein Lotus Esprit mit den Extras der Q-Abteilung relativ schnell bei einer Explosion zerstört. 007 flüchtet daraufhin mit Melina Havelocks Wagen, einem Citroën 2CV.

Die Einschusslöcher im Citroën 2CV, in dem James Bond und Melina Havelock flüchten, verschwinden auf unerklärliche Weise nach einem Schnitt und tauchen schließlich wieder auf. Auch die Scheinwerfer sorgen für Verwirrung: Nach dem Überschlag der Ente sind sie zerstört, danach aber wieder intakt.

Bei der Verfolgungsjagd kann man bei genauem Hinsehen Bremsspuren auf der Straße erkennen, die vom Take zuvor stammen.

In Flemings Kurzgeschichte heißt die weibliche Hauptfigur Judy. Man änderte den Namen im Drehbuch in Melina.

DIE FIGUR TIM HAVELOCK SOLL VON JACQUES COUSTEAU INSPIRIERT WORDEN SEIN. ER UND IAN FLEMING KANNTEN SICH.

Julian Glover hatte zweimal für die Rolle des James Bond vorgesprochen. Vor Roger Moores Verpflichtung hatte man ihn als zu jung empfunden (er war acht Jahre jünger als Moore) und als Moore später den Vertrag für *In tödlicher Mission* noch nicht unterschrieben hatte, wirkte er bereits zu alt. Schließlich spielte er den Schurken Aris Kristatos.

Als James Bond und Q zum Identigrafen gehen, gibt Q einen Code in ein Türschloss ein, der der Tonfolge des Liedes »Nobody Does It Better«, dem Titelsong aus dem Film *Der Spion, der mich liebte* (1977), entspricht.

Michael Gothard, Darsteller des Emile Leopold Locque, hatte mit Depressionen zu kämpfen und beging am 2. Dezember 1992 Selbstmord.

Der Killer Locque hinterlässt bei einer Leiche eine Anstecknadel in Form einer Taube – das Tier, das Regisseur John Glen als Markenzeichen in vier von fünf *James Bond*-Filmen einbaute, die er inszenierte. Im Film ist die Taube auch Spitzname eines weiteren Charakters, den James Bond zunächst fälschlicherweise für seinen Feind hält.

Filmfigur Emile Leopold Locque basiert auf Nathan Leopold Junior und Richard Loeb, die als Leopold und Loeb in die Geschichte eingingen, weil sie des Nervenkitzels wegen 1924 den 14-jährigen Bobby Franks ermordeten und sein Gesicht mit Säure verätzten. Locque trägt im Film das Brillenmodell eines der Mörder, das man bei der Leiche gefunden hatte.

Michael G. Wilson hatte die Idee zu Locques Filmtod, den Roger Moore als zu brutal empfand. Regisseur John Glen setzte sich aber durch und inszenierte die Szene, in der 007 gegen Locques an einer Klippe hängenden Wagen tritt und ihn abstürzen lässt.

Die Textzeilen auf den Filmplakaten der Vorgängerfilme begannen immer mit den Worten »Roger Moore as James Bond 007 in Ian Fleming's ...«. Bei *In tödlicher Mission* wurde das in »Roger Moore as Ian Fleming's James Bond 007 in ...« geändert, weil man Ian Fleming »nur« noch die Figur Bond zusprach, die Filmhandlung aber von anderen Autoren stammte.

Der damals 56-jährige Titeldesigner Maurice Binder verliebte sich in die 22-jährige Sängerin Sheena Easton, die auch im Titelvorspann zu sehen ist, doch sie ließ ihn abblitzen.

WILLY BOGNER JR. TRUG BEI DER SKIFAHRT IN DER BOBBAHN EISHOCKEYKLEIDUNG, UM SEINEN KÖRPER BEI UNFÄLLEN ZU SCHÜTZEN.

Auf dem Grabstein von 007s Frau Tracy, an dem er in der Pre-Title-Sequenz Blumen ablegt, steht »We have all the time in the world« – ein Zitat aus dem Film *Im Geheimdienst Ihrer Majestät* (1969), in dem sie getötet worden war.

Bond-Girl Caroline Cossey alias Tula ist als eine der Poolschönheiten zu sehen. Nach ihrem Auftritt löste sie einen Pressewirbel aus, weil sie offenbarte, früher ein Mann gewesen zu sein. Fotos mit der Überschrift »Bond-Boy«, die sie neben Roger Moore zeigen, wurden in zahlreichen Magazinen abgedruckt.

Für eine Hochzeitsszene wurden alle Einwohner des Dorfes Bouas-Danilia auf Korfu als Statisten verpflichtet. Der Stiefsohn von Albert R. Broccoli, Michael G. Wilson, ist in einem Cameo-Auftritt als Priester zu sehen.

DER TITELSONG »FOR YOUR EYES ONLY« WURDE ZUM WELTERFOLG UND SCHAFFTE ES AUF PLATZ 4 DER AMERIKANISCHEN UND PLATZ 8 DER ENGLISCHEN CHARTS.

James Bond und Aris Kristatos sind nicht auf einer Wellenlänge – ein Indiz, dass es sich um Kontrahenten handelt: Kristatos' Heimatwein von der Insel Kefalonia ist 007 zu lieblich. Allerdings werden sich Weinkenner über diese Aussage wundern, denn Robola de Cephalonie ist ein trockener griechischer Weißwein.

Melina Havelock erklärt James Bond, warum sie ihre ermordeten Eltern rächen will: »Ich bin halbe Griechin und griechische Frauen lieben Elektra. Am Mörder ihrer Lieben Rache zu nehmen, ist ihre Pflicht!« Bond hält davon nichts und rät ihr, zwei Gräber zu schaufeln. »Elektra« war einer der potenziellen Filmtitel von *Die Welt ist nicht genug* (1999).

Auf der Suche nach dem Killer Hector Gonzales macht sich James auf den Weg nach Madrid. Die dort spielenden Szenen wurden allerdings in Griechenland gedreht.

Charles Dance spielt den Schurken Claus und hatte Jahre später im englischen Fernsehfilm *Goldeneye* einen denkwürdigen Auftritt als Ian Fleming.

OCTOPUSSY
(1983)

James Bond nutzt eine Kamera von Q, um sich das Dekolleté einer Mitarbeiterin in Großaufnahme anzuschauen.

MAGDA TRANSPORTIERT DAS FABERGÉ-EI, INDEM SIE ES ZWISCHEN IHRE BRÜSTE KLEMMT.

In eine Großwildjagd verwickelt trifft James Bond auf einen Tiger und ruft ihm zu: »Du gehörst in den Tank!« In der englischen Originalversion gab es keine Anspielung auf die Esso-Werbung, da sagt 007 nur: »Sit.« Bei genauem Hinsehen erkennt man: Es handelt sich um einen ausgestopften Tiger, der am Ende des Films auch in Kamals Palast im Bild ist.

007 versteckt sich bei der Jagd im Unterholz vor Kamal Khan und ihm kriecht eine Schlange über die Beine. Bond gibt dem Tier eine klare Anweisung: »Zisch ab!«

Bei der Flucht vor Kamal Khan schwingt sich James Bond im Dschungel von Liane zu Liane und stößt dabei den bekannten Tarzan-Ruf aus. Einer der ersten Filme, die Roger Moore als Kind sah war *Tarzan*.

Auf seiner Flucht läuft 007 schließlich in ein riesiges Spinnennetz. Eines der Tiere landet auf seinem Ellenbogen und er erschlägt es. Roger Moore drehte die Szene dreimal und im Film nicht genutzte Passagen sind in den Kinowerbetrailern zu sehen.

Agent 009 stirbt mit einem Messer im Rücken, nachdem er vor den Augen eines Botschafters durch dessen Terrassenglastür gestürzt ist.

Stuntman Martin Grace wurde schwer verletzt, als er Roger Moore doubelte und an einem Zug hing. Dieser fuhr über den Punkt der abgesicherten Bahnstrecke hinaus und Grace zerschmetterte sich Hüfte und Becken an einem Betonpfeiler. Die Kameramänner, die den Unfall aus einem Helikopter beobachteten, filmten weiter.

Ein herunterfallender Wassertropfen warnt James Bond und Octopussy vor dem angreifenden Jo-Jo-Killer.

William Derrick spielt den Jo-Jo-Killer und stürzte beim Dreh über die Brüstung eines Balkons. Obwohl er sich beide Arme brach, wurde er von Regisseur John Glen nicht ersetzt. William Derricks Arme wurden eingegipst und der Verband in seiner Hautfarbe geschminkt. Das und geschickte Kameraeinstellungen verbargen die Verletzungen.

Kristina Wayborn zeigte in ihrer Rolle als Magda großen Einsatz: In einer Kampfszene traf sie einen Stuntman so hart in den Bauch, dass er ärztlich behandelt werden musste.

James Bond fährt per Anhalter auf der Rückbank im Käfer eines deutschen Seniorenpärchens mit, das ihm permanent etwas zu essen anbietet.

Um das Tor zu Qs Stützpunkt in Indien zu öffnen und hineinzugelangen, muss ein Vogelkäfig im geheimen Eingangsbereich zur Seite geneigt werden.

Bonds indischer Kontaktmann Vijay spielt beim ersten Zusammentreffen mit 007 das von Monty Norman komponierte *James Bond*-Thema auf einer Flöte. Bond kommentiert: »Eine hübsche Melodie.«

Geheimdienstmitarbeiter Vijay hat einen Hang zum Tennis. Man legte die Figur so an, da der Darsteller Vijay Amritraj Profitennisspieler war, der in seiner aktiven Karriere Preisgelder in Höhe von 1.331.913 US-Dollar gewonnen hatte.

In seiner Rolle als Vijay tut Darsteller Vijay Amritraj bei der ersten Begegnung mit Bond so, als sei er Schlangenbeschwörer. Amritraj hasste die Szene, weil er sich vor den Tieren ekelte.

Die Figur Vijay hat ihren Vornamen vom Darsteller Vijay Amritraj, der sie verkörperte.

In Anspielung auf James Bonds Fallschirm aus *Der Spion, der mich liebte* (1977), der den Union Jack zeigt, fahren 007 und Q mit einem Heißluftballon, den das Muster der Flagge ziert. In *Im Angesicht des Todes* (1985) zeigt die Einstiegluke eines Eisberg-Boots schließlich ebenfalls den Union Jack.

Um den Kugeln seiner Feinde zu entgehen, rutscht James Bond ein Treppengeländer hinunter. Kurz bevor er sich an einer Verzierung des Handlaufs Verletzungen an den Hoden zuzieht, schießt er die Unebenheit mit seiner Maschinenpistole vom Geländer.

Ein in den Beton eingelassener Stahlkamm reißt James Bonds Wagen bei der Flucht das Gummi von den Autoreifen. Bond lenkt den Mercedes auf die Bahngleise und folgt so dem Octopussy-Zirkuszug auf den Schienen fahrend.

Als Gobinda und Kamal Khan nach Aktivierung einer Bombe fliehen wollen, springt ihr Wagen beim ersten Anlassen nicht an – ein Zufall, bei dem die Darsteller so professionell reagierten, dass die Szene als humorvolle Einlage im Film enthalten blieb.

Backgammon wurde Bestandteil des Drehbuchinhalts, weil Produzent Albert R. Broccoli und Roger Moore in den Drehpausen vergangener Produktionen häufig gegeneinander Backgammon gespielt hatten.

Die 200.000 Indische Rupien, die Bond von Kamal Khan beim Backgammon gewinnt, hatten damals einen Wert von rund 19.800 US-Dollar. Diese Summe entspricht heute ca. 52.000 US-Dollar.

Im Film heißt es, Major Dexter Smythe sei Octopussys Vater gewesen. Damit wird der Zusammenhang zu Ian Flemings Romanfigur Smythe hergestellt, die in der Kurzgeschichte »Octopussy« vorkommt.

Als Bond Ms Vorzimmer betritt, sieht er zunächst nicht Moneypenny, sondern ihre Assistentin Penelope Smallbone. Moneypenny-Darstellerin Lois Maxwell sah in der neuen Figur eine Konkurrenz zu ihrer und das Vorzeichen, ersetzt zu werden. Sie wurde wütend und verpatzte eine Szene, in der sie Smallbone »Smallbush« nannte.

Michaela Clavell, die Tochter des englischen Schriftstellers und Regisseurs James Clavell, spielt Penelope Smallbone und wurde als Miss Moneypennys Nachfolgerin in Betracht gezogen. Clavell unterschrieb für drei Filme, trat aber nicht mehr auf.

James Bond braucht bei einem Kampf in Indien dringend eine Waffe und zieht einem Schwertschlucker das Schwert aus dem Hals. Als er es nach dem Sieg gegen den Schurken zurückgibt, wünscht er dem Schwertschlucker in der deutschen Version »weiterhin guten Appetit«. Im Original sagt er, der Mann solle das Schwert lieber selbst wieder dahin stecken, wo Bond es herausgezogen hat.

James Bonds Füller aus der Q-Abteilung enthält im Inneren eine Mischung aus Salz- und Salpetersäure, die sich durch alle Metalle fressen kann.

Das Nagelbett eines indischen Fakirs wird zur tödlichen Falle für einen Gegner Bonds: Er spießt den Feind darauf auf.

Ken Norris verkörpert General Louis Toro wegen seiner Ähnlichkeit zu Roger Moore, da Bond in der Pre-Title-Sequenz als Toro getarnt eine Bombe platzieren will. Ken Norris war wegen seiner Ähnlichkeit zu Moore auch schon in *Simon Templar* als Double des Stars im Einsatz.

Louis Jordan spielte Kamal Khan und traf Roger Moores Humor, weil er das Wort »Octopussy« in den Interviews immer übertrieben obszön aussprach. Er sagte auch, er habe Khan so verkörpert, wie er auch Bond spielen würde, und dabei nur einen Funken mehr Bosheit in seinen Augen aufblitzen lassen.

James Bond biegt die Antenne eines Flugzeugs nach hinten und lässt sie zurückfedern, um Gobinda damit einen Schlag ins Gesicht zu verpassen. Der Schurke stürzt in die Tiefe.

In der Szene, als Gobinda von der Außenhaut eines Flugzeugs in den Tod stürzt, wurde sein Schrei durch die Nachvertonung im Studio mit dem Trompeten eines Elefanten verstärkt.

Peter Lamont baute in den Pinewood Studios so überzeugende Straßenkulissen, die Indien darstellen sollten, dass Darstellerin Maud Adams bei der Premiere dachte, alles wäre vor Ort gedreht worden und sie hätte die Actionszenen verpasst.

Set-Designer Peter Lamont geriet während der Dreharbeiten in eine Flugzeugentführung und verbrachte am 20. August 1982 zwölf Stunden als Geisel in einer Maschine. Lamonts Sitznachbar fragte, ob er nicht ein *007*-Gadget zur Rettung bei sich habe. Schließlich konnte der Pilot den Entführer ausschalten, indem er ihm eine Feueraxt über den Schädel zog.

Da Ian Flemings Kurzgeschichte »Der Hauch des Todes« in Deutschland spielte, fand dieser Schauplatz Eingang in das Drehbuch von *Octopussy* (1983), in dem sich 007 sowohl in Ost- als auch in Westberlin aufhält.

Roger Moore kam für die Dreharbeiten nach Berlin, ließ sich gut gelaunt fotografieren und schrieb Autogramme. Szenen mit ihm wurden in der Friedrichstraße und am Checkpoint Charlie, dem Grenzübergang für westliche Ausländer, gedreht.

Schon Scheich Hosein hatte James Bond in *Der Spion, der mich liebte* (1977) Schafsaugen zum Essen angeboten. In *Octopussy* muss 007 angewidert mit ansehen, wie Kamal Khan sich einen gefüllten Schafskopf servieren lässt, ein Auge entnimmt, davon abbeißt und es auslutscht.

Stuntman Richard Graydon trat als »Francisco der Furchtlose« im Octopussy-Zirkus auf und ließ sich aus einer Kanone schießen.

Auf der Flucht vor seinen Gegnern läuft James Bond in Indien über glühende Kohlen. Obwohl 007 Schuhe trägt, stöhnt er in der englischen Originalversion.

Der Autohändler Michael Heine, der Fahrzeuge für die Dreharbeiten geliefert hatte, wollte unbedingt selbst ans Steuer. Aus versicherungstechnischen Gründen musste er die Wagen dann dennoch Rémy Juliennes Stuntteam überlassen.

Um den Eindruck zu erwecken, James Bond fliege mit seinem Mini-Jet durch einen Flugzeughangar, befestigte man ihn mit einer Stange auf einem Jeep. Der Wagen fuhr schnell durch die Halle und durch die Neigung des Jets wird die Stange teilweise von einer Tragfläche verdeckt.

Der Mini-Jet Acrostar, auch Bede-Jet genannt, aus der Pre-Title-Sequenz sollte schon in *Moonraker – streng geheim* (1979) vorkommen, doch die Idee wurde aus dem Drehbuch gestrichen.

Corkey Fornof hatte den Acrostar-Mini-Jet erfunden und flog ihn als Double für Roger Moore. Die Idee, den Acrostar an einer Tankstelle zu landen, um aufzutanken, basiert auf einer wahren Begebenheit, die Fornof selbst erlebte.

Ein indischer Fakir spricht zwar Hindi und ist im Film auch zu hören, wurde aber deutsch übersynchronisiert (»Was machen fremder Mann in mein Bett?«) und zusätzlich noch mit einem Untertitel ins Englische übersetzt.

James Bond wird auf der Flucht vor Kamal Khan von Touristen eines Bootes aus dem Wasser gezogen und gerettet. Eine der Personen ist Michael G. Wilson in einem Cameo-Auftritt. Das Boot, in dem er fährt, weist einen Rechtschreibfehler auf: darauf steht »Cincinatti« statt »Cincinnati«.

Um sich dem schwimmenden Palast von Octopussy zu nähern, benutzt James Bond 007 ein von Q entworfenes Krokodil-U-Boot aus Kunstfaser und Plexiglas. Dieses Gadget ist 19 Jahre später in Qs Werkstatt in *Stirb an einem anderen Tag* an der Wand befestigt.

Der Mercedes, der im Film von einem Zug getroffen und in einen See geschleudert wird, wurde in Wirklichkeit mit einer Druckluftkanone abgefeuert.

HAUPTDARSTELLERIN MAUD ADAMS ZIERTE SICH MEHRFACH, DAS WORT OCTOPUSSY WEGEN SEINER DOPPELDEUTIGKEIT AUSZUSPRECHEN.

Mit einem Empfänger will James Bond eine Wanze abhören, die Q im Fabergé-Ei versteckt hat, doch Magda föhnt sich in ihrem Zimmer die Haare und das stört Bonds Empfang.

Niemals konnte James Bond den Countdown einer Bombe so knapp entschärfen wie in *Octopussy*. Der Timer der Uhr springt auf 0, als 007 den Zünder aus der Bombe nimmt.

Ermordete Widersacher Kamal Khans werden im Keller des Monsun-Palasts an Fleischerhaken aufgehängt. Die Idee wurde im Roman *Niemand lebt ewig* erweitert, in dem Heinrich Osten (Spitzname »Der Haken«) Fleischerhaken als liebstes Folterwerkzeug benutzt.

Nachdem sich James Bond in den Zirkuszug von Octopussy geschlichen hat, versteckt er sich in einem Gorillakostüm.

Roger Moores spontane Idee, in einem Gorillakostüm steckend auf seine unter Fell verborgene Armbanduhr zu schauen, als die Schurken ihre Zeitpläne durchgehen, fand Regisseur John Glen so witzig, dass die Szene im Film enthalten blieb.

Der Kunstexperte Jim Fanning, dargestellt von Douglas Wilmer, hat nicht nur Ähnlichkeit mit dem literarischen Schöpfer James Bonds, sein Name klingt auch fast wie Ian Fleming.

Robert Brown, der in *Der Spion, der mich liebte* (1977) Admiral Hargreaves spielt, wurde von Roger Moore nach dem Tod des M-Darstellers Bernard Lee für die Rolle des Geheimdienstchefs vorgeschlagen und spielt sie hier zum ersten Mal.

Albert R. Broccoli traf Maud Adams, die Andrea Anders in *Der Mann mit dem goldenen Colt* (1974) gespielt hatte, 1982 in einem Flugzeug wieder und entschied daraufhin, sie für die weibliche Hauptrolle in *Octopussy* zu besetzen.

Ein Geldbündel rettet James Bond das Leben, als ein Killer versucht, ihn zu erstechen, und die Klinge nicht durch die Scheine dringt, die 007 in der Innentasche seines Jacketts bei sich hat.
Die Idee ist eine Erweiterung aus dem Roman *Liebesgrüße aus Moskau*, in dem Bond eine Kugel überlebt, weil sie im Zigarettenetui in seiner linken Jackettinnentasche stecken bleibt.

Eine Anspielung auf diesen Film bietet der Roman *Stirb an einem anderen Tag*: Dr. Alvarez besitzt neben anderen Kunstgegenständen auch ein Fabergé-Ei.

Die Zwillinge Mischka und Grischka waren in einer frühen Drehbuchversion als Drillinge mit den Namen Tic, Tac und Toe angelegt. Die Idee stammte von Anthony Barwick, der 1976 ein Drehbuch verfasste, das niemals verfilmt wurde.

In keinem *James Bond*-Film spricht 007 im Original mehr Deutsch. Seine 14 auf den Film verteilten Worte lauten: »Schnell bitte, schnell!« – »Danke.« – »Dankeschön, sehr freundlich.« – »Nichts, danke.« – »Bitte, Fräulein! Ist sehr wichtig …« In *Der Morgen stirbt nie* (1997) sind es 13 Worte.

Da sich das Wort »Octopussy« nicht zum Einsatz in einem Titellied eignete, wurde die Textzeile »All Time High« – 007s Werbeslogan für das Jahr 1983 – zum Aufhänger für den Titelsong.

»All Time High«, das Titellied von Rita Coolidge, erreichte in den englischen Charts Platz 75 und hielt sich hier nur eine Woche – abgesehen von »Moonraker« war das das bis dato schlechteste Ergebnis eines *Bond*-Songs.

Steven Berkoff, der General Orlov verkörpert, äußerte sich in Interviews nicht positiv über die *James Bond*-Filmreihe. Sie hätte seiner Meinung nach »keinen künstlerischen Wert«.

JAMES BOND WIRFT EINEM INDISCHEN BETTLER VERSEHENTLICH EIN BÜNDEL GELDSCHEINE IN DESSEN BETTELTELLER.

007 brennt sich einen Blutegel mit seiner Feuerzeugflamme von der Brust, an der sich das Tier festgesaugt hat.

Vijay und James Bond flüchten in Indien mit einer Autorikscha (Tuk Tuk) vor Gobinda und seinen Schergen. 1996 erwarb die Ian-Fleming-Stiftung ein Originaldreiradtaxi der Dreharbeiten und restaurierte es für Ausstellungen. Ein Werbefilm von American Express, in dem Pierce Brosnan in einer *007*-typischen Actionszene zu sehen ist, spielt auf die Szene an.

Ein Fahrradfahrer rast in einer Actionszene während der Dreharbeiten in Indien mitten durch zwei nebeneinander fahrende Fahrzeuge. Diese lebensgefährliche Einlage war nicht geplant, Regisseur John Glen fand die Aufnahme aber sehenswert, ließ das Geräusch einer Fahrradklingel in die Szene schneiden und sie blieb im Film.

Die beim Dreh 17-jährige Tina Hudson, die Bianca verkörpert, hatte noch keinen Führerschein, fuhr aber dennoch den Jeep und ließ sich vom damals 55-jährigen Roger Moore küssen.

James Bonds Deckname, als er in und um Berlin unterwegs ist, lautet Charles Morton. Er ist laut M Vertreter von Möbelfabriken in Leeds.

Albert Moses spielte James Bonds Kontaktmann und war bereits in *Der Spion, der mich liebte* (1977) als Kellner im Mujaba Club zu sehen. Zu Lebzeiten nahm er zu nahezu jedem *007*-Fan bei Facebook Kontakt auf.

In der Pre-Title-Sequenz ist eine der bis dato größten Miniaturexplosionen der Filmgeschichte zu sehen.

Um glaubhaft zu vermitteln, Roger Moore hinge unter einem fahrenden Zug, ließ John Richardson Gleise und Bahnschwellen auf ein Leinentuch malen und dieses unter Moore im Kreis laufen.

Mehrere Jugendliche legen James Bond rein, indem sie zuerst vorgeben, ihn als Anhalter mitnehmen zu wollen, dann aber, als er ihrem Wagen näher kommt, davonfahren. Bond ist sauer und macht eine obszöne Handbewegung.

Da Dreharbeiten im Hotel Lake Palace und im Shiv Niwas Palace stattfanden, boten die Pächter nach den Filmaufnahmen in der Werbung bald Zimmer im »Octopussy-Hotel« an.

DER FILM OCTOPUSSY LÄUFT NOCH HEUTE JEDEN ABEND IN DEM INDISCHEN LICHTSPIELHAUS GUARDIAN IN UDIAPUR.

Obwohl die Kritiker eindeutig Connery für den Inbegriff des 007 hielten, blieben die Einspielergebnisse von *Sag niemals nie* hinter denen von *Octopussy* zurück.

Roger Moores Ehefrau Luisa war bei den Dreharbeiten dabei und schlug vor, zu seinem 55. Geburtstag eine Überraschungsparty am Set zu organisieren. Bei *In tödlicher Mission* (1981) hatte sie die Idee auch schon, setzte sie aber nicht um, um Kritiker nicht auf das für einen Actionhelden unpassende Alter ihres Mannes aufmerksam zu machen.

Octopussys Morgenmantel zeigt einen Kraken der Gattung *Hapalochlaena*. Der Morgenmantel ist oft in *James Bond*-Ausstellungen zu sehen und offenbart bei näherem Betrachten die unsaubere Machart.

Eine Szene, die man filmte und die dem Schnitt zum Opfer fiel, zeigt Kamal Khan am Tisch mit 007, während Bond ein Oktopus serviert wird.

SAG NIEMALS NIE
(1983)

Der Film entstand aus vier Drehbüchern, die zusammengeschrieben wurden.

Regisseur Irvin Kershner sagte, man habe zwischendurch erwogen, den Dreh abzubrechen, doch Sean Connery motivierte das Team, den Film in die Kinos zu bringen und nicht aufzugeben.

KIM BASINGER WAR DIE EINZIGE SCHAUSPIELERIN, DIE FÜR DIE ROLLE DER DOMINO VORGESPROCHEN HATTE.

Als Kim Basinger ihre Szenen mit Sean Connery und Klaus Maria Brandauer drehte, zitterte ihre Hand vor Aufregung so sehr, dass man diese im Bildausschnitt nicht zeigen konnte.

Irvin Kershner wollte Kim Basinger die Aufregung nehmen und erklärte ihr genau, was sie tun sollte. Sie glaubte, er halte sie für unfähig, und rannte weinend vom Set. Sean Connery folgte ihr und tröstete sie.

Kim Basingers Mann war als ihr persönlicher Friseur vor Ort und beurteilte jede ihrer Szenen direkt nach dem Dreh mit einem Nicken oder Kopfschütteln. Kershner warf ihn vom Set, was die Spannung zwischen dem Regisseur und der Hauptdarstellerin noch vergrößerte.

Basinger gewann 1997 für *L. A. Confidential* einen Oscar, womit sie das erste ehemalige Bond-Girl war, das diesen Preis gewann.

Wegen der Ölkrise in den 1970ern sah das Drehbuch vor, dass Largo und Blofeld den Plan haben sollten, die Atombombe in Ölfeldern explodieren zu lassen.

Ein frühes Drehbuch war so actionarm, dass es Sean Connery nicht gefiel und die Macher Angst hatten, er würde aussteigen, also schrieb man mehr Actionszenen in die Geschichte.

Sean Connery wählte Barbara Carrera wegen eines erotischen Fotos im *Playboy* als Fatima Blush für den Film aus.

Barbara Carrera heulte, nachdem sie das Drehbuch gelesen hatte, weil sie kaum Text hatte. Kershner versprach, die Figur würde beim Dreh weiterentwickelt werden, was auch geschah.

Sean Connerys Frau, Micheline Roquebrune, war eifersüchtig auf Darstellerin Barbara Carrera. Immer wenn er mit ihr drehte, tauchte seine Frau am Set auf und sah zu.

Wenn Fatima Blush in ihren Szenen zu sehen ist, werden ihr Gang und ihre Schuhe immer ganz besonders eingeführt.

Als Fatima Blush die Bombe unter Bonds Bett anbringt und ihre Schuhe neben seinen zu sehen sind, sollte die Position laut Irvin Kershner die Metapher zu einer Sexposition darstellen.

Die Kostümbilder hatten in Barbara Carreras Pillbox-Hüte verschiedene Waffen eingearbeitet, die man nur von Nahem sehen kann.

Der Schlag, den Gavan O'Herlihy von Barbara Carrera auf dem Bett ins Gesicht bekommt, ist echt. Er hatte beim Dreh vergessen, den Kopf wegzudrehen, was er in den Proben immer getan hatte.

Valerie Leon drehte die Bettszene mit Sean Connery gern, denn sie mag nach eigenen Angaben Männer mit behaarter Brust.

Sag niemals nie wird von den Produzenten der anderen *Bond*-Filme nicht als offizieller Film gewertet und daher nie mit aufgezählt.

Da der Film nicht offiziell zur Reihe gehört, war es den Machern nicht möglich, die originalen *007*-Logos und das *James Bond*-Thema zu verwenden.

Durch den Kauf der Produktionsfirma Orion Pictures Corporation durch Metro-Goldwyn-Mayer im Jahr 1998 gelangten die Vertriebsrechte an *Sag niemals nie* schließlich doch wieder an die Vertreiber der von Eon Productions Ltd. produzierten Reihe.

Der Schutzschild, der im Videospiel zwischen Largo und Bond die simulierten Atombomben abfängt, ist bei genauerer Betrachtung das Gun Barrel der offiziellen *James Bond*-Filme, das in *Sag niemals nie* aus rechtlichen Gründen keine Verwendung hätte finden dürfen.

James Bond tauscht die bei einem Computerspiel gewonnenen 267.000 Dollar bei Largo gegen einen Tango mit Domino ein.

Als Bond Domino bei Tanzen sagt, dass ihr Bruder tot sei und sie weitertanzen solle, wurde in allen Kinos weltweit darüber gelacht – mit Ausnahme von Amerika.

James Bond tanzt mit Domino einen Tango mit leichten Schritten und Posen und Regisseur Irvin Kershner lobte Sean Connery als »ausgezeichneten Tänzer«. Die Tanzhaltung von Mann und Frau werden aber in der Choreographie vertauscht.

Wie auch in den *Bond*-Filmen von 1963, 1964, 1965, 1969, 1971, 1974, 1977, 1985, 1989 und 1999 hat die Requisite in diesem Film Mohren-Statuen aufgestellt.

Produzent Jack Schwartzman hatte große Probleme, einen Finanzier für den Film zu finden. Elf Studios hatten Bedenken und lehnten ab, da *Sag niemals nie* ein Konkurrenzprojekt zu den offiziellen *007*-Filmen war. Producers Sales Organisation unterstützte das Projekt schließlich.

Der Filmtitel kommt daher, weil Sean Connery nach *Diamantenfieber* (1971) gesagt hatte, er würde *nie* wieder James Bond spielen. Seine Frau schlug daraufhin den Titel *Sag niemals nie* vor.

James Bond erzählt Fatima Blush, er hätte eine Geliebte in Philadelphia, die sexuell mehr als Blush zu bieten hätte.

DER FILM IST EINE NEUVERFILMUNG DES 1965 ERSCHIENENEN JAMES BOND-*FILMS* FEUERBALL

Filmstart in den bundesdeutschen Kinos war am 20. Januar 1984 – *Octopussy* mit Roger Moore startete am 5. August 1983. Einen kürzeren Abstand zwischen zwei *Bond*-Filmen gab es bisher nicht.

Jack Schwartzman war während der Dreharbeiten fast täglich vor Gericht, weil die Produzenten der offiziellen *Bond*-Filme anhand jeder Szene, die zu sehr nach dem Film *Feuerball* aussah und jeder Szene, die nicht in Flemings Roman stand, versuchten, die Produktion von *Sag niemals nie* zu stoppen.

Obwohl Produzent Kevin McClory und Albert R. Broccoli bezüglich der Rechte an James Bond einen umfangreichen Streit vor Gericht hatten, waren sie privat dennoch befreundet. McClory ist sogar Taufpate von Broccolis Tochter Saoirse.

Die Verbrecherorganisation SPECTRE mit Ernst Stavro Blofeld an der Spitze, bringt zwei Nuklearsprengköpfe in ihre Gewalt und fordert eine jährliche Lösegeldzahlung in Höhe von 25 Prozent der Erdölverkäufe des jeweiligen Landes.

James Bond wird in ein Sanatorium geschickt, um seine Lebensweise zu ändern und gesünder zu werden. 007 schmuggelt Kaviar und Foie gras ein und trinkt natürlich weiterhin Wodka.

Alec McCowen spielte Algernon, eine Figur, die im Abspann auch »Algy« und »Q« genannt wurde.

Während im Roman Flemings eine komplette Gesichtsoperation beim Schurken durchgeführt wird, was man auch im Film *Feuerball* beibehielt – darin wird Angelo optisch zu François Derval –, ist es in *Sag niemals nie* nur eine Augenoperation, die der Bösewicht Jack Petachi über sich ergehen lässt.

James Bond ist als Radfahrer unterwegs, nachdem er Fatima Blush ausgeschaltet hat. Er und Felix Leiter tarnen sich beide als Sportler: 007 fährt in Unterwäsche Rad, Leiter joggt nebenher.

In der letzten Filmszene wird Bond gefragt, wann er zum Geheimdienst zurückkehre. Er antwortet mit »Nie wieder« und zwinkert dabei in die Kamera – der Bezug zum Filmtitel ist hergestellt. Nur George Lazenby in *Im Geheimdienst Ihrer Majestät* (1969) und Peter Sellers in *Casino Royale* (1967) nahmen noch Kontakt zum Publikum auf.

Sean Connery hatte mehr Mitspracherecht als jemals zuvor. Er musste seine Zustimmung für die Auswahl des Regisseurs und der Hauptdarsteller geben. Seine erste Regiewahl war Richard Donner, der jedoch ablehnte, woraufhin Irvin Kershner verpflichtet wurde.

Der Darsteller Pat Roach orientierte sich bei der Darstellung der Figur Lippe an Guy Dolemans Lippe in *Feuerball* (1965). Nach den Dreharbeiten soll Roach die »Folterbank« käuflich erworben haben.

IM ENGLISCHEN ORIGINALTON SPRICHT KLAUS MARIA BRANDAUER DIE FIGUR LARGO MIT LEICHT DEUTSCHEM AKZENT UND VERWENDET MEHRMALS DAS WORT »JA«.

Valerie Leon spielt in *Der Spion, der mich liebte* (1977) eine Empfangsdame und kehrte in *Sag niemals nie* als Anglerin zurück, die James Bond »an Land zieht«.

M-Darsteller Edward Fox ist in seiner Rolle einmal mit Ronald Pickup zu sehen, der seinen Assistenten Elliott spielt. Beide standen bereits für *Der Schakal* gemeinsam vor der Kamera.

In der deutschen Synchronversion nimmt Algernon alias Q James Bonds Armbanduhr an sich, um ihm eine neue mit integriertem Laser zu überreichen. Er wirft 007s alte Uhr zu Boden, nachdem er abwertend festgestellt hat, dass es sich um eine Rolex handelt. Im Original nennt der Waffenmeister keine Marke, sondern pustet nur verächtlich Luft aus.

Bernie Casey ist der erste schwarze Darsteller in der Rolle des Felix Leiter, nicht, wie oft in der Presse behauptet wird, Jeffrey Wright in *Casino Royale* (2006).

Algernon besitzt einen Inhalierstift für seine Stirnhöhlen und James Bond, der das Gerät in Qs Labor nicht zuordnen kann, hält es für eine geheime Erfindung.

Q stattet James Bond im Film sehr spärlich aus und begründet das auch: Die Gehälter seien gekürzt worden, er bekomme kaum noch Ersatzteile und wenn etwas eintreffe, dann werde gestreikt.

Das Lied aus dem Soundtrack »Bond Smells A Rat« spielt auf den gleichnamigen Titel aus dem Film *Diamantenfieber* (1971) an.

Rowan Atkinson alias Mr Bean gestand in einer TV-Talkshow, er würde gerne in einem *Bond*-Film mitspielen, und erhielt tatsächlich eine Rolle: Er spielt Nigel Small-Fawcett. 20 Jahre später parodierte er die *007*-Reihe selbst, indem er in die Rolle des Johnny English schlüpfte.

Barbara Carrera drückt in ihrer Rolle der Fatima Blush auf den Auslöser einer Autobombe und zuckt bei der Explosion deutlich zusammen. Da die Szene nicht wiederholt werden konnte, ist ihr Erschrecken im Film zu sehen.

Adnan Kashoggi, ein guter Freund Sean Connerys, lieh dem Drehteam seine Yacht *Nabila* für die Dreharbeiten aus. Das Schiff des Multimillionärs verfügte über Helikopterlandeplatz, Kino, Disco und Swimmingpool und ist 87 Meter lang.

Soul- und Jazz-Sängerin Phyllis Hyman sang ein Titellied ein, jedoch war Michel Legrand damit nicht zufrieden und verhinderte die Veröffentlichung. Erst 2008 wurde diese Tatsache bekannt und das Lied 13 Jahre nach Hymans Tod veröffentlicht.

Da das British Colonial Hotel über keine Bar verfügte, wurde für die Dreharbeiten extra eine gebaut, in der sich James Bond und Fatima Blush das erste Mal treffen. Die Bar existiert unter dem Namen Never Say Never Again Bar noch heute.

Der französische Komponist Michel Legrand stieß sehr spät zum Projekt und hatte für seine Komposition nur sechs bis acht Wochen Zeit.

Regisseur Irvin Kershner fand Klaus Maria Brandauer am Set zwar sehr professionell, der Darsteller war aber niemals zu Scherzen aufgelegt.

Irvin Kershner warf Klaus Maria Brandauer vor, die anderen Darsteller nicht als Partner zu sehen, sondern sie nur zu benutzen, um seine Performance in den Vordergrund zu stellen.

Für den Film war geplant, James Bond an einem ritterlichen Wettkampf teilnehmen zu lassen, doch die Umsetzung wäre zu teuer geworden und die Idee ging nicht über die Storyboards hinaus.

Das wegschwimmende Pferd wurde im Film gezeigt, um zu verdeutlichen, dass es noch lebt, was die Tierschützer beschwichtigen sollte. Dennoch wurde die Pferdesprungszene in Großbritannien aus dem Film geschnitten, weil man das Pferd beim Dreh zum Sprung von einer Plattform zwingen musste.

Das ursprünglich für die Dreharbeiten angeforderte Motorrad sollte ausfahrbare Flügel haben, um in einer Szene per Raketenantrieb über ein Haus zu fliegen. Da die Kosten der Flügel aber zu hoch waren, strich der Produzent dieses Gadget, ohne es dem Regisseur vorher mitzuteilen.

Der Name des Casinos in *Sag niemals nie* wird für ein paar Sekunden im Hintergrund des Eingangs gezeigt, es heißt The Casino Royale Monte Carlo – eine Anspielung auf Flemings ersten Roman.

»Stay!«, sagt Bond zu einem Casinoangestellten, nachdem er ihn mit einer Bombe in der Hand zur Bewegungsunfähigkeit verdammt hat. Auch in *Spectre* (2015) bellt 007 einem Mann ein »Stay!« zu, der versucht, ihn aufzuhalten.

Die Dreharbeiten fanden tatsächlich im Casino in Monte Carlo statt. In *GoldenEye* (1995) fährt Bond dort zwar vor, die Innenaufnahmen wurden aber im Studio gedreht.

In einer Szene im Casino scheint Sean Connery bei einem längeren Kameraschwenk zu glauben, er sei nicht mehr im Bild, denn er blickt direkt in die Kamera.

Die im Film benutzten Fluggeräte mit Namen XT-7B sind eine Erweiterung von James Bonds Jetpack aus *Feuerball* (1965).

Ebenso wie in *GoldenEye* (1995) wurden auch Szenen für diesen Film in Monte Carlo gedreht, obwohl sie in Nizza spielen.

Das Haus, in dem Bond mit Felix Leiter und Nicole wohnt, gehörte einem Zahnarzt, der bis zur Fertigstellung des Hauses bankrottgegangen war.

Die Massageszene im Schönheitssalon wurde gedreht, als die Dreharbeiten bereits offiziell beendet waren.

Für die deutsche Synchronfassung ist Rainer Brandt verantwortlich, der auch Dominos Tanzlehrer spricht.

Ursprünglich sollte 007 einen Killer auf einem Pferd durch die Straßen von London verfolgen, was jedoch nicht gedreht wurde. Dafür schaffte es eine derartige Szene in den Agentenfilm *True Lies* mit Arnold Schwarzenegger.

In der DVD-Neuveröffentlichung von 2001 wurden die in der Kinofassung geschnittenen Szenen wieder eingefügt. Allerdings war Connerys Stammsprecher Gert Günther Hoffmann bereits verstorben und Engelbert von Nordhausen sprach die fehlenden Texte ein.

Als Krankenschwester getarnt hat Fatima Blush Spritzen mit Heroin in ihrem Strumpfband stecken.

Regisseur Irvin Kershner fand, Flemings Buch *Feuerball*, das die Grundlage für den Film bildete, sei das schlechteste der ganzen *Bond*-Serie.

JAMES BOND TRAINIERT IM FITNESSRAUM MIT 150-KG-GEWICHTEN.

Das von unten gefilmte U-Boot, das vorbeifährt, wurde nicht für diesen Film aufgenommen. Es ist eine Szene aus einem alten Hollywoodfilm, die man einfach hineinschnitt.

Der Unterwasseratombombenschlitten war funktionsunfähig, als damit gedreht werden sollte. Kurzerhand wurde ein neues, völlig ungewöhnliches Unterwassertransportmittel für den Film gebaut.

Patrick Roach († 17. Juli 2004), der James Bonds Gegner im Fitnessraum in Shrublands spielte, war Kettenraucher und starb an Kehlkopfkrebs. Auf seinem Grabstein steht »Auf Wiedersehen, Pat«. Parallel zu seiner Arbeit am Film besaß Roach auch ein Fitnessstudio in Birmingham.

Zu Beginn des letzten Drehtags der Schlägerei im Sanatorium hatte Irvin Kershner noch immer keine Idee, wie James Bond seinen Angreifer besiegen sollte. Drei Stunden bevor der Drehort verlassen werden musste, hatte Kershner den rettenden Einfall mit der »Urinprobe«.

Bei dem Kampf gegen den übermächtigen Killer greift James Bond nach einem Gefäß, das mit einer Flüssigkeit gefüllt ist, und schüttet es dem Gegner in die Augen. Der taumelt schreiend nach hinten und kommt um. Bond liest auf dem Glas, welche Flüssigkeit ihn gerettet hat: »Urinprobe James Bond«.

Der Satz: »Sweet! It tastes like money«, den Largo sagt, als er das Wasser in seinem Unterschlupf kostet, ist improvisiert. Viele andere Ideen Brandauers fielen der Schere zum Opfer.

Das Wasserbett, in dem Nicole tot aufgefunden wird, basiert in der Grundidee auf dem Bett in *Diamantenfieber* (1971), das auch aus Plexiglas war und Fische beinhaltete.

Der Film war 1983 der kommerziell vierterfolgreichste, blieb aber hinter *Octopussy* (1983) zurück, der weltweit etwa 27,5 Mio. US-Dollar mehr einspielte.

Sean Connery ist nach Angaben des Regisseurs kein guter Tänzer und musste hart an der Choreographie arbeiten.

OBWOHL 007 IN SEINEM HAUS IN NIZZA GANZ OFFENSICHTLICH GEFAHR DROHT, HÖRT ER NICHT AUF, SEINEN APFEL ZU ESSEN.

Einer der Arbeitstitel des Films war »Warhead«. Nachdem er als *Sag niemals nie* erschienen war, plante Kevin McClory ein weiteres Remake – diesmal unter dem Titel »Warhead 2000«. Es kam aber aufgrund von rechtlichen Problemen niemals zur Umsetzung. Am 05. April 1999 verkündete er in einer *Variety*-Anzeige, er plane, »Warhead 2001« zu produzieren.

Regisseur Irvin Kershner sah sich *Feuerball* (1965) einmal an und wollte ihn danach nie wieder sehen.

Die Filmaufnahmen von amerikanischen Bombern waren gestohlen und wurden in den Film hineingeschnitten.

Geoffrey Burridge, der Lebensgefährte von Alexander »Alec« Duncan McCowen, dem Darsteller der Q-Figur Algernon, starb 1987 an AIDS.

Eine Krankenschwester bittet Bond um eine Urinprobe: »Könnten Sie mir diesen Becher hier vollmachen?« Bond sitzt auf der Liege am anderen Ende des Raums und stellt die Gegenfrage: »Von hier aus?«

Als sich Klaus Maria Brandauer und Kim Basinger in einer Szene küssen, zieht sich beim Lösen der Lippen ein langer Speichelfaden zwischen ihnen.

007 schießt Fatima Blush mit einer Granate aus seinem Füller ab. Die Frau explodiert und nur ihre qualmenden Schuhe bleiben übrig. Kleiner Filmfehler: Ursprünglich trug sie geschlossene schwarze Schuhe, aus denen nach ihrem Tod offene Pumps geworden sind.

Am Drehbuch zu *Sag niemals nie* arbeiteten zahlreiche Autoren, zu denen neben Lorenzo Semple jr. auch Francis Ford Coppola, Ian La Frenais, Dick Clement, Len Deighton und weitere sechs Personen gehörten.

Obwohl Felix Leiter und James Bond beim Flug mit dem XT-7Bs schwarze Sauerstoffflaschen tragen, sind sie nach der Landung plötzlich silbern. Wenigstens Felix Leiter bleibt schwarz.

Bei ihrer Flucht vor James Bond zeigt ihm Fatima Blush kurz den erhobenen Mittelfinger. Da die Szene aus ihrem Auto heraus gefilmt wurde, ist der Finger durch die B-Säule verdeckt.

Im Jahr 2001 wurden Szenen in den Film hineingeschnitten, die die Geschichte in einem anderen Licht erscheinen lassen: James Bond ist nämlich schon zu Beginn des Films auf der Spur von Maximilian Largo und durchstöbert dessen Akte.

Der schwarze Camaro wurde für die Stuntszenen mit einer Rampe am Heck versehen, über die Stuntman Mike Runyard mit dem Motorrad fahren konnte, während der Wagen fast 60 Stundenkilometer fuhr.

Barbara Carrera hatte keinen Führerschein und musste für die Dreharbeiten das Autofahren lernen, um die Verfolgungsjagd drehen zu können.

Larry Hagman alias J. R. Ewing sollte als Felix Leiter in Erscheinung treten, doch er lehnte die Rolle ab. In anderen Quellen heißt es, er sei später als Bondgegner für eine der Produktionen von Albert R. Broccoli im Gespräch gewesen.

James Bond legt einen Rausschmeißer in einem Casino rein, indem er ihm eine Zigarrenbox in die Hand drückt und behauptet: »Diese kleine Bombe hat in sich einen winzigen Kreiselkompass, bei der geringsten Bewegung seitwärts Ihrerseits könnte man Sie nachher im Eierbecher servieren.« Der Rausschmeißer hält still.

James Bond hat in diesem und noch in zwei weiteren Filmen eine Uhr mit eingebautem Laser: In *GoldenEye* (1995) und als Anspielung drauf in *Stirb an einem anderen Tag* (2002).

Komponist John Barry lehnte aus Verbundenheit zu Albert R. Broccoli das Angebot ab, den Soundtrack zu *Sag niemals nie* zu komponieren.

WÄHREND DER DREHARBEITEN WURDEN AUCH ECHTE HAIE EINGESETZT. UM SIE UNTER KONTROLLE ZU HALTEN, BEKAMEN DIE TIERE STARKE BERUHIGUNGSMITTEL.

Der Schauspieler Max von Sydow war bis zu Christoph Waltz' Auftritt in *Spectre* (2015), also 23 Jahre lang, der letzte Darsteller, der die Figur Blofeld verkörperte.

In der englischen Version sagt Largo zu einem Paar auf seiner Party »nette Unterhaltung«, während die deutsche Tonspur keinen Text enthält.

Dass Domino Petachi eine doppelte Bloody Mary mit viel Worcestersoße bestellt, ist auf den Roman *Feuerball* zurückzuführen. Darin bestellt Domietta Vitali diesen Drink.

Fatima Blush wurde in einem Buchentwurf von Ian Fleming erfunden. Sie ist darin Doppelagentin und kämpft gegen SPECTRE. Sie gibt Bond Informationen weiter und wird von ihm gerettet. Im Film arbeitet sie gegen 007.

Maximilian Largo will Domino Petachi in Nordafrika auf dem Sklavenmarkt verkaufen.

Das Stuntdouble für die Unterwasserhaiszene wurde basierend auf Fotos von Sean Connery ausgewählt. Als Irvin Kershner die gedrehten Aufnahmen mit dem Stuntman ergänzen sollte, war er geschockt, weil die Ähnlichkeit zu Connery sehr gering war. Grund: Man hatte die Auswahl aufgrund von Fotos getroffen, die 18 Jahre alt waren. Alle Szenen mussten neu gedreht werden.

IM ANGESICHT DES TODES (1985)

Als Stuntman B. J. Worth mit einem Fallschirm vom Eiffelturm sprang, rief er beim Loslaufen: »Das ist für dich, Cubby [Broccoli]!«

Don Caltredt sollte, für den Fall, dass der Fallschirmsprung vom Eiffelturm wiederholt werden müsste, als Ersatzstuntman vom Pariser Wahrzeichen springen. Als er nicht benötigt wurde, war er so enttäuscht, dass er ohne Genehmigung am Folgetag vom Eiffelturm sprang. Damit ruinierte er seine Stuntkarriere, weil man ihn nie mehr buchte.

Albert R. Broccolis privater Rolls-Royce kam bei den Dreharbeiten zum Einsatz. Broccoli hatte Angst, sein Wagen könnte beschädigt werden, doch das Fahrzeug bekam lediglich ein neues Kennzeichen: »345 HYK«.

Weil Roger Moore relativ alt war, als der Film gedreht wurde, nannten ihn viele Kritiker in Filmbesprechungen 0070. Moore war zum Entstehungszeitpunkt des Films 57 Jahre alt.

007 stößt am Anfang des Films auf die eingefrorene Leiche von 003. In einem Herzanhänger, der ein Bild von 003s Frau und seinem Kind beinhaltet, findet Bond einen Mikrochip.

Godfrey Tibbett fährt mit einem Rolls-Royce in eine Waschanlage. Als sich die rotierenden Bürsten auf die Frontscheibe senken, taucht May Day von der Rückbank auf und erwürgt Tibbett.

Bei den Dreharbeiten in Island verließen einige Crewmitglieder ihren Platz auf einem Eisberg, um das Equipment woanders aufzubauen. Kurz darauf drehte sich der Eisberg um die eigene Achse.

Im Roman *Feuerball* sagt Felix Leiter zu James Bond: »Dick Tracy wird dir alles erzählen, sobald wir hier raus sind.« Leiter spielt damit auf den Romandetektiv an. Im Film *Im Angesicht des Todes* bezeichnet sich ein amerikanischer Polizist in der Originalversion als Dick Tracy. Daraus wurde in der Synchronfassung Donald Duck.

Godfrey Tibbett legt ein Tonbandgerät neben eine Wanze in seinem Zimmer in Zorins Schloss und spielt Schnarchgeräusche ab, damit er und Bond auf eine nächtliche Erkundungstour gehen können.

Bond-Girl Kimberley Jones und James Bond haben ein Liebesabenteuer in einem Eisberg-U-Boot.

Ursprünglich sollte Bond nicht den Minikopierer benutzen, um den vom Scheckheft abgerissenen Scheck an Stacey Suttons sichtbar zu machen, sondern eine Art Taschenrechner, auf dessen Display die auf dem letzten Scheck eingetragene Summe (5.000.000 Dollar) erscheint.

James Bond benutzt den Decknamen James St. John Smythe, den kaum ein Angestellter Zorins richtig ausspricht. Bond behauptet, eine verstorbene Tante habe ihm einen Reitstall hinterlassen und er wolle es mit der Pferdezucht versuchen.

Für die Rolle des Schurken Max Zorin fragten die Produzenten unter anderem David Bowie und Sting an. Beide lehnten ab. Bowie sagte, dass er »nicht die Absicht habe, Monate damit zu verbringen zuzusehen, wie seine Doubles von den Bergen fallen« – ein Bezug auf den Film *In tödlicher Mission* (1981).

Einige Szenen mit Snooper, einem hundeartigen Roboter, den Q als Überwachungsgerät einsetzt, wurden gekürzt, um Tierschützer nicht unnötig aufzubringen. Im geschnittenen Material schaltet Qs ferngesteuerter Freund die Wachhunde auf Zorins Ölplattform aus, indem er den Schäferhunden Tränengas in die Augen spritzt.

Sowohl in einer Skiverfolgungsjagd in *Im Geheimdienst Ihrer Majestät* (1969) als auch in der am Anfang von *Im Angesicht des Todes* verliert James Bond einen Ski und muss die Flucht auf nur einem Ski fortsetzen. Für beide Szenen war Willy Bogner verantwortlich.

IN KEINEM JAMES BOND-FILM WERDEN MEHR HÜTE GETRAGEN ALS IN DIESEM.

Im Entspannungsbad Nippon Relaxation Spa hören James Bond und Pola Ivanova »Schwanensee«.

Bei einer Verfolgungsjagd rast Bond mit seinem Wagen unter einer Schranke hindurch und reißt sich das Dach seines Renaults ab. Bei den Dreharbeiten der Szene verletzte sich der Stuntman, der Roger Moore doubelte, an der linken Hand.

Scarpine, laut Drehbuch ein Korse, trägt in seinem Namen zwei englische Worte: »scar« (»Narbe, Wunde«) und »pine« (»Kiefer [Baum]«). Tatsächlich hat der Mann eine Narbe im Gesicht und ist 1,91 Meter groß.

Die Filmcrew erhielt keine Erlaubnis, eine Puppe von der Aufhängung der Golden Gate Bridge auf die Fahrbahn stürzen zu lassen, weil die Bürgermeisterin von San Francisco glaubte, damit die Selbstmordrate in die Höhe zu treiben. Schließlich einigte man sich darauf, die Puppe, die Max Zorin darstellte, in die Bucht stürzen zu lassen.

Weil die Kooperation zwischen den *Bond*-Machern und der Stadt San Francisco so gut funktionierte, beschloss Albert R. Broccoli, die Premiere von *Im Angesicht des Todes* in San Francisco stattfinden zu lassen. Am Premierentag schwebte Stuntman B. J. Worth mit einem Fallschirm ein und überreiche einen Scheck in Höhe von 100.007 Dollar für die Stadtkasse.

DIE DREHARBEITEN ZU IM ANGESICHT DES TODES (1985) BRACHTEN DER STADTKASSE VON SAN FRANCISCO EINEN GEWINN VON RUND 5.000.000 DOLLAR EIN.

Für Stacey Sutton stellt James Bond seine Kochkünste unter Beweis und bereitet etwas zu, das er »Quiche de Cabinet« nennt. Eine Quiche ist eigentlich ein Speckkuchen aus Mürbe- oder Blätterteig.

Ein Obdachloser beobachtet James Bonds Rettungsaktion von Stacey Sutton aus dem brennenden Rathaus von San Francisco. Als 007 eine Sprosse der Feuerwehrleiter verfehlt und fast abstürzt, fällt dem Obdachlosen vor Schreck die Weinflasche aus der Hand.

Maud Adams, die auch Andrea Anders in *Der Mann mit dem goldenen Colt* (1974) und Octopussy im gleichnamigen Film von 1983 spielte, besuchte die Dreharbeiten in San Francisco und soll angeblich in einer kurzen Szene am Pier zu sehen sein. Sie selbst hat sich in den Aufnahmen nie entdeckt.

Stuntfahrer Rémy Julienne verschaffte seiner Familie ebenfalls Stunteinsätze: Sein Sohn Michel Julienne und seine Tochter Dominique Julienne fuhren ebenfalls Fahrzeuge bei der Verfolgungsjagd.

Bogdan Kominowski, der als Klotkoff neben General Gogol zu sehen ist, wird von Grace Jones, die May Day spielt, problemlos hochgehoben. Für die Szene wurde der Darsteller an Drähten befestigt, damit Jones die 90 Kilogramm nicht tatsächlich stemmen musste.

Bei der Überschwemmungsszene mit kaltem Wasser in der Mine wärmten sich die Stuntmen, indem sie in die Neoprenanzüge pinkelten, die sie unter ihrer Filmkleidung trugen.

Deutliches Product-Placement zeigt sich bei der Verfolgungsjagd in San Francisco. Hier zerstört ein Leiterfahrzeug der Feuerwehr eine Leuchtreklame der Chevron Motoroil Company.

Als James Bond von einer Pariser Brücke auf einen vorbeifahrenden Dampfer springt, bricht er dort durchs Dach und landet in der Torte einer Hochzeitsgesellschaft. Sein Anzug zeigt in der nächsten Szene keinerlei Sahnespuren.

Als James Bond am Eiffelturm ein Taxi stiehlt, rast er damit eine Treppe hinunter, die er zunächst hätte hinauffahren müssen, da sie sich gegenüber dem Eiffelturm befindet und dieser am Fuß der Treppe liegt.

Durch die digital remasterten DVD- und Blu-ray-Versionen ist die Bildqualität nun gut genug, um erkennen zu können, dass May Day den Rolls-Royce nicht in den See schiebt, sondern er über eine Winde gezogen wird.

Stacey Suttons Kleid wird in einer Mine von May Day zerrissen und ist nach dem Verlassen der Mine wieder heil. Ebenso wechseln Suttons Schuhe: Erst trägt sie Pumps, auf der Golden Gate Bridge sind die Schuhe aber absatzlos.

Ursprünglich hatte man Madonna die Rolle der May Day angeboten. Sie hätte aber nur zugesagt, wenn ihr damaliger Mann Sean Penn eine Rolle im Film erhalten hätte. So bekam Grace Jones die Rolle und als kleinen Seitenhieb durfte sie ihren Freund Dolph Lundgren mit ins Darstellerteam bringen.

> Der Schwede Dolph Lundgren, der im Film eine Nebenrolle als Venz hatte, startete eine erfolgreiche Actionkarriere.

Die Szene »Paris Police Station 64« wurde herausgeschnitten. Darin ist 007 nach seiner Fallschirmverfolgungsjagd auf einem Polizeirevier in Paris in Gewahrsam und wird von M herausgeholt. James Bond bekommt vom leitenden Beamten seine Privatgegenstände zurück, u. a. die Armbanduhr, die Red Grant gehörte. Bonds Kommentar: »From Russia … with love.«

Einige für den Film gedrehte Szenen wurden herausgeschnitten. So gab es eine Actionszene, in der 007 auf Skiern von einem Helikopter gerammt wird.

Um den jüngeren Kinozuschauern eine gewaltfreiere Version zugänglich zu machen, war die Szene, in der ein vergifteter Kunstschmetterling in Achille Aubergines Wange steckt, damals herausgeschnitten worden. Die DVD enthält das Material ebenso wie James Bonds Rettung Stacey Suttons aus einem brennenden Fahrstuhlschacht.

Im Film war ursprünglich auch eine Szene enthalten, in der 007 im brennenden Fahrstuhlschacht über einen schmalen Stahlträger balanciert, als würde er über ein Seil laufen. Auch diese Passage fiel dem Schnitt zum Opfer.

In einer erweiterten Filmfassung sieht man Max Zorin, wie er sich köstlich amüsiert, als er mit einem Maschinengewehr seine Mitarbeiter umbringt.

Von Chuck Lee erfährt James Bond, dass Dr. Karl Mortner in Wirklichkeit Hans Glaub heißt. Der Deutsche habe im Krieg Steroide entwickelt und schwangeren Frauen verabreicht. Die wenigen Kinder, die überlebten, wiesen zwar alle einen hohen IQ auf, seien aber alle psychotisch. Zorin und May Day sollen zu den von ihm manipulierten Babys gehören.

In der deutschen Synchronversion wird der Mann Jan Kopersky genannt.

Die Firma Delta Doric baute die 007-Stage wieder auf, nachdem sie bei der Produktion des Films *Legende* am 27. Juni 1984 durch ein Feuer vernichtet worden war. Die *Bond*-Dreharbeiten verzögerten sich dadurch.

Chirurg Stephen Zax, der damalige Mann von Maud Adams, besuchte die Dreharbeiten und schickte Roger Moore auf Verdacht zum Facharzt, woraufhin dieser Herzprobleme bei dem 007-Darsteller feststellte. Zax und Moore freundeten sich an und Zax überbrachte Moore Jahre später persönlich die Diagnose Prostatakrebs.

Das Modell von Zorins Zeppelin, das bei den Dreharbeiten benutzt wurde, hängt heute im Londoner Planet Hollywood.

Grace Jones' Garderobe wurde größtenteils von ihr selbst entworfen.

Die Dreharbeiten auf Schloss Chantilly dauerten zwei Wochen.

Im Film ist die Rede vom »magnetischen Impuls einer nuklearen Explosion«. In *GoldenEye* (1995) ist das schließlich die Vorgehensweise des Schurken, um alle Computersysteme lahmzulegen und einen großen Bankraub zu begehen.

Das Lied »From a View to a Kill« von Duran Duran (produziert von Bernard Edwards) wurde zum Welterfolg und erreichte Platz 2 in den englischen und Platz 1 in den amerikanischen Charts.

Im Musikvideo zum Titelsong, das am Eiffelturm gedreht wurde, sieht man zahlreiche Filmszenen und Albert R. Broccoli fand Bassist John Taylor so beeindruckend, dass er ihm die Rolle als James Bond in *Der Hauch des Todes* (1987) anbot. Taylor habe dies aber abgelehnt. In anderen Quellen heißt es, er habe zumindest Probeaufnahmen gemacht.

Am Anfang des Films wurde auf die Fiktivität der Figur Max Zorin und anderer Personen hingewiesen. Grund: Zorin Industries klang ähnlich wie Zoran Corporation, eine echte Firma, die aufgrund der Namensähnlichkeit glaubte, in Misskredit zu geraten. Sie drohten mit einer Klage wegen Diffamierung.

Das Lied »California Girls« von den Beach Boys wird in einer Actionszene in der Pre-Titel-Sequenz eingespielt (im Original von Brian Wilson von den Beach Boys) – im Roman *Stirb an einem anderen Tag* hört Bond das Lied als Anspielung darauf im Radio. Im Film surft 007 zum Lied auf der Kufe eines explodierten Schneemobils.

Noch bis 1994 kündete ein Plakat auf dem Eiffelturm davon, dass Roger Moore und Grace Jones hier am 12. August 1984 eine Szene für den *James Bond*-Film gedreht hatten.

James Bond sollte ursprünglich einem Gegner einen Eispickel entgegenschleudern. Die Szene wurde als zu gewalttätig aus dem Drehbuch gestrichen.

ROGER MOORE MACHTE BEIM DREH SEINE ÜBLICHEN **SCHERZE**. DIE **BETTSZENE** MIT GRACE JONES MUSSTE **ÜBER ZWANZIGMAL** WIEDERHOLT WERDEN.

Grace Jones wusste, dass Roger Moore den Kolleginnen und Kollegen am Set immer wieder Streiche spielte. Sie drehte den Spieß um und schnallte sich in der Bettszene einen großen Gummidildo um. Moores Gesicht, als sie ihren Mantel öffnete, um vor laufender Kamera zu ihm ins Bett zu steigen, war eine Genugtuung für alle Anwesenden.

Alison Doody spielt Jenny Flex und hatte international als Schauspielerin ihren Höhepunkt, als sie im dritten Teil der *Indiana Jones*-Trilogie Dr. Elsa Schneider verkörperte. In dieser Rolle schläft sie auch mit Indiana Jones' Vater, den Sean Connery spielt.

Maryam d'Abo hatte für die Rolle der Pola Ivanova vorgesprochen und bekam schließlich die Hauptrolle in *Der Hauch des Todes* (1987).

Max Zorin benutzt als Molotowcocktail eine Flasche Bacardi.

Champagnerkenner 007 schmeckt im Restaurant bei einem Bollinger den Jahrgang 1975 heraus.

Nachdem die 007-Stage abgebrannt war, baute man sie unter dem Namen Albert R. Broccoli 007 Stage wieder auf.

Um Kontakt mit Chuck Lee von der CIA aufzunehmen zu können, muss James Bond am Pier von San Francisco als Code nach einer weichschaligen Krabbe fragen.

Das Nummernschild von Albert R. Broccolis Rolls-Royce lautet »CUB 1«. CUB ist die Abkürzung von Broccolis Spitznamen Cubby.

Grace Jones und Roger Moore waren offensichtlich nicht auf einer Wellenlänge. Er sagte nach den Dreharbeiten: »Wenn man nichts Positives über eine Person sagen kann, dann soll man lieber schweigen. Also …«

Patrick Macnee hatte mehrfach seinen Unmut darüber geäußert, dass die *Bond*-Produktionen immer die Darstellerinnen und Darsteller aus seiner Serie *Mit Schirm, Charme und Melone* abwarben. Albert R. Broccoli bot Macnee schließlich selbst eine Rolle an. Er spielte Sir Godfrey Tibbett und war über die prominente Nennung auf den Filmplakaten hocherfreut.

Patrick Macnee kehrte nach seinem Auftritt als Sir Godfrey Tibbett noch einmal zu Bond zurück: Er ist der Sprecher mehrerer Dokumentationen über *James Bond*-Filme, die heute als Zusatzmaterial auf den DVDs und Blu-rays enthalten sind.

Grace Jones schlug ihren damaligen Freund Dolph Lundgren als Roger Moores Nachfolger in der Rolle des 007 vor.

DIE REISE IM EISBERG-BOOT, DIE JAMES BOND MIT DER AGENTIN IN DER PRE-TITLE-SEQUENZ ANTRITT, DAUERT IM FILM ANGEBLICH FÜNF TAGE.

Eine Anspielung auf Pussy Galore aus *Goldfinger* (1964) bietet der Napf von Stacey Suttons Katze. Darauf steht der Name des Tiers: Pussy.

Snowboardweltmeister Stephen Link doubelte Roger Moore und versuchte, mit einem Snowboard über einen kleinen See zu surfen. Er fiel zweimal ins Wasser, bevor die Aufnahmen gelangen.

Während einer Show im Restaurant des Eiffelturms wird Achille Aubergine getötet. May Day schleudert dem Mann mit einer Angel einen vergifteten unechten Schmetterling ins Gesicht.

James Bond benutzt den Decknamen James Stock. Er gibt sich als Mitarbeiter der *London Financial Times* aus. Der Insidergag dieses Namens kommt erst in der Übersetzung zur Geltung: Während »Bond« in der Banksprache ein festverzinsliches Wertpapier ist, steht »Stock« für eine Aktie.

Vivaldis »Die vier Jahreszeiten« erklingt, als James Bond die Stallungen von Max aufsucht.

DER HAUCH DES TODES (1987)

Brad Whitaker besitzt eine antike Kanone, die er per Fernbedienung auslösen kann. Er versucht, James Bond damit zu erschießen.

Die Idee, die Figur Brad Whitaker als fanatischen Sammler von Kriegsdingen erscheinen zu lassen, der seine eigenen Schlachten auf Miniaturschlachtfeldern nachspielt, kam Michael G. Wilson, als er den Milliardär Malcom Forbes kennenlernte. Forbes war Waffen- und Kriegsartikelfan und stellte seine Villa für die Dreharbeiten zur Verfügung.

004 klettert im Verlauf einer Übung am Felsen von Gibraltar hinauf. Ein Feind durchschneidet das Seil und 004 stürzt in die Tiefe.

Bei einem Setbesuch zerschlug Lady Diana am 11. Dezember 1986 eine Kunstglasflasche auf dem Kopf von Prinz Charles. Das Foto ging um die Welt. Darsteller Jeroen Krabbé hatte Lady Diana auf die Idee gebracht.

Um Durchzug zu erzeugen, tritt James Bond die Windschutzscheibe eines Fahrzeugs ein, das über eine Klippe hinausgeschossen ist und in die Tiefe stürzt. Durch den Luftstrom öffnet sich Bonds Fallschirm und er wird aus dem Heck des Wagens in die Freiheit gesogen.

Der Bürgermeister von Wien, Helmut Zilk, gab dem Drehteam sogar die Erlaubnis, die U-Bahn zu sprengen. Szenen dieser Art waren für den Film aber gar nicht vorgesehen.

Drehbuchautor Richard Maibaum verfasste ein kurzes Skript, in dem James Bond eine Mission durchführen soll, bei der auch sein Großvater auftaucht. Opa Bond sollte seinem Enkel darin ans Herz legen, das Familienmotto »Die Welt ist nicht genug« zu beachten.

War in *James Bond 007 jagt Dr. No* (1962) noch ein von Goya gemaltes Portrait zu sehen, das den Herzog von Wellington zeigt, so versteckt sich 007 in *Der Hauch des Todes* hinter einer Wellington-Statue.

Mit einem explosiven Schlüsselfinder bringt James Bond eine Statue zum Umstürzen und sein Feind Brad Whitaker wird darunter begraben.

James Bond will von Q wissen, ob er »God save the Queen« pfeifen müsse, um mit dem Schlüsselfinder der Q-Abteilung ein Zimmer in die Luft zu jagen.

Gibt der Besitzer des von Q entwickelten Schlüsselfinders jedoch den »Playboy-Pfiff« von sich, explodiert ein aus C4 bestehender Sprengsatz.

Bonds Schlüsselfinder stößt außerdem Betäubungsgas aus, wenn man die ersten Töne von »Rule Britannia« pfeift. Das Chloralhydratgas setzt jede Person im Umkreis von drei Metern für 30 Sekunden außer Gefecht.

DER KILLER NECROS HAT DIE VORLIEBE, MIT DEM KABEL SEINES WALKMANS ZU TÖTEN. ER STRANGULIERT SEINE OPFER DAMIT.

Die übergroße Videowand in Qs Labor wurde von Philips bereitgestellt. Es handelte sich zu diesem Zeitpunkt um einen Prototyp, dessen weiterentwickeltes Modell erst viel später auf den Markt kam.

Ein Stuntman verletzte sich so schwer an einer wichtigen Ader am Hals, dass er noch am Drehort operiert wurde. Die spätere *Bond*-Produzentin Barbara Broccoli assistierte dem Arzt und drückte die Wunde ab.

Die ehemalige Miss Austria, Andrea Stockinger, bekam eine Rolle als Verkäuferin. Von den Aufnahmen, in denen sie Kara Milovy ein Kleid verkaufte, war im fertigen Film aber nichts mehr zu sehen.

Durch Zufall bekam der Hannoveraner Klaus-Peter Sornik eine Rolle im Film. Der Musiker machte Urlaub in Marrakesch und wurde für umgerechnet 700 Euro für zehn Tage zu einem sowjetischen Luftwaffengeneral.

Waris Dirie, die Autorin der Bestseller *Wüstenblume* und *Nomadentochter*, spielte eine der Frauen im Harem.

Q bietet einem Mitarbeiter einen Platz auf einem Sofa an. Als der sich setzt, rollen Rückenlehne und Sitzfläche gegeneinander und der Mann verschwindet im Sofakasten.

Kamran Shah hieß in der ursprünglichen Drehbuchfassung Ranjit.

Das Schwein ist ein Putzgerät zur Reinigung einer Pipeline, das so konstruiert wurde, dass eine Person in der Pipeline transportiert werden kann.

In einigen Quellen heißt es, Moneypenny-Darstellerin Lois Maxwell habe 1985 angeboten, sich liften zu lassen, um die Rolle auch neben Timothy Dalton weiter spielen zu dürfen.

Das Rote Kreuz steht oft im Zusammenhang mit Bond: Marc-Ange Draco behauptet in *Im Geheimdienst Ihrer Majestät* (1969), er würde für die Hilfsorganisation fliegen. *Der Hauch des Todes* beginnt mit dem Hinweis, dass die gezeigten Rotkreuz-Symbole nichts mit der Organisation zu tun haben.

Walter Gotell, der General Gogol in sechs *007*-Filmen verkörperte, war der Besitzer des südlichsten Swimmingpools Europas.

Als Double für Timothy Dalton fuhr Stuntman Georges Côte den Aston Martin Volante beim Sprung über die Rampe. Er hatte so viel Schwung, dass er über die den Aufprall dämpfenden Kartons hinausschoss und auf dem Eis des Weißensees landete. Der Sprung mit dem Lada in eine Holzhütte wurde von Rémy Julienne ausgeführt.

Aufgrund der in den 80ern thematisierten AIDS-Problematik beschlossen die Produzenten, 007 monogam werden zu lassen. Neben Linda aus der Pre-Title-Sequenz schläft Bond nur mit Kara Milovy.

REGISSEUR JOHN GLEN HATTE SCHON EINMAL AM WIENER PRATER GEDREHT: ZU BEGINN SEINER KARRIERE ARBEITETE ER AN DER DRITTE MANN.

In der Geisterbahn auf dem Wiener Prater drehte man einen Mord durch Necros, der im Film allerdings keine Verwendung fand.

James Bond stiehlt ein Flugzeug vom Typ Lockheed C130E Hercules von einem sowjetischen Luftwaffenstützpunkt in Afghanistan, obwohl die Sowjets Flugzeuge dieses Typs niemals benutzten.

Die englische Beschriftung des Flugzeugs, mit dem Bond vom russischen Luftwaffenstützpunkt in Afghanistan flieht, ist ein Filmfehler, denn es ist ein russisches Flugzeug.

In einer später geschnittenen Szene ist Timothy Dalton in Tanger auf der Flucht vor der Polizei zu sehen und gleitet auf einem präparierten Teppich über Telefondrähte. Augenzeugen sind geschockt, weil sie glauben, einen fliegenden Teppich zu sehen. 007 gelangt über eine Flagge auf den Sattel eines vorbeifahrenden Motorrades, übernimmt den Lenker und rast, auf einem Rad fahrend, davon.

In zwei *James Bond*-Filmen kommt Fois gras vor: In *Sag niemals nie* (1983) hat 007 in seinem Koffer Stopfleber aus Straßburg und lässt Krankenschwester Fearing probieren. Und in *Der Hauch des Todes* hat Agent Bond diese »Köstlichkeit« bei Harrods für Koskov besorgt.

Der spätere *Bond*-Produzent Michael G. Wilson wollte Sam Neill (*Jurassic Park*) als Roger Moores Nachfolger in der Rolle des James Bond sehen. Neill schnitt bei den Probeaufnahmen überzeugend ab. Albert R. Broccoli war dagegen, weil er Lambert Wilson besser fand.

In zwei *Bond*-Filmen fährt 007 per Anhalter: In *Octopussy* (1983) und in *Der Hauch des Todes*.

James Bond und Kara Milovy schauen sich in Wien Mozarts Oper *Die Hochzeit des Figaro* an.

Kara Milovy betäubt 007 mit Chloralhydrat, das sie in seinen Wodka Martini gemischt hat. Bond schmeckt das nicht heraus. Er sagt, der Drink sei »perfekt«.

Auf dem Felsen von Gibraltar wird Bond von einer Farbpatrone getroffen. Er springt auf einen vorbeirasenden Jeep und die rosa Farbe auf seinem schwarzen Tarnanzug ist plötzlich verschwunden.

Der geplatzte linke Vorderreifen von Bonds Aston Martin DBS V8 Vantage ist in einer späteren Einstellung wieder unbeschädigt.

Q erwähnt eine KGB-Killerin, die ihre Opfer mit den Händen oder Oberschenkeln stranguliert. In *GoldenEye* (1995) mordet Xenia Zaragevna Onatopp auf diese Art.

1986 wurde Maryam d'Abo zu Probeaufnahmen eingeladen, nicht für sich, sondern für Timothy Dalton. Sie hatte Tatiana Romanova in *Liebesgrüße aus Moskau* (1963) gespielt und er wurde als Bond getestet.

Barbara Broccoli sah Maryam d'Abo in der Rohversion des Films *Der Satan mischt die Karten* mit kurzen Haaren. Da sie nun völlig anders wirkte als bei einer vorherigen Begegnung, bei der sie noch lange Haare trug, bestellte sie d'Abo erneut zum Casting ein.

Für die Orchesterszenen wurde das österreichische Jugendsymphonieorchester unter Vertrag genommen. Als Dirigent war Gert Meditz im Einsatz. Nur der heute recht bekannte Cellist Stefan Kropfitsch wurde ersetzt. An seiner Stelle saß Maryam d'Abo im Orchester.

Maryam d'Abo nahm einen Monat vor Drehbeginn Cellounterricht, um bei der Darstellung der weltbesten Cellistin glaubhaft zu wirken.

BEI DEN DREHARBEITEN IN ÖSTERREICH FROREN DIE OBJEKTIVE DER KAMERAS EIN.

Maryam d'Abo posierte 1987 fast ganz nackt für den *Playboy*, sie trug nur eine Augenklappe.

Die Spikes, die aus den Reifen des Aston Martin DB S kommen, waren in Anlehnung daran auch beim Vanquish in *Stirb an einem anderen Tag* (2002) zu sehen.

Kara Milovy und James Bond benutzen einen Cellokasten als Schlitten, als sie nach einer wilden Verfolgungsjagd im Schnee über die österreichische Grenze fliehen wollen.

Als Anspielung auf *Der Hauch des Todes* sagt 007 im Roman *Stirb an einem anderen Tag*, dass er zur Fortbewegung auch einen Cellokasten hätte gutheißen können.

Das Drehbuch sah vor, Bonds Kontaktmann Saunders solle von einer Schiebetür zweigeteilt werden. Ein Augenzeuge sollte brüllen: »Ruft einen Krankenwagen!«, Bond mit Blick auf den zweigeteilten Kollegen sollte entgegnen: »Besser wohl zwei!« Der Gag wäre für einen Darsteller wie Roger Moore passend gewesen, nicht aber für Timothy Dalton.

Der Aston Martin DBS V8, der in Wien benutzt wurde, brachte 1990 bei einer Auktion 175.000 Pfund.

Necros benutzt explosive Milchflaschen und sprengt damit Teile des MI6-Safehouse Bladen. Bei den Milchflaschen handelt es sich um eine Idee aus der Serie *Batman*. Michael G. Wilsons leiblicher Vater, Lewis Gilbert Wilson, war im Alter von 23 Jahren der erste Darsteller der Figur Batman in einer Serie, die Columbia Pictures im Mai 1939 zu drehen begann.

James Bonds Ausweis, angefertigt für diesen Film, trägt die Nummer »C656289D« und benennt als Bonds Geburtsdatum den 10.11.1948.

John Barry, der viele *007*-Soundtracks und -Titellieder schrieb, hat einen Cameo-Auftritt als Komponist.

Miss Moneypenny behauptet, eine Barry-Manilow-Plattensammlung zu besitzen.

James Bonds Name in einem gefälschten Pass lautet Jerzy Bondov.

DIE AUSSENSZENEN, DIE IN BRATISLAVA SPIELEN, WURDEN ALLE IN WIEN GEDREHT.

LIZENZ ZUM TÖTEN (1989)

Eine TV-Ausstrahlung des Films in Großbritannien wurde am 13. März 1996 abgesagt, nachdem in der Dunblane Primary School 16 Erstklässler und ihre Lehrerin von dem 43-jährigen Thomas Hamilton aus Rache für seine Ausgrenzung als Jugendbetreuer mit einer Waffe getötet worden waren.

In Krests Unterschlupf sieht man hinter Bond an verschiedenen Maschinen die Aufschrift ACME. Diese Abkürzung wird im englischen Sprachraum gern als fiktiver Name für Unternehmen verwendet.

Eine Wache von Milton Krest wird von James Bond in ein Aquarium gestoßen, in dem sich Zitteraale befinden. Der Mann stirbt an den Stromstößen. Einer der Kunstaale ist heute im Besitz von Deutschlands größtem *James Bond*-Requisitensammler Chris Distin. Seine Frau will den Aal aber ungern im Wohnzimmer haben.

Anthony Zerbe spielte oft Rollen, in denen etwas mit seinem Kopf passiert: In *Columbo – Tödliche Tricks* (1989) wird er ihm abgetrennt, in *Lizenz zum Töten* platzt er in einer Druckkammer und in *Star Trek – Der Aufstand* (1998) wird er (bzw. seine Gesichtshaut) bis zum Zerreißen gespannt.

Die Verpackung der Zahnpasta, die Q James Bond im Roman *Lizenz zum Töten* aushändigt, stammt von einer bekannten Firma, doch der Inhalt ist hochexplosiver C4-Sprengstoff. Die Zahnpasta heißt Dentonit.

Während es sich im Roman *Lizenz zum Töten* um eine Digitaluhr handelt, ist es im gleichnamigen Film ein herkömmlicher Wecker, den Q mit Sprengstoff gefüllt hat.

Bei den Dreharbeiten wurde die Nachbildung einer Stinger-Rakete abgeschossen und traf in großer Entfernung einen Mann, der auf einem Telefonmast arbeitete. Er wurde schwer am Arm verletzt.

Franz Sanchez prügelt Lupe Lamora mit dem Schwanz eines Stachelrochens. Die Peitschen sind laut der Kurzgeschichte »Die Hildebrand-Rarität« auf den Seychellen bei Strafe verboten, aber einheimische Männer setzten sie ein, wenn ihre Frauen sie betrogen haben, so Ian Fleming.

Isthmus City ist eine Erfindung von Drehbuchautor Michael G. Wilson. Die Dreharbeiten fanden in Mexiko statt.

James Bonds Helfer auf Key West wird im Film zweimal unterschiedlich geschrieben: Im Abspann wurde Bonds Verbündeter als »Sharkey« bezeichnet, im Film ist jedoch der Name »Sharky« zu lesen.

Bei einer Massenschlägerei in einer Kneipe benutzt ein Gegner einen ausgestopften Schwertfisch als Waffe und versucht, 007 damit zu erstechen. Der schnappt sich einen Stuhl und verwendet diesen als Schild.

Auf einer Wüstenstraße, 80 Kilometer von Mexicali, wurde die Lkw-Verfolgungsjagd gedreht. Da auf dieser Straße mehrere Nonnen bei einem Unfall ums Leben gekommen sein sollen und sich beim Dreh verschiedene unerklärliche Vorfälle ereigneten, glaubte ein Großteil des Filmteams bald, auf der Straße in der Provinz Rumorosa spuke es.

Als der Lkw, der von Bond gerammt wird, in eine Felswand fährt, war das ein ungeplanter Unfall. Das Skript wurde daraufhin umgeschrieben und die Kollision blieb im Film enthalten.

Die Trucks hatten Namen und hießen nach der weiblichen Hauptfigur Pamela 1, Pamela 2 und Pamela 3. Im Film wird das Bond-Girl nur Pam Bouvier genannt.

In der Paulskirche in der Duval Street in Florida werden Felix Leiter und Della Churchill getraut. Die Fallschirmlandung davor wurde zweimal gedreht. Beim zweiten Take verletzte sich David Hedison, der Leiter spielte, am Knie.

James Bond ist Felix Leiters Trauzeuge und bekommt als Dankeschön ein graviertes Feuerzeug geschenkt. Der Satz darauf lautet »Für James, in ewiger Liebe Della & Felix«.

Wayne Newton, der Joe Butcher spielte, war erfolgreicher Sänger und hatte Hits wie »Red Roses for a Blue Lady«, »Daddy, don't you walk so fast« und »Danke schön«. Seine Show im New Wayne Newton Theatre in Missouri lockte täglich rund 3.000 Gäste an. Der Comedy-Star sagte, dass er gerne in einem *Bond*-Film mitspielen wolle, und bekam ein Angebot.

James Bond sagt: »Jetzt heißt es wohl ›Abschied nehmen von den Waffen‹« und spielt damit auf Hemingways Buch »A Farewell To Arms« an. Die entsprechende Szene spielt im Haus des Autors in Key West.

Bei Felix Leiters verstümmeltem Körper findet James Bond eine Nachricht auf einem blutverschmierten Zettel: »He disagreed with something that ate him« (deutsche Version: »Etwas, das ihn auffraß, ist ihm nicht bekommen.«)

Aus Gründen der Tarnung mietet sich Q als James Bonds Onkel in 007s Hotelzimmer in Isthmus City ein.

In frühen Drehbuchversionen sollte sich Q unter dem Namen Onkel Theo in James Bonds Hotelzimmer schleichen.

Felix-Leiter-Darsteller David Hedison bekam das Angebot für die Rolle und unterschrieb, ohne ein Drehbuch gelesen zu haben. Als keines geschickt wurde, dachte er, er hätte wenig Text und man habe keins versandt. Ein Irrtum: Das Drehbuch war auf dem Postweg verloren gegangen und Hedison kam ans Set, ohne seinen Text zu können.

Robert Davi, der den Bösewicht Franz Sanchez spielt, bereitete sich auf seine Rolle vor, indem er den Akzent eines Spaniers einstudierte, Dutzende von Büchern zu den Themen Drogenhandel und Waffen las und sich sogar mit Ex-Dealern traf. Bei der Polizei nahm er Einsicht in Verbrecherakten und kreierte aus allen Informationen die Figur Sanchez.

Cary Lovell, die Pam Bouvier spielt, war das Werbegesicht für Oil of Olaz. Sie war von 2002 bis 2013 mit Richard Gere verheiratet.

Die erste *007*-Lotterie wurde nach dem Start des Films beworben. Unter dem Leitspruch »Licence to win« konnte man per Rubbellos 25.000 Dollar gewinnen, wenn man die Buchstaben des Namens »James Bond« gesammelt hatte.

Ursprünglich sollte der Film »License Revoked« heißen (benannt nach John Gardners Roman von 1981), doch Umfragen zufolge stiftete das Wort »revoked« (»entzogen«) bei vielen Amerikanern Verwirrung, weil sie es mit dem Entzug der Fahrerlaubnis in Verbindung brachten. Regisseur John Glen wehrte sich erfolglos gegen den Titel »Licence to Kill«.

Franz Sanchez lässt seinen abtrünnigen Handlanger Heller von einem Gabelstapler aufspießen. In *Man lebt nur zweimal* (1967) und in *Der Morgen stirbt nie* (1997) wird auch James Bond fast von einem Gabelstapler überfahren.

1989 erschien bei Bastei Clip ein Fotoroman zum Film. Das Buch enthielt über 320 Originalfilmfotos. Einige Abbildungen zeigten Filmszenen, die nicht im Film enthalten waren, und andere versehentlich Regisseur John Glen und sein Team beim Dreh.

Präsident Hector Lopez, gespielt von Pedro Armendariz' (Kerim Bay aus *Liebesgrüße aus Moskau* [1963]) Sohn, hat seinen Filmnamen vom Leiter der mexikanischen Produktionsaufsicht, der genauso hieß.

Die Flugtickets, die 007 in einer Szene in seine rechte Sakkoinnentasche steckt, zieht er in der nächsten Aufnahme aus der linken Innentasche wieder heraus.

Fleming ließ die Schurken in seinem Roman *Leben und sterben lassen* Münzen in Aquarien mit giftigen Fischen verstecken. Im Film *Lizenz zum Töten* (1989) wurden daraus Rauschgiftpakete, die Milton Krest unter Massen von Maden verbirgt, die er zur Fütterung seiner Fischzucht benutzt.

Q-Darsteller Desmond Llewelyn erzählte im Interview, dass Timothy Dalton sauer wurde, wenn er nach dem Dreh einer Actionszene gekämmt werden sollte. Kein Mensch, so Dalton, falle aus einem Flugzeug und seine Haare säßen anschließend perfekt.

In der Szene, in der Benicio del Toro als Dario versucht, James Bonds Handfessel durchzuschneiden, schnitt er dem Darsteller Timothy Dalton in den Daumenballen. Die Verletzung ist in einer Szene zu sehen, die weit vorher spielt, aber erst nach dem Unfall gedreht wurde.

DARIO HAT EINEN BEMERKENSWERTEN TOD: ER STÜRZT IN EINE ZERKLEINERUNGSMASCHINE.

Einige Szenen schafften es nicht in die finale Schnittfassung des Films. So auch die nicht, in der 007 tagsüber Lupe Lamora auf dem Schiff von Milton Krest beobachtet, 007 und Pam Bouvier in Isthmus City ankommen und der Agent in der Empfangshalle der Banco de Isthmus auf Franz Sanchez trifft, der den Anschein macht, als wolle er Bond begrüßen.

Priscilla Barnes, die Felix Leiters Frau, Della Churchill, spielt, musste ihre Tanzkarriere beenden, weil sie bei einer Modenshow von der Bühne gefallen war und sich das Sprunggelenk gebrochen hatte.

Qs Funkgerät befindet sich zur Tarnung im Stiel eines Besens. Als Gag für das Publikum behandelt Q den Besen so, wie er es sich von Bond bezogen auf seine Erfindungen nicht wünscht. Er wirft ihn einfach weg, als er ihn nicht mehr braucht.

Maurice Binder stellte viele seiner Titelvorspanne erst ganz kurz vor der Kinoweltpremiere fertig. Damit umging er die Zensoren und brauchte keine Angst zu haben, noch einmal nachschneiden zu müssen.

Michael Kamen, der die Musik für den Film komponierte, verstarb am 18. November 2003 mit nur 55 Jahren an Multipler Sklerose.

John Gardner hat James Bond bereits im Buch *Niemand lebt ewig* auf Key West ermitteln lassen.

Die Kellnerin in der Bar Barrelhead sollte ursprünglich oben ohne bedienen, doch man verwarf die Idee, um nicht mit der Zensur in Konflikt zu kommen.

Der Arbeitstitel von *Lizenz zum Töten* (1989) lautete »Bond 16«, obwohl es schon der 17. *Bond*-Film ist, wenn man *Sag niemals nie* von 1983 dazuzählt.

Der Fachausdruck für einen Großen Weißen Hai lautet *Carcharadon carcharias*. James Bond kennt ihn und verwirrt damit die angeblichen Experten in Milton Krests dubioser Firma Ocean Exotika Inc.

Braun, der Handlanger von Franz Sanchez, stammt laut Drehbuch aus Berlin. Guy De Saint Cyr, der die Figur spielt, wurde am 15. April 1958 tatsächlich in Berlin geboren.

Die Presse behauptete 1989, Barbara Broccoli und Timothy Dalton hätten eine Affäre.

Benicio del Toro beeindruckte Produzent Albert R. Broccoli, weil der junge Schauspieler sogar Unterricht im Umgang mit einem Butterflymesser nahm, um vor der Kamera professionell damit umgehen zu können. Dummerweise schnitt er dann Timothy Dalton versehentlich in die Hand.

Die bedeutungsschwangeren Namen in Filmen und Romanen sind keine Seltenheit. Krest, abgeleitet von »crest« bedeutet u. a. »Schaumkrone«. Krest unterhält ein großes Forschungsschiff vor Key West.

James Bond bestellt in einer Kneipe ein Budweiser mit Limone, doch wegen einer ausbrechenden Schlägerei kommt er nicht dazu, es zu trinken.

Der Schmuck, der im Film zu sehen ist, stammt von Sheila Goldfinger. Es handelt sich um einen Künstlernamen. Sheila Goldfinger stellte unter anderem das Diamantenhalsband des Leguans von Franz Sanchez her.

Q bastelt an einer Mausefalle herum, während er zusammen mit Pam Bouvier auf ein Lebenszeichen von 007 wartet.

Während der Dreharbeiten zeigte Anthony Starke, der Darsteller des William Truman-Lodge, Regisseur John Glen seine Fingerfertigkeit: Er ließ eine Kugel sehr flink zwischen seinen Fingern hin und her rollen. Glen beschloss, diesen Trick in eine Szene einzubauen.

Bei den Dreharbeiten doubelte David Reinhardt, Weltmeister im Barfußwasserskifahren, Timothy Dalton. Als Reinhardt das Flugzeug erreichte, übernahm der Stuntman B. J. Worth und hing ohne Fallschirm an der Kufe der abhebenden Maschine.

Der Leitspruch von Franz Sanchez lautet »Plomo o plata.« Er ist der Ansicht, dass Menschen, die ihm im Weg stehen, zwischen Blei und Silber wählen können. Entweder lassen sie sich bestechen oder sie werden erschossen. Der kolumbianische Drogenhändler Pablo Emilio Escobar Gaviria etablierte das Prinzip und den Spruch.

Romanautor John Gardner beschreibt die Goldzähne von Franz Sanchez in seinem Roman zum Film, doch im Film trägt nur Dario einen Goldzahn.

GOLDENEYE
(1995)

M MACHT KEINEN HEHL DARAUS, DASS SIE DEN INFORMATIONEN, DIE VON CNN VERBREITET WERDEN, KEINEN GLAUBEN SCHENKT.

GoldenEye wird mit dem großen E in der Mitte geschrieben, weil ein Film über Ian Fleming aus dem Jahr 1989 den Titel *Goldeneye – Der Mann, der James Bond war* trägt.

Der Ausbau der Leavesden-Hallen, in denen der Film gedreht wurde, dauerte nur fünf Monate. Es handelte sich um den Umbau einer alten Fabrik mit über 110.000 Quadratmetern in ein Filmstudio.

Sewernaja Semlja ist der Name der fiktiven russischen Satellitenüberwachungsstation im Film. Sie befand sich – wie aus den gegen Ende gezeigten Karten ersichtlich – irgendwo in Mittelsibirien. In Wirklichkeit handelt es sich um eine große russische Inselgruppe im Nordpolarmeer, die zur Region Krasnojarsk gehört.

Der Zug, in dem Alec Trevelyan reist, trug intern den Namen »Darth Train«, weil die Nase des Zugs der Form von Darth Vaders Helm aus *Star Wars* ähnelt. Pierce Brosnan nannte den Zug »Death Train«, weil er Jahre zuvor in einem Film mitgespielt hatte, der diesen Titel trug.

Die Idee, den Schurken in einem Luxuszug unterzubringen, stammt aus dem Roman *Diamantenfieber*. Hierin ist Jack Spang mit einer alten Lokomotive vom Typ Highland Lights unterwegs.

Laut Romanvorlage hat Natalya Simonova das Gebiet der zerstörten Station in Sewernaja verlassen können, indem sie den Hundeschlitten eines verunglückten Yuit-Eskimo gefunden hat.

Während der Dreharbeiten in Monaco fiel Pierce Brosnan die Walther PPK in den Hafen von Monaco.

Die Marines haben einen Gastauftritt. Regisseur Martin Campbell schätze die Zusammenarbeit und sagte: »Sie sind optimal für Dreharbeiten geeignet. Sie kommen schon kostümiert und tun, was man ihnen sagt!«

Pierce Brosnan hatte sich vor Drehbeginn tief in die Hand geschnitten. Beim Dreh der Szene, in der er an der Leiter unter der Satellitenschüssel hängt, riss die Wunde wieder auf. Sein schmerzverzerrtes Gesicht ist nicht gespielt.

Pierce Brosnans Sohn Christopher doubelte die Hand seines Vaters in einer Großaufnahme, da sich dieser eine Verletzung zugezogen hatte. Die Hand ist in einer Großaufnahme zu sehen, als Bond im Film ein Fach mit Champagner in seinem Auto öffnet.

Der Schurke des Films tritt erst nach 65 Minuten in Erscheinung. Das späte Einführen der Figur des Bösewichts wurde auch Bestandteil des Films *Die Welt ist nicht genug* (1999). Dort ist es Victor Zokas.

Literarisch hat die Figur Trevelyan ihren Ursprung im Buch *Moonraker*, denn sie basiert auf Hugo Drax. Beide haben eine vernarbte Gesichtshälfte von einer Explosion, beide werden für tot gehalten und arbeiten gegen England, erscheinen aber auf den ersten Blick als patriotische Engländer.

Einige Kritiker verrissen Pierce Brosnans Darstellung, indem sie eine Toilettenszene aufgriffen, in der er kopfüberhängend zu sehen ist, und schrieben Dinge wie: »Brosnans Darstellung führt aufs Klo« oder »Nach 00 fürs WC jetzt 007«. Dabei hatten Connery in *Diamantenfieber* (1971) und Dalton in *Der Hauch des Todes* (1987) auch Toilettenszenen.

Die beiden Piloten, die den Tiger fliegen sollen, heißen Bernard Jaubert und François Brouse. Die Namen sind die der Nachbarn von Regisseur Martin Campbell.

Im Kinotrailer fliegt der Tiger-Helikopter einen Looping. Die Szene ist im Film nicht enthalten. 20 Jahre später wurde dann doch eine solche Einstellung für den Film *Spectre* (2015) gedreht und in der Pre-Title-Sequenz gezeigt.

James Bond besteht darauf, dass Jack Wade ihm ein Tattoo zeigt, das er auf seiner rechten Pobacke hat. Dort ist eine Rose abgebildet, unter der der Name Muffy steht – eine Erinnerung an Wades dritte Frau.

Die Drehortmanagerin Natalya Smirnova inspirierte die Macher zum Namen des Bond-Girls Natalya Simonova.

Mit einem Skateboard unter dem Rücken fuhren Pierce Brosnan und Izabella Scorupco an der Satellitenschüssel hinunter. Laut Brosnan hat das Drehen dieser Szenen bei seinem ersten *Bond*-Film am meisten Spaß gemacht.

Die Aufnahmen von Trevelyans Satellitenschüssel wurden am Arecibo-Observatorium, 15 km südlich der Hafenstadt Arecibo, in Puerto Rico gedreht. Das große Radioteleskop hat einen unbeweglichen Hauptspiegel von 305 Metern Durchmesser.

Der komplette Name des Bond-Girls lautet Natalya Fyodorovna Simonova. Bei dem Namen Simonova handelt es sich um eine Anspielung auf die Besitzerin des Fabergé-Eies, die es 1897 von Zar Nikolaus II. erhalten hatte – was wiederum eine Anspielung auf *Octopussy* (1983) ist.

Xenia Onatopp versucht, James Bond im Wellnessbereich des Grand Hotel Europa mit ihren Oberschenkeln zu strangulieren. Bond fällt im Roman in diesem Moment ein Zitat von Shakespeare ein: »Das Tier mit zwei Rücken machen.«

Während James Bond in John Gardners Roman ein Schweizer Armeemesser benutzt, um den Teppichboden im Raketenzug aufzuschlitzen, benutzt er im Film eine Uhr mit integriertem Laser.

In *GoldenEye* findet der am weitesten zurückreichende Rückblick der *Bond*-Geschichte statt. Bonds Mission in der Pre-Title-Sequenz spielt 1986 – neun Jahre vor den Ereignissen des Hauptfilms. Der Film könnte allerdings, was bei Redaktionsschluss noch nicht bekannt war, vom Rückblick in *Keine Zeit zu sterben* (2021) geschlagen werden.

Das Drehbuch wurde unter Berücksichtigung der Political Correctness geschrieben. Ziel war es, mehr jugendliche Zuschauerinnen und Zuschauer zu gewinnen. Bond als Vorbild raucht nicht und die Bond-Girls sind emanzipiert. Der Plan ging nicht auf, weil der Film nur eine 16er-Freigabe bekam.

Die Firma Perrier sponserte den Film. Geschickt platzierte man einen Lkw mit einer Ladung Dosen von Perrier, durch den Bond mit seinem Panzer rast. Jahre später wurden im Filmpanzer noch Dosen des Getränkeherstellers gefunden.

Christian Moore, der Sohn von Roger Moore, arbeitete als 3. Regieassistent am Film mit. Roger Moore besuchte ihn am Set und begrüßte auch Pierce Brosnan.

Nur zwei Bösewichte haben es speziell auf London abgesehen: Hugo Drax im Roman *Moonraker* und Alec Trevelyan in *GoldenEye*.

Während Valentin Dimitrovich Zukovskys Freundin im Buch zum Film das Lied »Memories« aus dem Musical *Cats* singt, ist es im Film das Lied »Stand by your Man«. Bonds Spruch »Who strangles the cat?« im Film weist darauf hin, dass die Änderung in letzter Minute erfolgte.

DA DAS DREHBUCH ZUNÄCHST ZU VIELE ÄHNLICHKEITEN MIT DEM ARNOLD-SCHWARZENEGGER-FILM TRUE LIES (1994) AUFWIES, MUSSTE ES KOMPLETT UMGESCHRIEBEN WERDEN.

James Bond trifft beim MI6 auf die geschminkte und edel gekleidete Miss Moneypenny, die eine Verabredung hatte. Der Roman zum Film verrät, dass sie ins Theater wollte, um Shakespeares *Komödie der Irrungen* zu sehen.

Pierce Brosnan ging nicht zur französischen Premiere des Films, um damit gegen die von Frankreich im Südpazifik durchgeführten Atomtests zu protestieren.

Hinter dem Kürzel M verbirgt sich laut Drehbuch der Name Barbara Mawdsley. Interessanterweise wurde der Name der von Judi Dench verkörperten Figur in *Skyfall* (2012) noch einmal geändert. Da steht auf ihrem Nachlass der Name Olivia Mansfield.

Ian Fleming hat im Zweiten Weltkrieg angeblich einen Einsatz unter dem Namen »Operation Goldeneye« geplant. Dabei soll es um die Überwachung der Straße von Gibraltar durch Radar und Infrarotkameras gegangen sein.

Regisseur Martin Campbell fand, Pierce Brosnan sehe zu weich aus, und er wurde gebeten, sich nur jeden zweiten Tag zu rasieren.

Kate Gayson, die Tochter von Eunice Gayson (die in *James Bond 007 jagt Dr. No* und *Liebesgrüße aus Moskau* James Bonds Freundin Sylvia Trench gespielt hatte), ist als Statistin in den Casinoszenen zu sehen.

M bezeichnet 007 als »frauenfeindlichen Dinosaurier« und als »Relikt des Kalten Krieges«. Im Buch *Flottenmanöver* bezeichnete sich 007 selbst als Dinosaurier, weil er der Meinung ist, zu einer aussterbenden Spezies zu gehören.

Um eine Miniaturlandschaft aus Eis und Schnee zu gestalten, benutzte Derek Meddings Katzenstreu. Meddings erlebte die Filmpremiere nicht mehr. Er starb vor Beendigung der Dreharbeiten am 10. September 1995 an Krebs. Der Film wurde ihm gewidmet.

James Bond tötet Xenia Onatopp, indem er den Helikopter, an dem sie hängt, abschießt. Sie wird rückwärts in eine Astgabel gerissen. 007s Kommentar: »Das war eine sehr zugkräftige Nummer!«, wurde in der deutschen Kinoversion zunächst herausgeschnitten und erst bei der DVD-Veröffentlichung wieder eingefügt.

Desmond Llewelyn alias Q bat darum, einen Assistenten als »Nachfolger« für ihn in die *Bond*-Serie einzuführen. Erst zwei Filme später, in *Die Welt ist nicht genug* (1999), kam es dazu.

Alec Trevelyans Todesszene schaffte es nur gekürzt ins Kino. Zwar war sein Sturz von der Satellitenschüssel zu sehen, nicht aber wie die Antenne nach der Explosion herunterstürzt und ihn erschlägt. Als der Film erstmals von der ARD ausgestrahlt wurde, war die Szene enthalten, ebenso wie auf der DVD-Veröffentlichung.

Der künstlerische Leiter Charles Lee erschuf das Modell eines Strandhauses, das in einer Szene zu sehen ist, bevor Bond und Simonova im Bett liegen. Lee setzte ein Bild des Hauses mit der Anmerkung »Zum Verkauf« in den Immobilienteil der *New York Times*. Hunderte von Zuschriften erreichten die Redaktion, obwohl das Haus gar nicht existierte.

Während Bond den Staudamm bei Sonnenschein erreicht, liegt beim Verlassen der Fabrik für biologische und chemische Waffen Schnee.

Martin Campbell änderte beim finalen Schnitt noch einmal die verwendeten Kameraeinstellungen. Die Großaufnahme eines Chemikers, der von 006 erschossen wird, wich einer Großaufnahme, die 006 beim Schießen zeigt.

Der tote Chuck Farrel verändert noch einmal seinen Gesichtsausdruck: Als er aus dem Schrank fällt, ist sein Mund geschlossen und er schaut geradeaus, als er auf dem Boden aufschlägt, sind seine Augen nach oben verdreht und die Lippen entblößen seine Zähne.

Als Anspielung auf *Goldfinger* (1964) sind die Rettungsfallschirme, die Bond und Simonova aus dem Cockpit des Tiger-Helikopters retten, in denselben Farben gestaltet. Verbunden damit ereignet sich ein Filmfehler: In der ersten Einstellung sind sie komplett weiß, beim Landen aber rot-weiß gemustert wie 1964.

Die Szene des abfließenden Wassers in der Satellitenschüssel Trevelyans wirkt befremdlich, weil man das Wasser hineinpumpte und die Szenen im Film rückwärts gezeigt werden. Diese Filmtechnik wandte man auch in *Goldfinger* (1964) an, als Bond Oddjobs Zylinder wirft, und in *Man lebt nur zweimal* (1967), als das U-Boot unter Bonds Rettungsboot auftaucht.

Minnie Driver, die Irina, die Geliebte von Valentin Zukovsky spielt, war bei der Premiere von *Spectre* (2015) überrascht, dass die Fans sie 20 Jahre später noch erkannten und Autogramme von ihr haben wollten.

Judi Dench war beim Dreh ihrer ersten Szenen dermaßen aufgeregt, dass einzelne Elemente für sie umgeschrieben werden mussten. So sollte sie ursprünglich rauchen, doch Denchs Hand zitterte so sehr, dass es dem Zuschauer aufgefallen wäre, und sie bekam einfach ein Glas in die Hand, um sich daran »festhalten« zu können.

ALS PIERCE BROSNAN DER WELTPRESSE ALS NEUER 007 VORGESTELLT WURDE, TRUG ER NOCH EINEN VOLLBART.

Die ersten Fotos der Darstellerinnen und Darsteller beim Pressetermin zeigen Pierce Brosnan, Famke Janssen und Izabella Scorupco vor einem gelben Ferrari 355 GTS mit dem Nummernschild »Xenia«. Der Wagen kommt im Film gar nicht vor.

Die Szene, in der James Bond mit einem Flugzeug an der Küste Kubas entlangfliegt, wurde an einem Küstenabschnitt der Dominikanischen Republik gedreht.

Laut ihrem Interview in der Doku *Everything or Nothing* (2012) hat sich Famke Janssen in der Saunakampfszene eine Rippe gebrochen. Bevor Janssen die Sequenz drehte, ermutigte sie Pierce Brosnan dazu, sie so hart wie möglich gegen die Wand zu stoßen. Sie hatte sogar noch darauf hingewiesen, dass die Wände gepolstert seien.

Alan Cumming, Darsteller des Boris Grischenko, bezeichnete sich in Interviews als »Bond-Boy«, den er mit fettigen Haaren, unrasiert und schlampig gekleidet verkörperte. Der bisexuelle Darsteller sagte der Presse, er sei das Gegenteil zum Bond-Girl.

In der Szene, in der Alan Cummings Figur Boris in flüssigem Stickstoff eingefroren wird, blies man dem Darsteller ein Gemisch aus Nebel und Mehl auf den Körper. In der nächsten Szene ist schließlich eine Glasfaserpuppe zu sehen. Das Drehbuch sah vor, die Puppe sollte umkippen und zersplittern, was aber wegen des zu hohen Gewaltfaktors verworfen wurde.

Regisseur Martin Campbell war oft der Erste am Set, wo er noch vor Sonnenaufgang einzelne Szenen durchging. Er schlüpfte dabei nicht nur in die Rolle Bonds, sondern auch in andere Figuren, um mit sich selbst Dialoge, Bewegungen und Ähnliches durchzuspielen.

Als der Tiger-Helikopter vorgestellt wird, spielt die Kapelle laut Roman zum Film das Lied »Those Magnificent Men in their Flying Machines« – die Titelmelodie des Filmes *Die tollkühnen Männer in ihren fliegenden Kisten*, in dem Goldfinger-Darsteller Gert Fröbe eine tragende Rolle hatte und dessen Geschichte von Ian Fleming stammt.

M bietet Bond im Büro ein Getränk an und 007 stellt richtig fest, ihr Vorgänger habe immer Cognac in der obersten Schublade aufbewahrt. Die neue M muss Bond enttäuschen, denn sie bevorzugt Bourbon.

AUF DIE IDEE, DEN SCHURKEN MIT EINEM PANZERZUG AUSZUSTATTEN, WAR MAN GEKOMMEN, WEIL AUCH STALIN EINST EINEN SOLCHEN ZUG BESESSEN HATTE.

Bei den Dreharbeiten vergaß Pierce Brosnan, die Handbremse des Aston Martin zu lösen, und fuhr mit qualmendem Wagen vor dem Casino in Monte Carlo vor. Die Presse griff das auf und schrieb, er könne nicht Auto fahren – eine Negativschlagzeile, die auch Daniel Craig bei seinem ersten *007*-Abenteuer *Casino Royale* (2006) über sich lesen musste.

Das Passwort, das Natalya Simonova eingeben muss, um Boris Grischenko zu orten, lautet »Chair«. Bond kommt darauf, während Simonova zunächst »Hintern«, »Arsch«, »Hinterteil« oder »Po« eingegeben hat, weil Grischenko als Passworttipp nur gesagt hatte, man sitze darauf, könne es aber nicht mitnehmen.

James Bonds Aston Martin DB 5 hat das Nummernschild »BMT 214 A«. Bonds Wagen in *Goldfinger* und *Feuerball* dagegen hat das Kennzeichen »BMT 216 A«.

Sean Bean, Darsteller des Alec Trevelyan (006), hatte sich zwischen 1993 und 1994 als James Bond casten lassen, Pierce Brosnan bekam aber schließlich die Rolle.

Vor *GoldenEye* waren mehrere Darsteller für die Rolle des James Bond im Gespräch. Neben Sean Bean wurden auch Daniel Day-Lewis und Ralph Fiennes gehandelt. Fiennes spielte später in *Skyfall* (2012) Mallory und übernahm in *Spectre* (2015) die Nachfolge der weiblichen M.

Ian Flemings Anwesen Goldeneye auf Jamaika ist heute im Besitz von Chris Blackwell. Er hatte in *James Bond 007 jagt Dr. No* (1962) eine Gastrolle als Tänzer, führte vor dem Dreh die Filmcrew auf der Insel herum und wurde später erfolgreicher Musikproduzent und Gründer von Island Records. Er war 1973 Drehortmanager von *Leben und sterben lassen*.

Auf der Bahnstrecke Nene Railway, auf der man 1983 die Zugszenen für *Octopussy* gedreht hatte, fanden auch die Dreharbeiten mit Trevelyans Raketenzug statt.

Alec Trevelyan küsst Natalya Simonova gegen ihren Willen und meint gegenüber James Bond, sie schmecke nach Erdbeeren. Schon Maximilian Largo hatte Domino in *Sag niemals nie* (1983) einen Kuss aufgezwungen und Bond ist auch kein unbeschriebenes Blatt: Er küsste in *Feuerball* (1965) die Krankenschwester Pat, ohne dass sie es wollte.

Stabschef Bill Tanner nennt M »Böse Zahlenhengstin«. Was er nicht weiß: Sie steht hinter ihm und hört die Beleidigung.

Stuntman Wayne Michaels sprang als Double für Pierce Brosnan vom Contra-Damm und stellte mit 228,6 Metern Falltiefe von einem fest stehenden Objekt 1995 einen neuen Weltrekord auf. Der Sprung wurde zunächst von der The Oxford Stunt Company am Computer berechnet und überwacht.

Aufgrund eines späten Schnitts kann man in der Pre-Title-Sequenz erkennen, dass der Stuntman den Bungeesprung von einer Plattform ausführt. Gleiches passierte schon beim Sprung vom Eiffelturm in *Im Angesicht des Todes* (1985).

Das Letzte, was Stuntman Michaels vor seinem Bungeesprung sah, war der Kranfahrer, der für den Halt des speziellen Bungeeseils verantwortlich war und sich bekreuzigte.

Auf die Frage, ob er vor seinem Stunt Angst gehabt hätte, sich zu verletztten, wenn etwas schiefginge, antwortete Stuntman Michaels: »Bei einem solchen Stunt verletzt man sich nicht, man stirbt.«

Die neu eingesetzte Darstellerin der Miss Moneypenny, die die Rolle bis *Stirb an einem anderen Tag* (2002) spielte, heißt Samantha Bond.

Der im Roman *GoldenEye* beschriebene Halo-Jump wurde für den Film nicht umgesetzt. Erst bei *Der Morgen stirbt nie* (1997) fand die Idee Verwendung.

Famke Janssen spielte beim Casting ihre Szenen direkt mit Pierce Brosnan.

JAMES BOND LOGIERT BEREITS IM BUCH EINE FRAGE DER EHRE IM HOTEL DE PARIS IN MONTE CARLO.

Um an den ersten Film, *James Bond 007 jagt Dr. No* (1962), zu erinnern, enthält *GoldenEye* eine Szenenfolge, die Pierce Brosnan ähnlich wie damals Sean Connery am Spieltisch zeigt. Der Unterschied: Diesmal raucht Xenia Onatopp und nicht 007.

Famke Janssen schlug dem Schauspieler Billy J. Mitchell bei einer Szene so stark gegen den Kopf, dass ihm schwindelig wurde und der Dreh abgebrochen werden musste.

Drehbuch-Co-Autor Bruce Feirstein kämpfte vor der Writers' Guild of America, damit er als mitarbeitender Autor von *GoldenEye* aufgeführt wurde, denn Albert R. Broccoli hatte entschieden, dass nur Jeffrey Caine und Michael France als Autoren genannt werden sollten.

Eine Drehbuchidee aus dem Jahr 1993 sah vor, James Bond gegen einen Roboter kämpfen zu lassen. Zur Umsetzung kam es bisher nicht.

DER MORGEN STIRBT NIE (1997)

LARRY HAGMAN, DER ALS J. R. EWING IN DALLAS BEKANNT WURDE, WAR ALS SCHURKE IM GESPRÄCH.

James Bonds BMW 750 wurde bei den Dreharbeiten in Hamburg mit einer Druckluftkanone von einer Rampe in eine Avis-Autovermietung geschleudert. Das Geschäft existierte nicht wirklich: Es war ein umgebautes Schaufenster und gehört heute zu einer Filiale von Galeria Kaufhof.

Pierce Brosnan sagt in der englischen Filmfassung auf Deutsch: »Ja, mein Büro hat ein Auto reserviert [...] Danke schön.« In der deutschen Synchronversion wurde daraus: »Das ist sehr freundlich, mein Büro hatte ein Auto reserviert [...] Danke schön.« Thomas Gottschalk wollte Brosnan den Satz in *Wetten, dass ...?* wiederholen lassen, der hatte ihn aber vergessen.

Die deutsche Schauspielerin Antje Schmidt spielt eine Mitarbeiterin der Avis-Autovermietung, die Bond in Hamburg seinen Wagen übergibt.

Als Wai Lin und Bond zu Carvers Stealth-Boot aufbrechen, sieht man im Hintergrund die Insel Khao Phing Kan (»James Bond Island«), auf der sich der Schurke in *Der Mann mit dem goldenen Colt* (1974) versteckt hielt.

Der Autor, der den Artikel »British Sailors Murdered« für Elliot Carvers Zeitung *Tomorrow* geschrieben hat, heißt Paul Wood. Dieser Name wurde aus den Namen Paul Dehn (er schrieb zusammen mit Richard Maibaum das Drehbuch zu *Goldfinger*) und Christopher Wood (er schrieb zwei *Bond*-Drehbücher) zusammengesetzt.

DIE ZEITUNG DIE WELT WURDE ALS REQUISITE MIT EINER TITELSEITE GEDRUCKT, DIE DIE SCHLAGZEILE »CHINA DROHT BRITISCHER FLOTTE« ZEIGT.

Der Medienmacher Tom Wallace, der im Film vorkommt und sich auf einer Hightech-Konferenz mit Elliot Carver unterhält, wurde vom Produzenten Michael G. Wilson dargestellt. Es ist der Cameo-Auftritt, in dem er den meisten Text hat.

Beim Dreh der Motorradverfolgungsjagd durch die Straßen von Saigon amüsierte sich die Crew köstlich darüber, dass Michelle Yeoh mit ihrem Po den Tank des BMW-Motorrads eingedrückt hatte.

James Bond und Wai Lin rasen mit einem Motorrad unter einer Wäscheleine hindurch. Ein Hemd bleibt an Wai Lins Kopf hängen und 007 sagt in der deutschen Filmversion: »Schon gut, machen Sie sich nicht ins Hemd.«

Ein Moment in der Verfolgungsjagd, bei der James Bond und Wai Lin mit dem Motorrad vor dem Auguston-A-109-Helikopter fliehen, ist sinnlos: Sie haben den Verfolger längst abgehängt, als sich 007 wieder ins Blickfeld des Hubschraubers bringt, indem er mit dem BMW-Motorrad über ihn hinwegspringt.

Der Film sollte ursprünglich den Titel »Tomorrow Never Lies« (»Der Morgen lügt nie«) tragen, doch ein Faxübertragungsfehler führte dazu, dass man auf den Titel »Tomorrow Never Dies« kam.

Im Film ist der Felsen zu sehen, der bereits Francisco Scaramanga in *Der Mann mit dem goldenen Colt* (1974) als Unterschlupf diente und der am Ende dieses Films explodiert. Es handelt sich um eine kleine Insel vor der Phang Nga Bay.

Schon für *Goldfinger* (1964) drehte man im Stoke Poges Golf Club. Pierce Brosnan und Teri Hatcher drehten hier Szenen, die im Hotelzimmer des Hotel Atlantik in Hamburg spielen.

Pierce Brosnan wurde beim Dreh vom Helm eines Stuntmans im Gesicht getroffen und musste mit acht Stichen genäht werden. Zahlreiche folgende Aufnahmen zeigen den verletzten Darsteller daher nur im Profil.

Im Roman zum Film verrät Raymond Benson mehr über Stampers Geschichte: Er habe eine Leidenschaft für Pornofilme, drehe die harten Streifen selbst, könne sie aber nicht an Genreliebhaber von Gewaltpornos verkaufen, da seine Werke immer zu brutal seien.

Wai Lin benutzt einen in ihrer Stiefelsohle verborgenen Ninja-Stern und wirft ihn einem von Carvers Handlangern in den Hals.

Die Ausrüstungsgegenstände von Wai Lin im Film unterscheiden sich stark von ihrem Equipment im Roman. Sind es im Buch Fächer, Reis, Essstäbchen und Schirme, hat sie im Film Fächer, einen Drachen-Flammenwerfer und eine Druckluftkanone.

Der Kunstdrache in Wai Lins Hauptquartier speit Feuer. Bond kommentiert: »Very noble« – eine Anspielung auf eine Serie, in der Brosnan früher mitwirkte: *Noble House*.

Roland Emmerich meldete sich um 1997 zu Wort und bekundete Interesse daran, einen *Bond*-Film zu inszenieren. Er sagte, er habe sich den Kopf über eine mögliche Story zerbrochen und spiele mit dem Gedanken, Sean Connery als Ausbilder für 007 auftreten zu lassen.

Für den Film wurden 17 BMW 740iL eingesetzt, die man als Fahrzeuge vom Typ 750iL darstellte. Bei den Dreharbeiten wurden 8 davon zerstört.

Als Ricky Jay beim Auslöseknopf der Rakete über den »Zauberknopf« spricht, ist das eine Anspielung auf seine frühere Karriere. Jay ist ein amerikanischer Zauberkünstler, der sich als gefragter Experte für die Geschichte der Zauberkunst einen Namen gemacht hat.

Carver zitiert Verleger William Randolph Hearst, aber schon früher gab es *Bond*-Parallelen: Hearst ließ das Schloss Hearst Castle bauen (Hugo Drax tat das in *Moonraker – streng geheim*) und Hearsts Tochter wurde entführt und schlug sich wie Elektra King in *Die Welt ist nicht genug* (1999) auf die Seite der Entführer und arbeitete gegen ihren Vater.

Der Film hatte ein Budget von 110 Millionen US-Dollar und spielte weltweit fast 460 Millionen US-Dollar ein.

Ursprünglich hieß Bonds Gegner Elliot Harmsworth, danach Harmsway. Der Name war als Anspielung gewählt worden, weil Ian Flemings Ehefrau vor ihm mit dem Medienmogul Esmond Cecil Harmsworth verheiratet war. Da man rechtliche Probleme erwartete, wurde der Namen schließlich in Carver geändert.

Der Film war der erste der Reihe, der nach dem Tod des Produzenten Albert R. Broccoli produziert wurde.

Die Dreharbeiten fanden im März 1997 auch auf dem Hamburger Flughafen Fuhlsbüttel statt. Davor hatten Fans in Deutschland 1971 schon einmal einen Flughafendreh für Bond miterlebt. Damals entstanden Szenen für *Diamantenfieber* auf dem Frankfurter Flughafen.

Bei dem klassischen Musikstück »Danish Lesson« im Film handelt es sich um den Anfang des zweiten Satzes (Adagio) vom »5. Klavierkonzert in Es-Dur, Op. 73«, von Ludwig van Beethoven.

Bruce Feirstein schrieb ein Drehbuch, das von der bevorstehenden Übergabe Hongkongs von Großbritannien an China handelte. Da dies aber nicht zeitlos war, verwarf man die Idee. Raymond Benson benutzte sie für seinen Roman *Countdown!*

Als Teri Hatcher die Rolle der Paris Carver bekam, war sie schon schwanger. In den Szenen, in denen Pierce Brosnan sie auszieht, ist sie nur von hinten zu sehen.

Cecilie Thomsen, die Inga Bergstrom verkörpert, war 1997 die Freundin des Rockmusikers Bryan Adams.

James Bond wechselt seine Waffe. In Wai Lins Lager nimmt er sich eine P99 und sagt, er habe Q um eine solche Waffe gebeten. 007 ist in *Die Welt ist nicht genug* (1999) und *Stirb an einem anderen Tag* (2002) mit demselben Modell zu sehen, dann wechselt er wieder auf die Walther PPK.

Teri Hatcher sagte über ihre Rolle: »Es ist eine sehr künstliche Figur, und es ist keine besondere Befriedigung, diese zu spielen.«

Schon im Roman *Casino Royale* wird eine Nagelkette aus einem Fahrzeug auf die Straße fallen gelassen, um den Verfolgerwagen (in diesem Fall Bonds) auszubremsen. In *Goldfinger* (1964) verzichtete man auf die Idee beim Aston Martin, weil man glaubte, Kinder würden zur Nachahmung inspiriert werden. Bei Bonds BMW wurde der Trick schließlich umgesetzt.

Es war der erste *Bond*-Film seit 1977, bei dessen Premiere kein Mitglied der königlichen Familie zu den anwesenden Gästen gehörte.

Der ferngesteuerte BMW 750iL macht seine Gefahrenbremsung auf dem Hamburger Flughafen nicht direkt vor Pierce Brosnan und Desmond Llewelyn, sondern versetzt davor. Nur durch die Kameraeinstellung erscheint es, als würde das Fahrzeug sehr knapp direkt vor ihnen zum Stehen kommen.

Die Szene, in der Bond die Halterungen des Banners in Saigon mit einer Axt durchschlägt, wurde geschnitten. Fotos davon waren jedoch in den Kinoaushängen zu sehen.

Carvers Männer sind kurz vor der Explosion des Helikopters deutlich als Puppen zu erkennen.

Das endgültige Drehbuch lag erst eine Woche vor Drehbeginn vor. Götz Otto berichtete davon, dass es auch während der Dreharbeiten noch haufenweise Änderungen gab.

Der Schurke Dr. Kaufman ist verärgert darüber, dass seine Handlanger es nicht schaffen, Bonds BMW zu öffnen. Er rät ihnen ironisch, den ADAC zu rufen.

Obwohl Bruce Feirstein, Nicholas Meyer, David Campbell Wildon und Daniel Petrie jr. am Drehbuch arbeiteten, wird in der finalen Filmfassung nur Feirstein genannt.

Die Filmstudios, in denen die Szenen vom Untergang der Titanic für James Camerons Film *Titanic* gedreht wurden, waren für den *007*-Film gebucht, um den Untergang der *H.M.S. Devonshire* und das Finale auf der *H.M.S. Bedford* glaubhaft in Szene setzen zu können.

Der Filmtitel ist der zweite eines *Bond*-Films nach *Lizenz zum Töten* (1989), der keinen Bezug zum Erfinder Bonds, Ian Fleming, hat.

War 007 in den Filmen bis *Lizenz zum Töten* (1989) immer als Raucher zu sehen, schlägt er in diesem Film zwei Raucher nieder und gibt dem ersten den Tipp: »Rauchen ist ungesund.«

Der ursprünglich geplante Filmtitel »Tomorrow Never Lies« sollte eine Anspielung auf den Beatles-Song »Tomorrow Never Knows« sein.

Bevor der finale Filmtitel feststand, waren zahlreiche andere im Gespräch und tauchten in der Presse auf. So auch Titel wie »Avatar«, »Aquator«, »Dreamweaver«, »Hot On Ice«, »Shamelady«, »Shatterhand«, »Ladydawn«, »Firebreaker« und »Zero Windchill«.

007s Dänischlehrerin wird im Film nicht namentlich genannt. Laut Drehbuch heißt sie Inga Bergström.

»Das Morgen stirbt nie« wäre eigentlich die richtige Übersetzung, denn »tomorrow« bedeutet »das Morgen« (im Sinne von »der nächste Tag«) und nicht »der Morgen«, was auf Englisch »morning« hieße. Da mit dem »Morgen« aber Carvers Zeitung *Morgen* gemeint ist, setzte sich der maskuline Artikel durch.

Daniel Kleinman nennt seinen Titelvorspann »Bits and Bites«, weil Monitore und das digitale Übertragen von Datenmengen visuell dargestellt werden. Kleinmans Vorspann war wesentlich länger, wurde aber auf die Liedlänge von Sheryl Crows Titelsong gekürzt.

Im Safe von Elliot Carver liegt neben einem Dechiffriercomputer und Drogen auch eine Ausgabe der Erotikzeitung *Blitz-Illu*.

GoldenEye-Regisseur Martin Campbell wollte nicht bei zwei aufeinanderfolgenden *007*-Filmen Regie führen und lehnte das Angebot ab. 2006 inszenierte er *Casino Royale*.

Bonds Wagen hat das Kennzeichen »B-MT 2144«, jedoch stimmen die Plaketten und Buchstabengrößen nicht mit echten Autokennzeichen überein.

Dr. Kaufman bezeichnet sich als Experte auf dem Gebiet der Chakra-Folter. Sein Schüler Richard Stamper verspricht, Kaufmans Folterrekord, der bei 72 Stunden liegt, bei Bond und Wai Lin zu brechen.

Im Film sind erneut die Darsteller und Darstellerinnen aus *GoldenEye* (1995), zu denen Pierce Brosnan, Judi Dench, Samantha Bond, Desmond Llewelyn und Joe Don Baker gehören, im Einsatz.

DESMOND LLEWELYN SPIELTE DIE ROLLE DES Q HIER BEREITS ZUM 16. MAL.

Ursprünglich sollte noch eine Verfolgungsjagd mit Gabelstaplern inszeniert werden. Man strich diese jedoch wieder aus dem Drehbuch.

Die Rotorblätter des Helikopters, die den Markt in Saigon zerhacken, existierten nicht wirklich. Sie wurden später als Computersimulation eingefügt.

Anthony Hopkins bekam das Angebot, Bonds Gegner zu verkörpern, und war auch an der Rolle interessiert. Als das Drehbuch allerdings sehr starke Änderungen erfuhr, lehnte er schließlich ab.

James Bond benutzt in diesem Film wieder andere Personen als menschliche Schutzschilde. Er tut das auch in *Der Spion, der mich liebte* (1977), *Die Welt ist nicht genug* (1999), *Ein Quantum Trost* (2008) – René Mathis! – und *Skyfall* (2012).

Beim Casting für die Rolle des Mr Stamper hatte Barbara Broccoli nicht viel Zeit für Götz Ottos Vorsprechen, weil sie telefonierte. Sie gab ihm zwanzig Sekunden Zeit, um sich vorzustellen. Er sagte: »Ich bin groß, ich bin böse, ich bin kahlköpfig und deutsch. Fünf Sekunden, behalten Sie den Rest.«

Götz Otto überredete Pierce Brosnan während der Dreharbeiten, Entspannungsübungen zu machen, indem sich beide auf Stöcke legten, wodurch die Muskulatur gelockert werden sollte.

Teri Hatcher drehte die letzte Folge von *Superman – Die Abenteuer von Lois & Clark* an einem Montag, flog am Dienstag nach London und begann am Mittwoch mit den Dreharbeiten zu *Der Morgen stirbt nie*.

Der mittlerweile als Actionstar bekannte Gerard Butler hatte als Besatzungsmitglied der *H. M. S. Devonshire* einen seiner ersten Leinwandauftritte.

Eine Handgranate im Feuerzeug, wie sie James Bond in der Pre-Title-Sequenz des Films wirft, gehört auch zur Ausstattung der Agenten in *Kingsman: The Secret Service* von 2014.

Für *Der Morgen stirb nie* drehte man eine später nicht verwendete Szene, in der Q Bond den Wagen übergeben soll, aber zunächst die falsche Transportkiste öffnet. Beide Männer werden von einem lebenden Jaguar angeknurrt. Der Roman beschreibt die Verwechslung als Streich von Q, um 007 zu erschrecken.

DIE WELT IST NICHT GENUG (1999)

Nur in *Der Hauch des Todes* (1987) und in diesem Film trinkt James Bond einen Wodka Martini auf ex. In allen anderen Filmen genießt er ihn oder nippt nur daran.

Ian Fleming kannte die Nachkommen einer Familie mit Nachnamen Bond, die das lateinische Familienmotto »Not even the world is enough« hatte.

Der zweite Vorname Elektra Kings lautet Vavra. Damit heißt sie so wie eine Figur aus *Liebesgrüße aus Moskau* (1963).

Erstmals seit *Liebesgrüße aus Moskau* (1963) arbeitete eine Frau am Drehbuch mit. Dana Stevens spielte Neil Purvis, Robert Wade und Bruce Feirstein Ideen zu. Sie ist mit dem Regisseur dieses Filmes, Michael Apted, verheiratet.

Robbie Coltrane drehte die Szene, in der er auf Zukovskys Kaviarfarm in den Fischeiern fast ertrinkt, an seinem 49. Geburtstag.

Die Figur Zokas taucht erst nach 46 Minuten im Film auf. Sie wird von 007 getötet, indem er ihr per Druckluft einen Uranstab in den Körper schießt.

Molly Warmflash erklärt für damalige Zeiten futuristisch an einem Hologramm die Schädelverletzungen von Renard, die 009 mit einem Kopfschuss verursacht hat.

Die Banknoten von Sir Robert King sind in Urea getaucht und gepresst worden, wodurch sie zur Bombe wurden. Bill Tanner spricht von einer »Düngemittelbombe«.

James Bond vermutet, Elektra King leide unter dem Stockholm-Syndrom, bei dem sich der Betroffene in seinen Entführer verliebt und diesen unterstützt.

Elektra King hat ein verstümmeltes Ohr, das sie sich selbst beibringt, um die Flucht vor ihrem geliebten Entführer glaubhaft zu inszenieren. Sie verdeckt das Ohr mit einem großen Ohrclip.

Valentin Dimitrovich Zukovsky besitzt einen Spazierstock, der schießen kann. Die Idee zu Zukovskys Stock findet sich schon im Roman *Casino Royale* von Ian Fleming und auch der *Bond*-Schurke David Dragonpol in John Gardners *Never send Flowers* besitzt eine solche Waffe.

Q stellt Bond seinen Nachfolger vor und Bond nennt ihn R. Die Figur wurde im Folgefilm *Stirb an einem anderen Tag* (2002) schließlich wieder Q genannt.

Das Boot, das James Bond zum Jungfrauenturm bringt, heißt *Seven Heaven*. Schon im Roman *Leben und sterben lassen* kommt das New Yorker Lokal Seven Heaven Bar-B-Q vor.

Als »Schmiergeld« übergibt James Bond Truhkin, dem Piloten der Antonov AN-12 Cub, anstelle von Geld mehrere Paar Turnschuhe der Marke Adidas.

Schon 1965 plante man, einen *James Bond*-Film in Schottland spielen zu lassen. Sean Connery war sehr dafür, weil er patriotisch veranlagt ist. In *Die Welt ist nicht genug* (1999) ist Schottland erstmals Schauplatz.

1999 bewarf Claude-Oliver Rudolph Pierce Brosnan bei einer Pressekonferenz in Berlin mit einem Kronkorken, als dieser sich löblich über Sean Connery äußerte. Rudolph behauptete, bei den Dreharbeiten hätte Brosnan verkündet, er fände George Lazenby als 007-Darsteller am besten.

Q-Darsteller Desmond Llewelyn kam, nachdem er diesen Film abgedreht hatte, bei einem Autounfall in der Grafschaft East Sussex ums Leben. Er war auf dem Rückweg von einer Autogrammstunde, als er frontal mit einem entgegenkommenden Auto kollidierte.

Q gibt James Bond zwei Lebensregeln mit auf den Weg – erstens: »Niemals zeigen, dass man verwundet ist«, zweitens: »Immer einen Fluchtweg offen halten.«

Christmas Jones hat direkt über dem Bauchnabel eine Tätowierung in Form des Peace-Symbols, das im Film nicht zu erkennen ist.

Bond schlüpft in die Rolle von Sasha Davidov, nachdem er dessen Leiche in einen Müllcontainer geworfen hat. Auf diese Weise entsorgt er in *Ein Quantum Trost* (2008) auch den toten René Mathis.

Zeitgleich zu diesem Film war der Arbeitstitel einer konkurrierenden *Bond*-Produktion in der Presse zu lesen: »Doomsday 2000«. Aus dem Film wurde nichts.

Nachdem der Film abgedreht war, kursierten Gerüchte, Gerald Butler würde Pierce Brosnans Nachfolger werden.

Zum ersten Mal seit 1987 fanden die Dreharbeiten wieder in den Pinewood Studios statt.

Im Roman *Scorpius* von John Gardner wird erwähnt, dass an den Wänden in Ms Büro Bilder seiner Vorgänger hängen. Im Film *Die Welt ist nicht genug* (1999) hängt im schottischen Hauptquartier des Geheimdiensts ein Bild des »alten« M (Schauspieler Bernhard Lee).

Elektra King wiegt laut den Akten des MI6 59,5 Kilogramm und ist 28 Jahre alt. Sophie Marceau war bei Erscheinen des Films aber schon 33 Jahre alt.

Bevor der wirkliche Filmtitel bekannt gegeben wurde, tauchten in der Presse Arbeitstitel wie »Millennium Dome«, »Pressure Point«, »Aquator« und »Dangerously Yours« auf.

Der Roman zum Film verrät mehr über Bonds Aufenthalt in Bilbao. Er habe hier eine Flamenco-Tänzerin getroffen, die ihre Hüftschwünge nicht nur tänzerisch einsetzen konnte.

Das üblicherweise am Ende des Abspanns eingeblendete »James Bond will return« wird erstmals zu Beginn des Abspanns eingeblendet.

Der Musiker Goldie, der in Wirklichkeit Clifford Price heißt, spielt die Figur des Mr Bullion. Seine Goldzähne sind echt. In Florida verdiente er zu Beginn seiner Karriere sein Geld, indem er Goldzähne gravierte.

DIE KREISSÄGEN, DIE UNTER DEN HELIKOPTERN HÄNGEN, WAREN SCHON IM DREHBUCH VON GOLDENEYE (1995) ENTHALTEN. MIT DEN SÄGEBLÄTTERN WIRD 007S BMW Z8 HALBIERT.

Zuschauermassen stürmten die Dreharbeiten in Bilbao und sind sogar im Film hinter einer Absperrung zu sehen, als 007 eine Straße überquert, um zum Bankier zu gelangen.

Ein Filmfehler ist bei der Verfolgungsjagd auf der Themse zu sehen: In einer Einstellung, als ein Pier zerstört wird, sind Setmitarbeiter und ein Kamerakran im Bild.

Die Rolle der Figur Gabor wurde dem neuseeländischen Rugbyspieler Jonah Lomu angeboten, der sie jedoch ablehnte.

Als James Bond vom Q-Boot abspringt und nach dem Seil des Heißluftballons greift, hat sein Boot kein Dach mehr.

James Bonds Q-Boot erreichte seine Höchstgeschwindigkeit im Wasser bei einer Wassertiefe von nur acht Zentimetern.

Aus unerklärlichen Gründen beginnt bei einem der Parahawks, der Motor zu stottern, als 007 den Fallschirm des Parahawk mit dem Skistock aufschlitzt.

James Bond besitzt eine Röntgenbrille, mit der er Waffen unter der Kleidung der Gegner sehen kann. Bond nutzt das Gadget aber auch, um sich die Reizwäsche verschiedener Damen anzusehen.

Als James Bond unter Wasser im Torpedoschacht des U-Boots liegt und darauf wartet, dass Christmas Jones die Luke öffnet, schaut er verzweifelt auf seine Armbanduhr.

ERSTE WAHL FÜR DEN SCHURKEN RENARD WAR URSPRÜNGLICH DER ROCKMUSIKER MEAT LOAF, DER ABER ABLEHNTE.

In frühen Drehbuchentwürfen taucht noch der Name »The Boa« für Gabor auf, weil die Figur seine Opfer wie eine Boa Constrictor zerquetschen sollte.

Die Pre-Title-Sequenz ist mit 13 Minuten und 40 Sekunden die längste der gesamten *Bond*-Reihe.

Für die Skiaufnahmen in La Flégère bei Chamonix erhielten Pierce Brosnan und Sophie Marceau nicht das Okay der Versicherung, weil die Lawinengefahr zu groß war. Die Aufnahmen mit den Stars wurden im Studio gedreht.

Maria Grazia Cucinotta, die als »Cigar Girl« zu sehen ist, hatte sich auf die Rolle der Elektra King beworben.

Ein Dudelsack mit eingebautem Maschinengewehr war schon in der *Bond*-Parodie *Casino Royale* (1967) zu sehen. Vesper Lynd benutzt den Dudelsack und erschießt Tremble sowie einen ganzen Spielmannszug von Dudelsackspielern.

Beim Dreh der Bootsverfolgungsjagd wurden 35 Boote eingesetzt. Man drehte sechs Wochen.

James Bond bekommt im Roman *Die Welt ist nicht genug* eine neue Omega-Armbanduhr von Q und sagt: »Ich nehme an, dass das die Neunzehnte ist.« Diese Szene kommt im Film nicht vor, schaffte es jedoch in *Stirb an einem anderen Tag* – aus Nummer 19 wurde Nummer 20.

Die 360°-Drehung mit dem Q-Boot in der Pre-Title-Sequenz ist eine Anspielung auf den Spiralsprung, den 007 in *Der Mann mit dem goldenen Colt* (1974) mit einem Auto durchführte. *Spectre* (2015) spielt erneut darauf an, diesmal mit einem Helikopter.

MGM SCHLUG SHARON STONE FÜR DIE ROLLE DER ELEKTRA KING VOR.

Valentin Zukovsky sagt zu Mr Bull in einer Szene Mr Bouillon und spielt damit auf Rinderkraftbrühe an.

In der Pre-Title-Sequenz des Films erkennt Bond durch aufsteigenden Qualm einen Laserstrahl, der von der Waffe des Cigar Girls ausgesendet wird, um Bond ins Visier zu bekommen. Das ist auch dem Schurken in *Spectre* (2015) ein Zeichen. Hier ist der Laserstrahl im Qualm einer Zigarette zu sehen.

M ist zum ersten Mal aktiv an einem Einsatz beteiligt und persönlich involviert. Das geschieht später auch in *Skyfall* (2012) und *Spectre* (2015).

Ray Brown, der hauptberuflich Verkehrspolizist in London ist, wurde vor den Dreharbeiten geehrt, weil er so viele falsch parkende Fahrzeuge mit Reifenkrallen versehen und abschleppen lassen hatte. Man buchte Brown für eine Gastrolle und er wird von Bond im vorbeirasenden Q-Boot nass gespritzt.

Auf der schottischen Burg Eilean Donan Castle, auf der 1986 schon der Film *Highlander* gedreht wurde, ist im *Bond*-Film der geheime Stützpunkt des MI6.

Der Filmtitel ist ein Zitat aus dem Roman *Im Geheimdienst Ihrer Majestät*. Da steht der Spruch bereits auf James Bonds Familienwappen.

In der Kulisse des Casino L'Or Noir hat Produzent Michael G. Wilson seinen Gastauftritt als Diener Zukovskys, der sich einen Scheck unterschreiben lässt.

Denise Richards bekam ihre Rolle als Bond-Girl, weil ihr Auftritt in einer »Lesbenszene« in *Wild Things* (1998) für Aufsehen gesorgt hatte. Um die männlichen Zuschauer nicht zu enttäuschen, schrieb man eine Wet-T-Shirt-Szene ins *Bond*-Drehbuch.

Die Entführung von M hat ihren Ursprung im Buch *Colonel Sun* von Kingsley Amis (unter dem Pseudonym Robert Markham). Regisseur Michael Apted schlug vor, sie in den Film zu übernehmen.

Raymond Benson beschreibt in seinem Roman zum Film das Guggenheim-Museum in Bilbao mit einem angeblichen Zitat von Architekturkritikern. Er nennt es »Blumenkohl auf LSD« und erwähnt den Architekten, der das Museum gebaut hat: Frank Gehry.

Der Hintergrund der Filmhandlung, der Bau einer Ölpipeline von Aserbaidschan an die türkische Mittelmeerküste, ist nicht so unrealistisch: Im Jahr 2005 wurde die ähnlich verlaufende Baku-Tiflis-Ceyhan-Pipeline tatsächlich fertiggestellt.

Als James Bond mit dem Q-Boot taucht, rückt er unter Wasser seinen Krawattenknoten zurecht – eine Idee von Pierce Brosnan.

Für den Film wurde ein mobiles Büro entwickelt, das unter einem Helikopter hängend transportiert werden kann. Die Idee wurde schließlich aus dem Drehbuch gestrichen.

STIRB AN EINEM ANDEREN TAG (2002)

Chris Corbould, der Special Effects Supervisor, sorgte dafür, dass kein Teil des realen Waldes in Island durch Explosionen zerstört wurde. Die Bäume, die sein Team benutzte, waren unverkaufte Weihnachtsbäume.

Die Presse schrieb vor Drehbeginn, Catherine Zeta-Jones habe Probeaufnahmen gemacht, um im neuen *Bond*-Film »Beyond The Ice« mitzuspielen. Weiter hieß es, den Bösewicht spiele Oscar-Preisträger Kevin Spacey und man drehe in Alaska, Irland, Großbritannien und Washington.

Für den Film surften Laird Hamilton, Dave Kalama und Darrick Doerner 2001 als Stuntdoubles in den 20 Fuß hohen Wellen des hawaiianischen Surfspots Jaws. Das *National Geographic Adventure Magazin* veröffentlichte im Juli 2002 einen Artikel darüber, was einen Run auf diesen Ort auslöste.

Der Film wurde bewusst so inszeniert, dass er zahlreiche Anspielungen auf andere *James Bond*-Filme und -Romane beinhaltet.

Pierce Brosnan bezeichnet *Stirb an einem anderen Tag* als »Hommage-City«, weil der Film voller Anspielung auf die vorangegangen *Bond*-Abenteuer ist.

Jinx nennt Frost »Bitch« (übersetzt mit »Miststück«) – eine Anspielung auf den Roman *Casino Royale*, in dem 007 Vesper Lynd am Ende so bezeichnet. Der Grund: Frost und Lynd sind beide Doppelagentinnen.

Das Auftauchen von Jinx mit dem weißen Messergürtel ist eine Anspielung auf Honey Riders Auftritt in *James Bond 007 jagt Dr. No* (1962).

Eine Anspielung auf Carvers Firmenlogo aus *Der Morgen stirbt nie* (1997) kommt bei der Ikarus-Präsentation vor und läuft dort auf Leinwänden im Hintergrund hinter Gustav Graves.

Als Anspielung auf Goldfingers Tod wird die Figur Vlad aus einem geborstenen Flugzeugfenster gesogen. Im Roman *Goldfinger* ist es allerdings Oddjob, der auf diese Weise stirbt.

In Anlehnung an *Der Spion, der mich liebte* (1977) springt Gustav Graves mit einem Union-Jack-Fallschirm ab. Ein weiteres Mal wurde bei der Olympia-Eröffnung 2012 auf die Szene angespielt: Ein Double von Queen Elizabeth II sprang mit einem Union-Jack-Fallschirm über dem Stadion ab, nachdem Daniel Craig als Bond sie im Helikopter ins Stadion begleitet hatte.

Als James Bond gegen Mr Kil kämpft, werden versehentlich zahlreiche der Laserarme eingeschaltet – eine Anspielung auf die Folterszene in *Goldfinger* (1964) – Kil stirbt, als ein Laserstrahl in seinen Hinterkopf eindringt und aus dem Mund wieder austritt.

Stuntman Alan Hewitt springt als Double von Toby Stephens mit einem Fallschirm über London ab. Der Schirm zeigt den Union Jack als Anspielung auf den Film *Der Spion, der mich liebte* (1977).

Der Aktenkoffer aus *Liebesgrüße aus Moskau* (1963) ist als Requisite zu sehen und Bond spielt an dem ausfahrbaren Messer herum.

Der Ikarus-Satellit ist eine Anspielung auf Blofelds Weltraumwaffe in *Diamantenfieber* (1971).

James Bond trägt normale Kleidung unter seinem Taucheranzug. Damit spielen die Macher auf Bonds Auftritt in der Pre-Title-Sequenz von *Goldfinger* (1964) an.

Auf dem Flug nach London liest Bond einen Bericht über Gustav Graves mit dem Titel »Diamonds are forever« – eine Anspielung auf den Originaltitel von *Diamantenfieber* (1971).

Colonel Moons Sturz in einen Wasserfall ist eine Anspielung auf Beißers Sturz in die Iguaçu-Fälle in *Moonraker – streng geheim* (1979).

In Qs Werkstatt sind zahlreiche Requisiten aus anderen *Bond*-Filmen zu sehen, u. a. Rosa Klebbs Schuh, der Jetpack, der Bede-Jet, das Krokodil-U-Boot, die Parkuhr mit Tränengaspatrone aus *Goldfinger* (1964), ein gelber Taucherhelm, Kara Milovys Cello und vieles mehr.

Dass Miranda Frost so viel über 007 weiß, ist eine Anspielung der Autoren auf Bonds übermäßiges Wissen auf allen Gebieten in *Der Mann mit dem goldenen Colt* (1974), *Moonraker – streng geheim* (1979), *In tödlicher Mission* (1981) und *Octopussy* (1983).

In Graves' Eispalast nennt sich Jinx Swift. Der Name ist wiederum eine Anspielung auf John Gardners Buch *Das Spiel ist aus*, in dem zahlreiche Figuren Tarnnamen aus der Vogelwelt benutzten. »Swift« heißt übersetzt »Mauersegler«.

Stuntman Johnny Walker raste bei den Dreharbeiten von *Feuerball* (1965) auf der Rennstrecke von Silverstone hinter Graf Lippes Wagen her und schoss diesen mit Ikarus-Raketen aus seiner BSA 650 Lightning ab. Graves' Satellit trägt den gleichen Namen wie die Raketen.

Das Datum auf dem Scheck, den Jinx Dr. Alvarez übergibt, ist der 11.11.2002. Laut John Pearson hat James Bond am 11.11. Geburtstag.

Q bezeichnet James Bond im Film einmal als 000.

Der Bösewicht aus dem Roman *Colonel Sun* wurde für den Film *Stirb an einem anderen Tag* (2002) in die Figur Colonel Tan-Gun Moon umbenannt.

M fragt Bond, warum er in Gefangenschaft nicht seine Zyanidpille geschluckt hat, und 007 meint: »Die habe ich schon vor Jahren weggeworfen.«

Der Satz, der zum Filmtitel »Stirb an einem anderen Tag« wurde, stammt aus einem Gedicht von A. E. Houseman. Darin begreift ein Soldat, dass er als Deserteur erst »an einem anderen Tag« umkommen wird.

Die Todesart Zaos wurde in letzter Minute geändert – ursprünglich sollte er von einem Killerwal gefressen werden.

Einige Filmszenen sollten in einer Autowaschstraße spielen. 007 sollte darin auf Wai Lin treffen und mit ihr per Fahrstuhl im Untergrund verschwinden. Ein anderes Fahrzeug hätte die Waschanlage dann als Täuschungsmanöver im Austausch verlassen. Die Szenen wurden nicht gedreht.

Zum ersten Mal trägt Bond einen Vollbart, weil er über ein Jahr in koreanischer Gefangenschaft verbracht hat.

Neben einem angeklebten Vollbart trug Pierce Brosnan auch eine Perücke, um als Bond nach der Gefangenschaft verwahrlost auszusehen.

James Bond trainiert in einem Virtual-Reality-Raum der Q-Abteilung. Am Ende des Films durchlebt Moneypenny virtuell eine Liebesaffäre mit 007.

Die U-Bahn-Station, in der sich James Bond und Q in London treffen, heißt Vauxhall Cross. Eine Station mit diesem Namen gibt es nicht. Man drehte in einer stillgelegten Zweigstrecke der Piccadilly Line.

James Bond erreicht die Tube-Station in London, indem er über ein Torhaus der Westminster Bridge auf der südlichen Flussseite der Themse eine Treppe hinabsteigt. In Wirklichkeit befindet sich hinter der Tür nur ein Aufenthaltsraum für Stadtmitarbeiter.

Halle Berry bekam beim Abfeuern eines Schusses einen Staubpartikel ins Auge und musste zum Arzt. Der Unfall wurde von der Presse aufgebauscht.

Pierce Brosnan verletzte sich bei einem Sprint für die Pre-Title-Sequenz das Knie und musste operiert werden.

Lee Tamahori, der Regisseur, drehte nach diesem *Bond*-Film *xXx – The Next Level* und bediente sich fleißig bei *Bond*: Der Hauptdarsteller flieht in einem Panzer und flüchtet auf den Felgen eines Autos auf Bahngleisen.

Pierce Brosnan trägt in der Pre-Title-Sequenz seine eigene Sonnenbrille. Er besitzt sie schon seit 1999 und hängt an ihr.

Bei den Dreharbeiten musste Pierce Brosnan mehrmals neu eingekleidet werden, als er in einer Szene unter einer laufenden Sprinkleranlage unterwegs war: Sein Anzug lief innerhalb von zehn Minuten ein, wenn er mit Feuchtigkeit in Berührung kam. Zwölf Stück wurden bei den Szenen mit der Sprinkleranlage verbraucht.

Die Foltermethoden, die James Bond erdulden muss, sind brutal: Er wird von schwarzen Skorpionen gestochen und man verabreicht ihm ein Gegengift, damit er nicht stirbt.

James Bond sieht im Roman zum Film in Havanna in einem Regal von Kontaktmann Raoul eine verblasste Landkarte, die die Insel San Monique zeigt. Genau auf dieser Insel hatte Dr. Kananga in *Leben und sterben lassen* (1973) seinen Unterschlupf.

Als Rosamund Pike gecastet wurde, schlüpfte Colin Salmon in die Rolle von James Bond und in einigen Szenen auch die von M.

Bis einen Tag vor ihrem Casting hatte Rosamund Pike noch nie einen *Bond*-Film gesehen. Sie wurde nur fünf Tage vor Beginn der Dreharbeiten verpflichtet und lieh sich vor dem Casting *GoldenEye* (1995) aus einer Videothek aus. Nachdem sie die Rolle bekommen hatte, sah sie sich alle offiziellen Filme an.

Für die Rolle der Jinx wurden auch Saffron Burrows, Salma Hayek und Sophie Ellis-Bextor gecastet. Alle drehten Probeaufnahmen, bei denen der Schauspieler Colin Salmon ebenfalls die Rolle des James Bond übernahm.

Im Film kommt es zweimal zu einer Mund-zu-Mund-Beatmung: Eine Krankenschwester versucht, 007 wiederzubeleben, und später rettet Bond Jinx mit dieser Technik das Leben.

Die im Film genannte Praxis, dass enttarnte Agenten fallen gelassen werden, stammt aus Ian Flemings Roman *Dr. No*.

Das Product-Placement ist extrem aufdringlich: So wurde eine Kamerafahrt so durchgeführt, dass die Verpackung und somit der Markenname von 007s Rasierer und seine bevorzugte Champagnermarke deutlich im Bild sind.

Der Mülleimer von Besetzungsleiterin Debbie McWilliams wurde anscheinend vor Drehbeginn von »Spionen« durchsucht: In der Presse tauchten Namen von Darstellern auf, die zwar auf McWilliams Wunschliste standen, jedoch nie verpflichtet wurden.

Da die Insel Los Organos in Wirklichkeit nicht existiert, fanden die Dreharbeiten auf Schloss San Sebastian in Cádiz statt.

Gustav Graves schlitzt beim Duell mit James Bond das Gemälde »Knabe in Blau« auf. Das Original stammt von Thomas Gainsborough (1727–1788), einem der bedeutendsten englischen Porträtmaler des 18. Jahrhunderts.

Für den Film wurde eine Helikopterverfolgungsjagd in den Häuserschluchten von New York City geschrieben. Nach den Anschlägen am 11. September 2001 verwarf man diese Idee jedoch wieder. Teile eines Kampfes in einem fliegenden Helikopter fanden ihren Weg in das Drehbuch von *Spectre* (2015).

John Gardner nannte seine Romanfigur Gray Powers im Buch *Der Mann von Barbarossa* nach dem Piloten Francis Gray Powers, der im Januar 1962 bei einem Gefangenenaustausch gegen den Sowjetagenten Rudolf Abel ausgetauscht worden war. Der Gefangenenaustausch auf der Glienicker Brücke inspirierte die Drehbuchautoren zum Austausch von Zao und 007.

Justin Llewelyn, der Sohn Desmond Llewelyns, spielt einen Mitarbeiter des MI6 in Ms Büro und lässt sich etwas abzeichnen, bevor die Geheimdienstchefin mit Damian Falco Kontakt aufnimmt.

Darsteller Michael Madsen schlug für seine Figur den Rollennamen James Falco vor, was aber abgelehnt wurde.

Mr Kil versucht, James Bond zu töten, indem er ihn mit einer vergifteten Haarspange stechen will.

Michael Madsen, der Darsteller des Damian Falco, wurde bereits als Poet ausgezeichnet. Er brachte bisher drei Gedichtbände heraus.

James Bond, durch Gehirnwäsche manipuliert, versucht im Roman *Der Mann mit dem goldenen Colt*, M umzubringen. Der Geheimdienstchef rettet sich, indem er eine Panzerglasplatte auslöst, die zwischen ihm und 007 herunterschnellt. Die Idee mit der Scheibe wurde im Film auf der Krankenstation eines Schiffes benutzt.

James Bond gibt sich als Vogelkundler aus – eine Anspielung darauf, dass Ian Fleming den Namen des Ornithologen James Bond für seinen Agenten benutzte, aber auch auf eine Idee von Fleming im Roman *Dr. No*. Darin behauptet Bond, Vogelkundler und Repräsentant der Audubon-Gesellschaft aus New York zu sein.

Die Gürtel, die Honey Rider in *James Bond 007 jagt Dr. No* (1962) und Jinx tragen, sind absichtlich sehr ähnlich. Der einzige Unterschied ist ein »J« auf Jinx' Exemplar.

Madonna gewann 2003 für ihre Darstellung der Verity die Goldene Himbeere für die schlechteste darstellerische Leistung einer Nebendarstellerin in einem Film.

Colonel Moon will seine Aggressionen abbauen, indem er auf einen Sandsack einprügelt. Im Sack ist aber nicht wie üblich Sand, sondern sein Aggressionstherapeut.

Stuntwoman Wendy Leech spielte mehrere Statistenrollen in *Bond*-Filmen, u. a. war sie in *Sag niemals nie* (1983) die weibliche Geisel, die James Bond bei einem Manöver ein Messer in die Rippen rammt. In *Stirb an einem anderen Tag* ist sie als Zuschauerin des Fechtduells von Bond und Graves zu sehen.

DER KAMPF IM FILM WIRD VON JAMES BOND UND GUSTAV GRAVES ZUNÄCHST MIT DEGEN UND SCHLIESSLICH MIT BREITSCHWERTERN AUSGETRAGEN.

Gustav Graves besitzt einen Eisjet, mit dem er bis zu 520 (im Roman zum Film 518) Stundenkilometer fährt. Als James Bond den Jet zur Flucht benutzt, schlägt er den Rekord von Graves. Vorher reden Bond und Graves noch von Donald Campbell, der 1967 tödlich verunglückte, als er versuchte, einen Geschwindigkeitsrekord aufzustellen.

Die ursprüngliche Idee zum Eispalast stammt aus dem Roman *Eisbrecher*. Darin hat Graf Konrad von Glöda seinen Stützpunkt in einem Eispalast in der Sowjetunion.

Der Eispalast ist durch die tatsächlich existierenden Eishotels inspiriert. Aus Schnee und Eis errichtete Hotels sind Touristenattraktionen. Es gibt sie in Skandinavien (Finnland, Schweden, Norwegen) sowie in Nordamerika (Alaska, Kanada) und Österreich.

Nachdem Jinx Mr Kil getötet hat, trennt sie ihm den Unterarm mit einem Laser ab und legt seine Hand auf einen Handflächenscanner, um eine Tür zu öffnen.

Stirb an einem anderen Tag war der letzte *007*-Film, der auf VHS veröffentlicht wurde.

Fidel, ein Hotelangestellter, wird vom Schurken Krug bedroht. Krug richtet seine Waffe auf die Genitalien des Mannes und fragt, ob Fidel zu Fidel Castrato werden möchte.

Als Graves Ikarus präsentiert, brauchen alle Sonnenbrillen, weil das Licht so blendet – nur Bond, Jinx und Graves nicht.

Jinx wird beim Kampf im Flugzeug von Miranda Frost am Bauch verletzt, doch als 007 und Jinx am Ende des Films in Diamanten baden, ist ihr Bauch unversehrt.

Bei Raoul findet James Bond das Buch *The Birds of the West Indies*, dessen Autor der Namensgeber und Ornithologe James Bond war. Der Autorenname ist aber auf dem Buchcover so zerkratzt, dass man ihn nicht lesen kann.

Die Figur Miranda Frost entwickelte sich erst in Drehbuchüberarbeitungen zur Schurkin. Zunächst war der Name Gala Brand – eine Figur aus Ian Flemings Buch *Moonraker* – im Gespräch, dann sah man allerdings, dass sich die Figur von Flemings Vorlage wegentwickelte und benannte sie um.

Das Kartenspiel, das 007 im Roman *Moonraker* mit Hugo Drax im Blades Club spielt, wurde nie verfilmt, jedoch fand der Blades Club als Fechtklub seinen Weg in den Film *Stirb an einem anderen Tag* (2002).

Der Film war mit Produktionskosten von 142 Millionen Dollar der bis dahin teuerste der *James Bond*-Reihe.

Der Song »London Calling« von The Clash ist zu hören, als James Bond auf dem Weg nach London ist und Gustav Graves mit einem Fallschirm über der Stadt abspringt.

Jinx heißt mit vollem Namen Giacinta Jordan und wird Jinx genannt, weil sie an einem Freitag, den 13., geboren wurde. In den Untertiteln der deutschen Bluray ist auch von Giacinta Johnson die Rede.

Die Da-Vinci-Maschine existiert tatsächlich. Damit kann ohne Anwesenheit von medizinischem Personal eine Patientenuntersuchung durchgeführt werden. Verletzungen werden erfasst und Blutbilder erstellt.

Bei einer Untersuchung wird herausgefunden, dass James Bond von einem Skorpion (*Odontobuthus odonturus*) gestochen wurde und man ihm ein Gegengift verabreicht hat.

Sabina Trooger, die deutsche Synchronstimme von Madonna, hatte schon Grace Jones in *Im Angesicht des Todes* als May Day synchronisiert.

Laut Michael G. Wilson ist die britische Kinoversion der Liebesszene zwischen 007 und Jinx um Bruchteile länger als die amerikanische und die deutsche.

Im Film wird erwähnt, dass die Abkürzung Q für Quartiermeister steht. Das war das letzte Mal in *James Bond 007 jagt Dr. No* (1962) der Fall.

In frühen Drehbuchversionen hieß Graves Satellit noch Solaris. Da aber ein anderer Film mit diesem Titel in die Kinos kommen sollte, änderte man den Satellitennamen in Ikarus.

> Die Computeranimationen in diesem Film wurden scharf kritisiert: Bonds Surfaktion auf einer Riesenwelle löste in den Kinovorstellungen ein peinliches Lachen beim Publikum aus.

Thomas Danneberg, der in der deutschen Synchronversion als Q zu hören ist, schrieb auch das Synchrondrehbuch und führte Synchronregie.

Das bekannte Eden Project in Südengland diente als Kulisse für Gustave Graves' Unterschlupf. Im Film befindet er sich auf Island.

DAMIAN FALCO SOLLTE IN FRÜHEN DREHBUCHENTWÜRFEN DURCH DEN IKARUS-LASERSTRAHL UMS LEBEN KOMMEN.

Fechtlegende Bob Anderson brachte Pierce Brosnan, Rosamund Pike und Toby Stephens für den Film den Umgang mit dem Degen bei. Bob Anderson kam zu erstem Ruhm, als er bei den Olympischen Sommerspielen 1952 mit der britischen Säbelequipe bis ins Viertelfinale gelangte.

Die zuletzt gedrehte Szene war am 27. Juli 2002 die, in der James Bond der Fechtlehrerin Verity vorgestellt wird.

Madonna spielt die Rolle von James Bonds Fechtlehrerin Verity. Sie interpretierte auch das Titellied und die Single wurde ihre bisher meistverkaufte.

Die Inspiration zum Filmnamen der Masseurin stammt aus Ian Flemings Buch *Thrilling Cities*. Darin wird eine echte Masseurin genannt, deren Name in Peaceful Fountains of Desire (dt. »Friedliche Quellen der Lust«) geändert wurde.

Zum ersten Mal wird in einem *Bond*-Film die Filmhandlung über die Titelsequenz vorangetrieben. Das Publikum sieht Bonds Folter, begleitet von mehrmonatiger Gefangenschaft in Nordkorea.

Zum zweiten Mal nach *Diamantenfieber* (1971) schlüpft 007 in die Rolle eines Diamantenhändlers.

Eine Anspielung bezieht sich auf den Monty-Python-Film *Die Ritter der Kokosnuss*. Bond meint Q gegenüber, M habe durch seine Kugel nur eine Fleischwunde davongetragen.

Um Geld zu sparen, verwendete man eine Szene, die bereits für *Der Morgen stirbt nie* (1997) gedreht worden war: Die auf Ikarus abgefeuerte Rakete ist lediglich spiegelverkehrt zu sehen.

Die Tochter von *Bond*-Darsteller Roger Moore, Deborah Moore, hat einen Cameo-Auftritt als Stewardess und serviert 007 einen Wodka Martini, der durch die Turbulenzen während eines Fluges »geschüttelt« ist.

007s Aston Martin Vanquish wird von der Q-Abteilung »Vanish« genannt, was »verschwinden« bedeutet, weil er durch Tarnkappentechnologie unsichtbar gemacht werden kann.

Bevor der Filmtitel »Die Another Day« feststand, wurden Titel wie »Beneath The Sea« »Beyond The Ice«, »Double Cross«, »Cold Eternity«, »Final Assignment«, »Poison Breath«, »Black Sun« und »Firefly« in der Presse genannt.

007 BENUTZT DEN **BREMSFALLSCHIRM** EINES EISJETS, UM EINER **TSUNAMIWELLE** ZU ENTKOMMEN.

Nach *Lizenz zum Töten* (1989) und *Der Morgen stirbt nie* (1997) ist dies der dritte *James Bond*-Filmtitel ohne jeglichen Bezug auf Ian Fleming.

Regisseur Lee Tamahori bestand auf dem Einfügen der Parasurfing-Sequenz und dem in einem Flugzeug spielende Finale – beide Elemente wurden vom Publikum stark kritisiert.

CASINO ROYALE
(2006)

Daniel Craig hatte in der Filmgarderobe 60 Hemden aus einer speziellen Stoffentwicklung (Nummer 4085) von Turnbull and Asser. Die für die Kampfszenen auf der Treppe waren weiter geschnitten als die für die Spieltischaufnahmen. Craigs Hemden hatten pro Seite nur ein Loch für die Manschetten, während Connery bei seinen Hemden immer zwei Löcher hatte.

In der Duschszene sollte Vesper Lynd (Eva Green) ursprünglich nur ihre Unterwäsche tragen. Daniel Craig argumentierte, dass Vesper nach den Ereignissen nicht stehen geblieben wäre, um sich auszuziehen, und die Szene wurde geändert.

Die *James Bond*-Filmreihe hatte bis *Stirb an einem anderen Tag* laut Michael G. Wilson die »ältesten Zuschauer aller Actionfilme«. Vor *Casino Royale* lag der Altersdurchschnitt bei 23 Jahren. Mit Daniel Craigs Einstieg änderte sich das.

Daniel Craig wurde beim Dreh der ersten Szenen – der Actionszenen in der Botschaft – eine Zahnkrone ausgeschlagen.

Die Ziffer auf dem Nummernschild von Bonds Aston Martin und seine Zimmernummer in Montenegro sind identisch.

Oft wurde behauptet, es handle sich um den ersten *Bond*-Film, in dem es regne. Doch schon in *Im Geheimdienst Ihrer Majestät* (1969) waren Regenszenen zu sehen.

Die Presse machte sich darüber lustig, dass Daniel Craig bei seinem ersten Presse-Shooting eine Rettungsweste trug, als er per Schnellboot über die Themse gefahren wurde. Craig dazu: »Ich hätte gelbe Schwimmflügel tragen sollen.«

Mads Mikkelsen war so pokerbegeistert, dass er nach den Dreharbeiten bei einem illegalen Pokerturnier in Kopenhagen verhaftet wurde.

Die Queen besuchte die Filmpremiere und das Sicherheitspersonal gab bei ihrem Eintreffen den Code »Bear is coming« über die Funkgeräte durch.

Daniel Craig holte sich bei den Dreharbeiten einen starken Sonnenbrand, was Thema in zahlreichen Zeitungen und TV-Sendungen war.

In einem Cameo ist unter anderem auch das brasilianische Topmodel Alessandra Ambrosio als Tennisspielerin vor dem Oceans Club auf den Bahamas zu sehen.

Nach dem Ende der Dreharbeiten wurde es noch einmal richtig geheimnisvoll um die neue Mission des Geheimagenten: Damit der Film nicht in falsche Hände geriet und illegal kopiert werden konnte, sandte man ihn mit dem Tarnnamen »Rough Skins« an die Kinos.

DER SPEKTAKULÄRE AUTOSTUNT IN CASINO ROYALE (2006) BEDEUTETE EINEN WELTREKORD: DAS FAHRZEUG, IN DEM TATSÄCHLICH EIN STUNTMAN SASS, ÜBERSCHLUG SICH SIEBENMAL.

Der Kampf zwischen einem Mungo und einer Schlange wurde von Tierschützern kritisiert, dabei war beim Dreh ein Frettchen im Einsatz und niemals zeitgleich mit der echten Schlange. Um die Tiere nicht zu gefährden, wurde immer nur ein Tier gefilmt, das andere war aus Gummi. Der Schlangen-Dummy ist heute im Besitz von Requisitenexperte Chris Distin.

Ludger Pistor drehte die Szene, in der er als Mendel den Kiesweg hinaufgeht, über fünfzehnmal. Auf seine Frage, was er denn anders machen solle, antwortete Regisseur Campbell, Pistor solle alles wie bei den Durchgängen davor machen. Auf Pistors Bemerkung, das koste doch alles Geld, lachte Campbell und zeigte auf Barbara Broccoli. Es sei ja ihr Geld und nicht seins.

Die Drehbuchautoren Purvis und Wade arbeiteten an einem niemals realisierten Spin-off mit dem Titel »Jinx«. Es sollte die von Halle Barry dargestellte Figur aus *Stirb an einem anderen Tag* (2002) in einer »sehr persönlichen Geschichte ohne viele Explosionen« zeigen. Barbara Broccoli soll Wade und Purvis angetrieben haben, das *Bond*-Drehbuch ebenso zu gestalten.

Dass Felix Leiter in *Casino Royale* (2006) vorkommt, war ursprünglich nicht geplant. Die Figur hieß im Drehbuch noch Wolpert.

007 tötet in *Casino Royale* (2006) »nur« elf Gegner und liegt damit auf Platz 11 der Filme mit den meisten von Bond getöteten Personen.

In einer Szene wirft Bond einen Laptop ins Wasser. Die Dummys fand Regisseur Campbell nicht überzeugend. Man ließ Craig daraufhin mit einem echten Computer drehen. Er warf fünf echte Laptops in den Canal Grande. Keine der Szenen ist im Film zu sehen.

Lindy Hemming ließ Eva Green in ihrer Rolle als Vesper Lynd ein rotes Kleid tragen. Damit spielte sie auf die Schlussszenen im Film *Wenn die Gondeln Trauer tragen* (1973) an.

Die *Spirit '54* war seit 350 Jahren das erste Segelschiff, das den Canal Grande befahren durfte.

Gunther von Hagens führt in *Casino Royale* (2006) Gäste durch seine Ausstellung »Körperwelten« in Miami. Von Hagens gilt als Erfinder der Plastination. Sein Markenzeichen ist der schwarze Hut.

Die Folterszenen wurden teilweise nicht in die endgültige Filmfassung übernommen, weil der Film sonst die angestrebte Altersfreigabe für Zwölfjährige in Begleitung eines Erwachsenen nicht erhalten hätte.

Barbara Broccoli hatte zwei feststehende Inhalte, die auf jeden Fall in den Film kommen sollten: Der letzte Satz aus Flemings Roman, in dem 007 Vesper Lynd als »Bitch« bezeichnet, und Bonds Folter.

Für die Actionszenen auf dem Flughafen besorgten sich die Macher unter anderem ein Spielzeugauto bei Hamleys in London. Sie füllten das Spielzeug mit Salz, sodass es auf der Leinwand aussah, als würden die kleinen Splitter des Sicherheitsglases der zerbrochenen Scheiben herausfallen.

Der Film ist der erste ohne Moneypenny und nach *Leben und sterben lassen* (1973) erst der zweite ohne einen Auftritt von Q.

Sebastian Foucan, neben Belle Mitbegründer der Sportart Parcours, bekam in *Casino Royale* (2006) die Rolle des Terroristen Mollaka. Er nennt seine im Film präsentierte Form des Parcours »Free Running«.

CASINO ROYALE *(2006)* SPIELT *WEDER VOR* JAMES BOND 007 JAGT DR. NO *(1962)* *NOCH DANACH*. *DER FILM IST EIN* REBOOT *DER REIHE.*

Nur in zwei Filmen leitet die Gun-Barrel-Sequenz direkt zum Titelvorspann über: in *Casino Royale* und in *James Bond 007 jagt Dr. No* (1962).

Diane Hartford ist nach ihrem Auftritt in *Feuerball* (1965) in der Szene des Pokerduells zwischen 007 und Alex Dimitrios als Spielerin wieder dabei.

Die Szenen zwischen M und Bond wurden laut Drehbuch angelegt wie die Beziehung zwischen einer Mutter und einem missratenen Kind.

Als Ludger Pistor in seinem Wohnwagen am Comer See auf seinen Einsatz beim Dreh wartete, kam ein Mann mit Champagner in den Wohnwagen, begann zu erzählen und stieß mit Pistor an. Irgendwann fragte Pistor, was denn der Auftrag des Mannes sei. Der erzählte zu Pistors Verblüffung, er sei für alle Drehtage als Unterhalter angestellt, damit sich Pistor nicht langweile.

Die Kosten für den Dreh auf den Bahamas, auf denen schon mehrfach *Bond*-Filme gedreht wurden, lagen bei rund 1,74 Millionen Dollar pro Woche.

Caterina Murino hatte Angst vor ihrer ersten Aufnahme, weil sie einen Schimmel am Strand reiten sollte und kurz zuvor beim Reiten abgeworfen worden war, wobei sie sich eine Rippe gebrochen hatte.

Barbara Broccoli war bei Drehbeginn besorgt, weil die Crew damit begann, Aufnahmen zu machen, bevor eine weibliche Hauptrolle besetzt worden war. Dies war zuvor bei keinem *Bond*-Film jemals der Fall gewesen.

Nach dem Filmerfolg von *Layer Cake* schlug Chris McGurk Daniel Craig als James Bonds Gegner vor. Als Barbara Broccoli ihn sah, war sie anderer Meinung: »Das ist unser James Bond.«

Barbara Broccoli und Michael G. Wilson riefen bei Pierce Brosnan an, als dieser bei den Dreharbeiten zu *After the Sunset* (2004) war. Leicht war dieser Einschnitt nicht. Barbara Broccoli weinte sogar am Telefon und Michael G. Wilson betonte, wie großartig Brosnan als James Bond gewesen sei. Trotzdem trennten sich ihre Wege.

Ian Fleming soll sadomasochistisch veranlagt gewesen sein, wie aus Briefen zwischen ihm und seiner Frau Ann hervorgeht – daher die ausführliche Beschreibung, wie James Bond im Roman die Hoden ausgepeitscht werden, was dann zur entsprechenden Filmszene führte.

Dimitrios' Frau im Film ist Solange. Die Figur basiert auf der Solange aus der Kurzgeschichte »007 in New York«.

Quentin Tarantino setzte sich mit den *Bond*-Produzenten in Verbindung und schlug vor, *Casino Royale* zu verfilmen. Der Film sollte in den 1950er Jahren spielen, Bond am Ende seiner 00-Karriere zeigen und in Schwarz-Weiß gedreht werden. Tarantino bekam eine Abfuhr, weil der Stoff »unverfilmbar« sei.

Es scheint, als habe Mathis Le Chiffre Informationen zugespielt. In *Ein Quantum Trost* (2008) heißt es aber, Mathis sei auf Bonds Seite und man habe ihn zu Unrecht verdächtigt.

Nach 27 Jahren war *Casino Royale* (2006) der erste Film, bei dem wieder auf den Titel eines Romans von Ian Fleming zurückgegriffen wurde.

Der Drehort für die Außenszenen des Sanatoriums Villa del Balbianello am Comer See wurde auch schon in *Star Wars: Episode II – Angriff der Klonkrieger* als Kulisse verwendet.

Als James Bond von Mr Mendel gebeten wird, eine Zahlenkombination in den Chiffrierer einzugeben, wählt Bond die Ziffernfolge 8-3-6-5-4-7. Später sagt er Vesper, sie solle als Code den Namen »V-E-S-P-E-R« eingeben, was allerdings die Ziffernfolge 8-3-7-7-3-7 sein müsste. Tatsächlich sieht man noch, wie Lynd die letzten drei Ziffern 7-3-7 (für »P-E-R«) eingibt.

James Bond trinkt ein Glas Salzwasser, um sich so schnell wie möglich übergeben zu können. Bisher hatte sich Bond in den Filmen erst einmal erbrochen: In *James Bond 007 jagt Dr. No* (1962), nachdem er eine Vogelspinne erschlagen hatte, die ihm zuvor über den Körper gekrabbelt war, als er im Bett lag.

BIS ENDE 2012 HATTE CASINO ROYALE WELTWEIT 599 MILLIONEN US-DOLLAR EINGESPIELT.

Bond und Lynd buchen eine Suite mit zwei Schlafzimmern – eine Anspielung auf den Film *Der Spion, der mich liebte* (1977). Darin wurden 007 und Tripple X von der Empfangsdame merkwürdig angesehen, weil sie (durch Moneypennys Einwirken) als Ehepaar zwei Schlafzimmer gebucht hatten.

Mr Bliss kommt im Film nicht vor. Der 1966 geborene Darsteller Con O'Neill sollte die Rolle spielen und hat angeblich auch Aufnahmen gemacht.

Bond liest seinen Decknamen (Arlington Beech) zuerst vor und man glaubt, weil zwischen Vesper Lynd und ihm kleine Sticheleien zum Standard geworden sind, gibt er ihr den Decknamen Stephanie Brustwarz (im englischen Original Stephanie Broadchest). Tatsächlich steht dieser Deckname für sie aber im Schreiben von M.

Lynd arbeitet laut ihrer Visitenkarte für das britische Schatzamt. Die Firmenadresse stimmt mit der echten Adresse des britischen Schatzamtes überein: Financial Action Task Force, HM Treasure, Vesper Lynd, International Liaison Officer, 1 Horse Guards Road, London, SW1A 2HQ United Kingdom.

Das Ford-Mondeo-Sportmodell war ein Prototyp, den man handgefertigt hatte. Nicht einmal die Fachpresse hatte bei den Dreharbeiten Informationen über den Wagen.

Die in China geborene Tsai Chin, die Madame Wu spielt, hatte auch schon eine Rolle in der Pre-Title-Sequenz von *Man lebt nur zweimal* (1967). Sie steht auf der Seite Bonds und hilft, seinen Tod vorzutäuschen. Im ersten Film mit Daniel Craig pokert sie mit Le Chiffre.

Casino Royale (2006) ist der erste *Bond*-Film, der in China eine offizielle Freigabe erhalten hat. Alle anderen wurden von den Zensoren verboten.

Nicht zum ersten Mal wird James Bond hier als »stumpfes Werkzeug« beschrieben. Der Schurke im Buch *Scorpius* sagt zu 007: »Jemand nannte Sie einst ein stumpfes Werkzeug.«

Giancarlo Giannini, der René Mathis spielt, war Jahre zuvor Schauspiellehrer von Bond-Girl Barbara Bach, die in *Der Spion, der mich liebte* (1977) mitwirkte.

Paul Bhattacharjee, der den »Hot Room«-Doktor spielt und in dieser Rolle Anweisungen gibt, was James Bond tun muss, um zu überleben, beging am 12. Juli 2013 Selbstmord.

Nach Drehende sollte Ludger Pistor wieder nach England kommen, um einen Satz, der im Film nicht englisch genug klang, neu einzusprechen. Pistor wurde von einer Limousine abgeholt, flog erster Klasse, wurde nach Soho gebracht und sprach dort den Satz unzählige Male. Schließlich entschied Campbell, den Satz wie beim Dreh zu lassen. Per Limousine und Flug erster Klasse ging es zurück.

Le Chiffre »weint« Blut. Er beschreibt dieses Problem als Störung des Tränenkanals. Die Bluttränen erscheinen immer dann, wenn er in einer angespannten Situation ist.

PRODUZENT MICHAEL G. WILSON IST IN DIESEM FILM ALS KORRUPTER POLIZEICHEF VON MONTENEGRO ZU SEHEN.

Maskenbildnerin Linda DeVetta war für Mads Mikkelsens Kunstnarbe am Auge verantwortlich. Sie arbeitete auch an *Die Welt ist nicht genug* (1999) mit, wo sie Robert Carlyles Kopfschussnarbe gestaltete und an *GoldenEye* (1995), wo sie Sean Beans rechte Gesichtshälfte vernarbt aussehen ließ.

Mehrere Filmfiguren haben charakteristische Merkmale, die die Augen betreffen: Le Chiffres Narbe und das Weinen von Blut, Valenkas durch Haare verdecktes Auge und Gettlers geschwärztes Brillenglas. Gettler wird von 007 getötet, indem er ihm mit einer Nagelpistole ins Auge schießt.

Eine geschnittene Szene gibt Auskunft über Gettlers Tarnung: Er repariere beruflich Uhren und sei zu einer Tagung in Venedig.

In der Flughafenszene ist Sir Richard Charles Nicholas Branson, der britische Unternehmer und Ballonfahrer, zu sehen. Er war Sponsor des Films. Sein Sohn Sam und er werden in einer Szene am Flughafen Miami vom Sicherheitspersonal kontrolliert.

»Seine Schuhsohlen kratzten noch einmal kurz über den Boden, dann regte er sich nicht mehr«, schreibt Fleming über den erschossenen Le Chiffre. Auf dem Boden kratzende Schuhsohlen sind dann auch das Letzte, was man von Bonds Gegner Steven Obanno sieht, als er ihn im Treppenhaus erwürgt.

James Bond gewinnt in *Casino Royale* gegen Le Chiffre eine Summe von 115 Millionen Dollar. Bond hat einen Straightflush auf der Hand: eine Pik 5 und eine Pik 7, während auf dem Tisch die Karten Herzass, Pik 8, 6 und 4 sowie das Pikass liegen.

Daniel Craig, so verriet Darsteller Andreas Daniel, sei im Pokern nicht sehr fortgeschritten. Er schulde ihm noch 17 Euro, die der Bond-Darsteller in Pokerpartien während der Drehpausen gegen ihn verloren habe.

Beim Casting sprach Ludger Pistor seine Rolle als Mendel zunächst trocken. Die Castingchefin bedankte sich und wollte Pistor entlassen. Der sagte aber: »Das war noch nix! Ich will es noch mal machen.« Zunächst lehnte man das ab, ließ sich dann aber doch überzeugen. Pistor spielte Mendel »lustig« und bekam die Rolle. Beim Dreh wollte Regisseur Campbell die lustige Version für den Film.

Der Algerische Liebesknoten, den Vesper Lynd trägt, wurde nach den Dreharbeiten versteigert. Der Schätzwert lag bei 2.000 bis 3.000 Pfund, der Zuschlag erfolgte bei 54.000 Pfund, umgerechnet 66.852 Euro.

EIN QUANTUM TROST (2008)

Daniel Craig gab in einem Interview zu, er habe den Titel *Quantum of Solace* zunächst als gewöhnungsbedürftig empfunden.

Zwischen Brosnans letztem Film und Craigs erstem lagen 1.458 Tage Wartezeit. Zwischen *Casino Royale* und *Ein Quantum Trost* (2008) nur 716 Tage.

Paul Haggis lieferte die erste Drehbuchversion unter dem Titel »Sleep of the Dead«.

Eva Green wurde vorsorglich unter Vertrag genommen, um möglicherweise Szenen mit ihr zu drehen, die 007 als Rückblenden hätte sehen sollen. Es wurden keine gedreht.

Das Filmfinale der Drehbuchautoren Purvis und Wade spielte auf der schwimmenden Seebühne in Bregenz: Bond geht in der letzten Szene vor dem riesigen Auge vorbei und wird wieder zu einer Silhouette, die ans Gun Barrel erinnert. Die Idee wurde verworfen.

Der niederländische Schauspieler Thom Hoffman wurde als Schurke unter Vertrag genommen, dann aber wegen falscher Herangehensweise gegen Mathieu Amalric ersetzt.

Die Freunde des Regisseurs Marc Forster, Guillermo del Toro und Alfonso Cuarón, ebenfalls Regisseure, sind im Film zu hören: Cuarón sprach einen bolivianischen Helikopterpiloten, del Toro den Concierge im Hotel.

OONA CHAPLIN, DIE REZEPTIONISTIN DES HOTELS PERLA DE LAS DUNAS, IST DIE ENKELIN VON CHARLIE CHAPLIN.

Roberto Durán, ein ehemaliger Profiboxer aus Panama, besuchte die Dreharbeiten und wurde für eine Gastrolle verpflichtet.

Michael S. Lerman, der erste Regieassistent, hat einen Cameo-Auftritt: Als Marc Forster ihm eine kleine Gastrolle anbot, sagte er nur unter der Bedingung zu, dass er in seiner Rolle sterben würde. Er wird als Kellner in Bregenz erschossen.

Carl von Malaisé, ein Jugendfreund von Regisseur Marc Forster, hat eine kleine Rolle als Fahrer von Dominic Greene und Killer.

Forster verschaffte seiner Mutter und seinem Bruder Peter Gastauftritte als Opernbesucher in Bregenz.

Ursprünglich sollte Camille im Film die Stimme ihrer verstorbenen Schwester hören und es wurden dementsprechende Textpassagen von Emily Haigh eingesprochen.

Der Deckname »Sterling, R.«, den 007 benutzt, ist eine Anspielung auf *Der Spion, der mich liebte* (1977). In diesem Film mit Roger Moore gibt sich 007 als Meeresbiologe Robert Sterling aus.

Agentin Fields stirbt durch einen Ölüberzug. Mit dieser Hommage an *Goldfinger* (1964) wollte Marc Forster verdeutlichen, dass Öl Gold als wertvollster Rohstoff abgelöst hat.

Darstellerin Gemma Arterton musste in ihrer Öltodszene zwei Stunden still liegen bleiben, was sie als schwierig beschreibt, da das Öl auch in ihre Ohren geflossen war.

Der Filmsoundtrack beginnt bereits mit der Einblendung des Columbia-Logos.

Die schnellen Schnitte und verwackelten Kamerabilder sind durch die *Jason Bourne*-Reihe inspiriert.

Die Autoverfolgungsjagd hat in den 2 Minuten 52 Sekunden, die sie dauert, im Schnitt alle 0,78 Sekunden einen Schnitt.

Die Cutter Matt Chessé und Rick Pearson schnitten an 17-Zoll-MacBooks, wann immer sie im Auto, Flugzeug oder Hotelzimmer gerade Zeit hatten.

Mit 106 Minuten ist *Ein Quantum Trost* der kürzeste *007*-Film. Ohne Abspann läuft er sogar nur 102 Minuten. Der längste *Bond*-Film sollte mit 177 Minuten *Keine Zeit zu sterben* (2021) werden, man kürzte ihn schließlich auf rund 146 Minuten.

KEIN BOND-ABENTEUER ENTHÄLT MEHR LOCATION-CARD-EINBLENDUNGEN.

Produzent Michael G. Wilson mochte die Schrift der Einblendungen der Ortsangaben im Film nicht, aber Regisseur Forster überzeugte ihn, sie doch zu verwenden.

Daniel Craig beschreibt, warum seiner Meinung nach die Einblendung »London« in einer Szene nicht im Bild auftauchte: »Es ist ganz offensichtlich London – wahrscheinlich weil es pisst.«

Beim Filmen des Palios geriet ein Kamerateam in den Weg der Pferde und einer der Kameramänner trug auf der Brust einen Bluterguss in Form eines Pferdehufs davon.

Das Gun Barrel ist erstmals in der Reihe am Ende des Films zu sehen.

Mathieu Amalric fragte Marc Forster vor Drehbeginn, ob er sich eine Glatze rasieren oder eine Narbe oder ein Auge, das blutet, haben sollte. Forster antwortete: »Nein, deine Augen reichen!«

Der Filmtitel stand beim Schreiben des Titellieds »Another Way to Die« noch nicht fest, dieser Titel war eine Option.

Wie schon in *Moonraker – streng geheim* (1979) fällt 007 ohne Fallschirm aus einem Flugzeug. Man drehte die Szene aus 16 verschiedenen Perspektiven, um sich dann für bestimmte Blickwinkel entscheiden zu können.

Camilles Nachname wird im Film nicht genannt, aber ihr Vater heißt Ernesto Montes und der Ausweis, den Kurylenko als Requisite bekam, war auf den Namen Camille Rivero Montes ausgestellt.

Die von Gemma Arterton gespielte Figur Fields nennt auch auf Bonds Nachfrage ihren Vornamen nicht. Erst der Abspann sorgte bei den Premierengästen im Kino für einen Lacher, denn dort steht Strawberry Fields.

Strawberry Fields ist die einzige Frau, mit der James Bond in *Ein Quantum Trost* (2008) schläft. So monogam war Bond in keinem Film zuvor.

Gemma Artertons Agent bewies Humor, als er ihr mitteilte, dass sie den Zuschlag für die Rolle erhalten hatte: Er sang das *James Bond*-Thema ins Telefon.

Marc Forster definierte die Beziehung zwischen Bond und M als Mutter-Sohn-Beziehung, die wieder aufgebaut werden muss.

Der Kampf auf dem Baugerüst in einer Kunstgalerie in *Ein Quantum Trost* (2008) entwickelte sich an einer Stelle zufällig, weil Daniel Craigs Stuntdouble vom Gerüst gefallen war. Forster kam so darauf, dass sich Bond kopfüber in einem Seil verfangen und nach seiner Waffe greifen sollte.

Da es in Panama keine Statisten gab, die wie Bolivianer aussahen, warb Castingchefin Debbie McWilliams Stammesmitglieder der Emberá vom Oberlauf des Río Chagres an, weil sie den Ureinwohnern Boliviens ähnlich sehen.

Beim Dreh am Bahnhof in Baquedano raste Ex-Bürgermeister Carlos Lopez mit seinem Auto ans Set und störte die Dreharbeiten. Er meinte, man dürfe Antofagasta nicht als zu Bolivien gehörend darstellen, und fühlte sich durch die Sicherheitsmaßnahmen am Drehort an die Diktatur von Augusto Pinochet erinnert. Die Polizei verhaftete Lopez.

Die Firma Framestore arbeitete an der Verfolgungsjagd und vervielfältigte die 1.000 Statisten, die während der Dreharbeiten vor Ort waren, per Computerbearbeitung auf rund 40.000 Anwesende.

In den extremen Momenten der Autojagd fuhren über 40 Fahrzeuge mit hoher Geschwindigkeit im Tunnel, der teilweise nur achteinhalb Meter breit war.

Um das Kamerakabelsystem GoCam über Siena zu spannen, wurde allein eine Woche benötigt, damit die vier Baukräne in der Stadt sicher aufgestellt werden konnten. Eine weitere Woche dauerte das Spannen der 2.134 Meter Seil mit 344 Metern Spannweite an der breitesten Stelle.

Sienas Stadtkasse soll für die Möglichkeit, in der Stadt drehen zu können, und für die 300 zur Verfügung gestellten Statisten eine Summe von einer Million Euro erhalten haben.

Mathieu Amalric hat nie eine Schauspielschule besucht.

FÜR SEINE SCHURKENROLLE STUDIERTE MATHIEU AMALRIC DAS AUFTRETEN VON NICOLAS SARKOZY UND TONY BLAIR.

Jonathan Dunn Fraser hatte einen Unfall am Set: Er verlor die Kontrolle über sein Fahrzeug, fuhr in den See und musste ans Ufer schwimmen.

Beim Zusammenprall mit einem Lkw scherte ein unbemannter Alfa Romeo zur Seite aus und stieß mit einem anderen Alfa Romeo zusammen, in dem der Stuntman Aris Comninos dadurch ein schweres Kopftrauma erlitt.

Als Statisten in Bregenz hatten sich rund 5.200 Personen beworben.

Für den Dreh in der Fénix-Wohnanlage in La Paz wurden 500 Menschen kurzfristig aus ihren Wohnungen umgesiedelt. Nach den Aufnahmen kehrten die Bewohnerinnen und Bewohner in erheblich verbesserte Umstände zurück: Alles war gereinigt und die sanitären Einrichtungen hatte man verbessert.

Während der Dreharbeiten wurden zahlreiche Mülltonnen mit *007*-Logo darauf gestohlen.

Das ursprünglich vorgesehene Startdatum des Films in Großbritannien wurde noch während der Dreharbeiten vorverlegt, das amerikanische Startdatum nach hinten verschoben. Grund: Der Film *Harry Potter und der Halbblutprinz* war auf das Jahr 2009 verschoben worden.

Das CIA-Set musste in den Pinewood Studios erneut aufgebaut werden, weil man tatsächlich vergessen hatte, die Szenen am Originaldrehort mit Leiter zu drehen.

Die Figur Elvis wurde im Programmheft der Welturaufführung falsch geschrieben. Darin steht der Name Nelvis.

Der Kinofilm hatte ein Produktionsbudget von ca. 230 Millionen Dollar und war der bis dahin teuerste *Bond*-Film.

Ursprünglich waren drei Alfa Romeos an der Verfolgungsjagd beteiligt, aber Marc Forster erschien die Szenefolge zu lang und durch den Schnitt wirkt es so, als seien nur zwei Alfas hinter Bonds Aston Martin her.

Dass bei der Verfolgungsjagd die Tür aus Bonds Fahrzeug gerissen wird, soll ihn verletzlicher wirken lassen.

Avon schuf den Duft »Bond Girl 007« und warb mit Gemma Arterton als Gesicht des Produkts.

Eine Crew bestehend aus 66 Personen filmte 17 Tage lang von einem kleinen Flughafen nahe der Stadt San Felipe aus die Actionszenen in der Luft.

Daniel Craig bekam für diesen Film eine Gage von 8.900.000 Dollar.

Amy Winehouse sollte das Titellied singen, wurde aber wegen ihrer Negativpresse in den Jahren 2007 und 2008 fallen gelassen. Sie hatte Alkoholprobleme, die sich während ihres Drogenentzugs verschlimmerten, zudem litt sie an Bulimie.

Duran Duran waren für ein zweites *007*-Titellied nach »A View to a Kill« (1985) im Gespräch.

Das Titellied hat mit 40 Sekunden das längste Intro aller *Bond*-Songs.

Duffy, die einen Song eingereicht hatte, der abgelehnt wurde, brachte kurz nach dem Filmstart ihr Lied »Rain on your Parade« heraus, von dem Experten meinen, es sei ihr *007*-Vorschlag gewesen.

Jack White soll den Text des Titelliedes auf Grundlage des Drehbuchs mit den Kerngedanken »Misstrauen und Paranoia« versehen haben.

Das Titellied, bisher Jack Whites zweiterfolgreichstes Lied, stieg auf Platz 26 der britischen Charts ein und erreichte in der Spitze Platz 6. In Deutschland erreichte die Single immerhin Platz 8 und hielt sich dort eine Woche.

Im Filmsoundtrack sind im Lied »The Dead don't care about Vengeance« bei Sekunde 53 Motivelemente aus *Stirb an einem anderen Tag* (2002) zu hören, die dort in »Some Kind of Hero« (ca. Sekunde 30) gespielt werden. David Arnold verwendete das Motiv in ähnlicher Form auch in der Serie *Sherlock*.

Arien aus der Oper *Tosca* sind teilweise im Film zu hören, aber nicht auf dem Soundtrack enthalten: »Tre sbirri, una carrozza« und »Tosca, finalmente mia!«.

David Arnold begann den Soundtrack zu komponieren, ohne Filmszenen vorgelegt zu bekommen.

Ein Quantum Trost (2008) zeigt erstmals Bill Tanner und Felix Leiter in einem Film.

Daniel Craig wollte das Design der *007*-Filme wieder im Stil Ken Adams umgesetzt wissen.

Designer Dennis Gassner wollte mit seinen Sets Craigs »großes, eckiges, strukturiertes Gesicht und die wundervollen blauen Augen« betonen.

Die seit *GoldenEye* (1995) eingesetzten Anzüge von Brioni wählte Lindsay Pugh diesmal nicht für Daniel Craig, weil sie der Ansicht war, sie wirkten für Bond »zu entspannt«. So wurde schließlich Tom Ford zum neuen Ausstatter.

Darsteller Mathieu Amalric äußerte den Wunsch, den Schmuck, den er als Schurke trägt, nach den Dreharbeiten behalten zu dürfen.

Auf die Nase und das Heck der Piper Aerostar 700 montierte man für die Flugactionszenen einen sogenannten »Snakehead«. Dieser Kamerakopf ermöglichte den Piloten, riskant zu fliegen, ohne außerhalb der Bildreichweite zu sein, und mit der Periskopform der Kamera 360 Grad filmen zu können.

Marc Forster wollte den Flugzeugkampf als eine Hommage an Alfred Hitchcocks *Der unsichtbare Dritte* (1959) inszenieren, weshalb er ein Flugzeug vom Typ Douglas DC-3 auswählte.

Wie die Hauptfigur in Hitchcocks *Der Fremde im Zug* (1951) heißt auch der von Paul Ritter gespielte Sondergesandte des Premierministers, der mit Dominic Greene gemeinsame Sache macht, Guy Haines.

Forster holte sich für seinen Film außerdem Anregungen bei Hitchcocks *Zeuge einer Verschwörung* und *Die Unbestechlichen*.

Die schwer zu lenkende Douglas DC-3 aus dem Jahr 1939 wurde vom Besitzer Skip Evans geflogen. Er behauptete in einem Interview, manchmal so tief geflogen zu sein, dass er mit den 29 Meter langen Tragflächen die Spitzen der Kakteen am Boden berührt habe.

Die Maschine des Angreifers, eine Marchetti, wurde von Steven Hinton geflogen. Aus Umwelt- und Sicherheitsgründen wurden alle Schießereien und der Rauch als visuelle Effekte später hinzugefügt.

Vor Drehbeginn beim Transport über die Grenze von San Diego nach Tijuana wurden Maschinengewehrattrappen aus Hartgummi gestohlen, die nach mehreren unfreundlichen Telefonaten wieder auftauchten. Ebenfalls gestohlene Munitionsgürtelattrappen blieben aber verschwunden.

Chris Corbould überwachte die Feuereffekte in der finalen Hotelsequenz und nutzte für die Flammen eine Mischung aus Benzin, Isopropanol und grünblauer Flammenflüssigkeit, um Explosionen mit orangefarbenem Kern, umrahmt von grünen und blauen Farbstichen am Flammenrand zu erzeugen.

In keinem anderen Film nimmt der Doppelnull-Agent mehr alkoholische Getränke zu sich. Bei einem Flug allein sechs Wodka Martini.

Kurz vor Drehstart, am 30. Juni 2006, brannte die Albert R. Broccoli Stage in Pinewood zum zweiten Mal ab.

Da ein Großteil der Stadtbevölkerung in Colón bewaffnet und die Kriminalitätsrate sehr hoch ist, sicherten über 100 Polizisten die Crew bei den Dreharbeiten.

Fraser Dunn verlor die Kontrolle über seinen Aston Martin, den er für einen Pressetermin ausliefern wollte, und stürzte damit in den Gardasee.

Für die Jagd wurden sieben Aston Martins und acht Alfa Romeos eingesetzt, von denen einige für die Straße, andere für die Fahrt im Steinbruch geeignet waren.

SYLVIA SCHÄFFLERS VORNAME WURDE IM ABSPANN FALSCH GESCHRIEBEN. DORT STEHT »SLYVIA«.

Als die Crewmitglieder Callum McDougall und Chris Brock zusammen mit der Darstellerin Olga Kurylenko in Antofagasta ankamen, wurden sie fotografiert und die wichtigste chilenische Zeitung bezeichnete die beiden Männer in ihrem Bericht am nächsten Tag als »*Bond*-Bösewichte« im neuen *007*-Film.

Die Romanidee aus *Casino Royale*, als René Mathis über Smersh verwundert ist, weil niemand etwas über diese Organisation weiß, lieferte die Inspiration zur Organisation Quantum, wegen der M dieselbe Fassungslosigkeit an den Tag legt, weil sie nichts darüber weiß.

Rückblickend sagte Forster, ihm habe der Film gefallen. Er sah ihn zuletzt bei der Premiere. Sein Fazit: »Ich bin glimpflich davongekommen. Es hätte noch ganz anders kommen können.«

SKYFALL (2012)

Bond ist in *Skyfall* als erste Figur in der ersten Szene zu sehen. Das passierte bisher nur in *Goldfinger* (1964), *In tödlicher Mission* (1981), *GoldenEye* (1995), *Die Welt ist nicht genug* (1999) und *Ein Quantum Trost* (2008). In *Liebesgrüße aus Moskau* (1963) ist zwar Sean Connery als Erstes zu sehen, er verkörpert hier aber nicht 007, sondern nur sein Double.

Skyfall war Albert Finneys letzte Rolle. Er spielte Kincade und verstarb am 7. Februar 2019.

In Großbritannien wurden diejenigen, die Katholizismus praktizierten, als »Recusants« verfolgt und geächtet. James Bond scheint ein Nachfahre zu sein, da sein Stammhaus über eine geheime Fluchtpassage, ein Priesterloch, verfügt.

Eines der großen Probleme der Produzenten war, die Genehmigungen zu bekommen, das Loch zu graben, das als Ausgang für das Priesterloch dienen sollte.

Ein Priesterloch wie im Film beschrieb schon John Gardner in seinem Roman *Der Mann von Barbarossa* von 1991.

Ursprünglich sollte das Skyfall-Anwesen von vier Helikoptern angegriffen werden, aber Barbara Broccoli und Michael G. Wilson waren der Ansicht, einer würde reichen.

Als die Szenen mit Judi Dench im Aston Martin am 9. Dezember 2011 um 4:00 Uhr nachts abgedreht waren, entstieg sie dem Wagen und erntete tosenden Applaus von der Crew und Daniel Craig fiel ihr um den Hals: Es war ihr Geburtstag.

Der Darsteller des Bill Tanner, Rory Kinnear, musste wegen Übelkeit während der Dreharbeiten zu einer wichtigen Szene das Set verlassen. Seine Aufnahmen wurden am nächsten Tag gedreht.

Um die Szene, in der der Komodowaran James Bonds Gegner attackiert, glaubhaft umzusetzen, sah sich Sam Mendes Internetvideos an, die zeigten, wie Komodowarane Schweine fraßen.

Beim Dreh wurde neben computergenerierten Komodowaranen auch ein echtes, allerdings ausgestopftes Tier benutzt, von dessen Rücken Daniel Craig absprang, um an das Geländer über ihm zu gelangen.

Das Gemälde des echten MI6-Gebäudes, das in der letzten Szene über Ms Schreibtisch hängt, stammt von James Hart Dyke, der auch das Plakat für den 2012er Dokumentarfilm *Everything or Nothing* entworfen hat.

In diesem Film wird fünfmal das Wort »Shit« gesagt, einmal sogar »Fuck«. Damit übertrumpft der Film *Lizenz zum Töten* (1989), in dem viermal »Shit« gesagt wird.

Das im Film bei YouTube veröffentlichte Video, das die Geheimagenten enttarnt, zeigt neben den Fotos der Agenten Namen von Crewmitgliedern wie Andrew Surry (Executive Assistant), Paul Inglis (Art Director) und Steve Benelisha (Effects Technician).

James Bonds Ausweis enthält den Decknamen John Adam Bryce und das Geburtsdatum 16. Dezember 1968 – dies war schon im Roman *Leben und sterben lassen* 007s Tarnidentität.

Der Pool, in dem James Bond in Shanghai schwimmt, existiert wirklich, jedoch in London. Er wurde per Computeranimation auf das Dach eines Wolkenkratzers montiert. Zwölf verschiedene Glasdachentwürfe standen zur Debatte.

Bevor Ms unterirdisches Büro in Szene gesetzt wurde, gestaltete es Dennis Gassner siebenmal um, bis er zufrieden war.

Für den Dreh der Besprechungsszene mit Bill Tanner machte Daniel Craig in seiner Rolle als 007 über den Tag verteilt nahezu einhundert Klimmzüge.

Da Daniel Craigs Bart im Film echt sein sollte, die Szenen aber nicht in kontinuierlicher Reihenfolge gedreht wurden, musste Michael Lerman einen minutiösen Zeitplan erstellen, damit jede Szene mit der richtigen Bartlänge gedreht werden konnte.

Barbara Broccoli zweifelt an, dass der Britische Geheimdienst tatsächlich im Gebäude am Vauxhall Cross beheimatet ist.

Sam Mendes Lieblings-*Bond*-Film ist *Leben und sterben lassen* (1973).

Mannscheiben mit James Bonds Gesicht darauf, wie sie in der Titelsequenz gezeigt werden, verwendet auch Blofeld in *Spectre*, als er James Bond in das halb zerstörte Geheimdienstgebäude lockt.

Um auf die Dächer des Großen Basars in Istanbul zu gelangen, ließ Produktionsdesigner Dennis Gassner extra einen Fahrstuhl an der Außenseite eines Gebäudes errichten.

Neben Sam Mendes waren weitere vier Personen daran beteiligt, in der Nachvertonung das Geräusch zu kreieren, das zu hören ist, wenn Raoul Silva seine Zahnprothese herausnimmt.

Das Durch-die-Decke-Brechen der Tube in die Katakomben, in denen sich 007 und Silva befinden, wurde mit elf Kameras gefilmt. Der 14 Tonnen schwere Zug bestand nur aus zwei Waggons, geschickte Schnitte ließen ihn bei der Zerstörung des 2 Millionen Pfund teuren Sets aber aussehen, als bestünde er aus viel mehr Abschnitten.

Der Schatten von Raoul Silva an der Tunnelwand ist ein Verweis auf den Filmklassiker *Der dritte Mann*, bei dem der ehemalige *Bond*-Regisseur John Glen erste Filmerfahrungen gesammelt hatte.

Der Schurke Raoul Silva ist nicht der Erste in der Welt des James Bond, der bisexuell ist. Das trifft auch auf Marcus Bismarquer aus dem Roman *Der Kunstsammler* und Pussy Galore aus *Goldfinger* zu.

Die Szene, in der Silva versucht, Bond zu verführen, und seine Beine streichelt, musste mehrfach gedreht werden, weil die Darsteller Craig und Bardem immer wieder zu lachen anfingen.

Silva sollte als Bonds Negativ dargestellt und gezeigt werden, was sich auch in der Farbe der Kleidung bei ihrer ersten Begegnung widerspiegelt.

Als Raoul Silva zum ersten Mal in Erscheinung tritt, macht er genau 75 Schritte, bevor er vor James Bond stehen bleibt.

Zwei Drehtage waren an Deck der Yacht notwendig, um die Szenen zu filmen, die nicht einmal zwei Minuten dauern.

DEN STUNT, ALS JAMES BOND AN DEM NACH OBEN FAHRENDEN FAHRSTUHL SPRINGT, MACHTE DANIEL CRAIG SELBST.

Im Roman *Kernschmelze* besucht Bond Ascot, im Film *Skyfall* drehte man dort auf einer Tribüne Patrice' Ankunft am Flughafen von Shanghai. Bereits 1985 wurden beim traditionsreichen Pferderennen in Ascot Szenen für *Im Angesicht des Todes* (1985) gedreht.

Der Eingang zu Ms Privatwohnung, der im strömenden Regen gezeigt wird, ist der Eingang zu John Barrys Haus, der über viele Jahre die *James Bond*-Soundtracks – insgesamt zwölf Stück – komponierte.

Als 007 seine minimalistische Ausrüstung von Q erhält, zitiert er Shakespeare mit »Schöne neue Welt«. In Shakespeares Drama *Der Sturm* heißt es: »O, Wunder! Wie viele herrliche Geschöpfe es hier gibt! Wie schön der Mensch ist! O schöne neue Welt, die solche Bürger trägt!«

Als Bond in der Türkei vom Anschlag auf den MI6 erfährt, ist der echte Nachrichtensprecher Wolf Blitzer in der CNN-Sendung als Berichterstatter zu sehen.

Bei der Einblendung des Columbia-Logos am Anfang des Films hört man einen Gebetsruf – eine Andeutung, dass Bond in Istanbul ist.

AUF DIE FRAGE, WER IN DIESEM FILM DAS BOND-GIRL SEI, SAGTE DREHBUCHAUTOR JOHN LOGAN: »ES IST M.«

Bei der Klappe einer ihrer letzten Szenen sagte Judi Dench: »Cubby 141, Casino, Take 2« – Cubby ist der Spitzname von Albert R. Broccoli, der die ersten siebzehn *007*-Filme produziert hat.

In der finalen Szene erzeugte der Helikopter so viel Wind, dass Javier Bardems falsche Zähne herausgeblasen wurden, die er als Raoul Silva trägt.

Wurde in früheren *Bond*-Filmen am Ende immer der Unterschlupf des Schurken zerstört, so ist es in diesem Film 007s Unterschlupf: Sein Familienanwesen Skyfall explodiert.

Musiker Derek Watkins (* 2. März 1945, † 22. März 2013) spielte seine Trompete bei allen Soundtrack-Aufnahmen für offizielle *James Bond*-Filme seit *James Bond 007 jagt Dr. No* (1962).

Der Film setzt London so in Szene, dass dieser Schauplatz von einem kalten, trostlosen, regnerischen Ort zu einem warmen Platz am Ende wird, an dem Bond sein Überleben genießt.

Wie auch in *Lizenz zum Töten* (1989) hat James Bond eine Waffe, die sich durch eine Signatur seiner Handfläche nur durch ihn abfeuern lässt. Die Originalfilmrequisite ist heute im Besitz des deutschen Sammlers Chris Distin.

Ronson soll in der Pre-Title-Sequenz eine junge, unerfahrene Version von James Bond darstellen.

Das erste Mal in 50 Jahren versagt James Bond in einer Pre-Title-Sequenz und feiert nicht wie sonst einen großen Triumph: Moneypenny schießt ihn von einem Zugdach und er kann seinen Auftrag nicht erfüllen.

Wie auch später in den ersten Minuten der Pre-Title-Sequenz von *Spectre* (2015) wollte Sam Mendes im Kampf zwischen James Bond und Patrice keinen Schnitt haben.

Patrice' Wagen sollte sich in der Pre-Title-Sequenz zunächst mehrfach überschlagen, aber Sam Mendes hielt das für übertrieben und so wurde nur ein »harmloserer« Unfall inszeniert.

Die Pre-Title-Sequenz sollte zuerst so wirken, als ob sie in Russland spiele, und schließlich das Publikum überraschen, weil der Schauplatz Istanbul enthüllt wird.

Obwohl es im Film Istanbul sein soll, drehte man viele Szenen in Adana.

DANIEL CRAIG SUCHTE SICH DEN REGISSEUR SAM MENDES **SELBST** AUS.

2006 riet Regisseur Sam Mendes Daniel Craig von der Rolle des 007 ab – er würde den Stempel niemals wieder loswerden. 2011 fragte Craig Mendes auf einer Party, ob er bei *Skyfall* Regie führen wolle, und der sagte sofort: »Ja!«

Sam Mendes hält das Öffnen des Union-Jack-Fallschirms in *Der Spion, der mich liebte* (1977) für den besten *Bond*-Moment.

Der »Skyfall« – also Bonds Himmelssturz am Anfang des Films ist das zentrale Motiv des Films, das schließlich im Namen des Familienanwesens der Bonds wieder aufgenommen wird.

Bond-Produzent Michael G. Wilson kam zur *Skyfall*-Premiere mit dem Rolls-Royce Phantom aus *Goldfinger* (1964). Der Wagen trug sogar noch das Nummernschild »AU1«.

Roger Deakins' lange Kameraschwenks in den Shanghai-Szenen wurden von den Aufnahmen in Roman Polanskis Film *Chinatown* inspiriert.

Ebenso wie in *Ein Quantum Trost* wurde auf das eröffnende Gun Barrel verzichtet. Regisseur Sam Mendes hielt es für eine ungünstige Doppelung, da 007s erster Auftritt der Gun-Barrel-Sequenz ähnelte. Er setzte es daher ans Ende des Films.

Das Schlieren ziehende Blut im Titelvorspann steht sinnbildlich für die Karte der Verbindungen der Londoner U-Bahn, die später im Film in Qs Labor auf einem Großbildbildschirm zu sehen ist.

Sam Mendes wollte mit dem Film zeigen, dass James Bond sich alt fühlt.

Im Film diskutieren Q und Bond über ein Gemälde mit einem großen Kriegsschiff darauf, das verschrottet werden soll. Im übertragenen Sinne steht es für 007: Er ist ein müder, gebrochener Mann. Am Filmende stehen Bond und M vor einem Bild, das einsatzbereite Kriegsschiffe zeigt, und auch James Bond ist wieder voll da.

Barbara Broccoli nannte die Beziehung zwischen Bond und M die »bedeutsamste Beziehung in Bonds Leben«.

Q meint bei der Aushändigung von 007s Equipment, explosive Stifte würden vom MI6 nicht mehr hergestellt werden – eine Anspielung auf Bonds Ausstattung in *Sag niemals nie* (1983).

DER ASTON MARTIN DB5 WURDE FÜR DIE DREHARBEITEN AUS EINEM MUSEUM GEHOLT.

Bonds Aston Martin DB5 trägt das erste Mal seit *Feuerball* (1965) wieder das Kennzeichen »BMT 216A«. In allen Filmen dazwischen, in denen der Wagen zu sehen war, hatte er das Kennzeichen »BMT 214A«.

Einen Tag vor der angekündigten Premiere fand eine Vorführung des Films im Rahmen einer Spendengala im serbischen Belgrad statt.

Die Einnahmen der Premiere in der Royal Albert Hall wurden an ehemalige Mitglieder der Geheimdienste MI6, MI5 sowie des GCHQ gespendet.

Als James Bond Patrice in Shanghai im Hochhaus durch mehrere Glastüren beobachtet, kann Patrice ihn aufgrund verschiedener Lichtspiegelungen nicht sehen – eine Idee, die Regisseur Mendes schon in *Road to Perdition* benutzte.

Die Idee, James Bond auf seine Fähigkeiten hin zu überprüfen, war schon für *Stirb an einem anderen Tag* angedacht (nach seiner Gefangenschaft sollte er in ein Bewertungszentrum auf die Falklandinseln). Erst in *Skyfall* findet die Bewertung tatsächlich statt – und 007 fällt durch!

In der Szene, in der M stirbt, tut James Bond etwas, das er nicht einmal beim Tod seiner Frau in *Im Geheimdienst Ihrer Majestät* (1969) tat: Er weint.

Es gibt nur fünf *James Bond*-Filme, in denen es regnet: *Im Geheimdienst Ihrer Majestät* und die ersten vier mit Daniel Craig.

ERSTMALS WIRD DER VORNAME VON MISS MONEYPENNY GENANNT: EVE.

Die Szenen in der Titelsequenz sind den Bildern nachempfunden, die Menschen mit Nahtoderfahrungen beschrieben haben. Designer Daniel Kleinman wollte auf diese Art Bonds Gefühle widerspiegeln, als er fast ums Leben kommt. Es ist Bonds Perspektive, daher sieht er sich im Spiegel. Kleinman sprach auch von »außerkörperlichen Erfahrungen«.

Skyfall ist der *Bond*-Film, in dem 007 am häufigsten die Hände in den Taschen hat.

Sam Mendes ließ sich vom Kriegsfilm *Apocalypse Now* inspirieren.

In *Der Club der toten Dichter* wird genau das Gedicht zitiert, das M auch in *Skyfall* rezitiert: »Ulysses«.

Der Titelvorspann nimmt verfremdet mehrere Filmszenen vorweg: Bonds »Tod« (Grabstein), Silvers Qualen und das Casino in Macao (Drachen).

007 wird von Moneypenny einer Nassrasur unterzogen. Der Verkauf von »klassischen« Rasiermessern stieg nach dem Film um 400 Prozent an.

Es war nicht geplant, dass Daniel Craig in der Rasurszene die Bluse von Naomi Harris aufknöpft – er improvisierte.

Während des Drehs rammte ein Wagen, in dem Regisseur Sam Mendes saß, mit hoher Geschwindigkeit einen Statisten, der mit schweren Verletzungen in ein Krankenhaus eingeliefert werden musste. Die Dreharbeiten wurden nach dem Zwischenfall für eine Stunde unterbrochen.

Am 18. November 2010 lieferten Neil Purvis und Robert Wade ein erstes Drehbuch unter dem Titel »Nothing is Forever« ab.

Sam Mendes bestand auf einem neuen Filmkomponisten und David Arnold, der seit *Der Morgen stirbt nie* (1997) die Musik beigesteuert hatte, wurde von Thomas Newman ersetzt.

Der Film erschien zum 50. Jubiläum der *Bond*-Filmreihe und wurde am 23. Oktober 2012 in London uraufgeführt.

Das Titellied von Adele wurde am 5. Oktober 2012, dem 50. Jahrestag der Premiere des ersten *James Bond*-Films, um 0:07 Uhr Londoner Ortszeit veröffentlicht.

Die Figur des Shanghai Art Collector bekommt im Film das Gemälde »Die Frau mit dem Fächer« zum Kauf angeboten. Das Kunstwerk von Amedeo Modigliani wurde in Wirklichkeit in der Nacht vom 19. auf den 20. Mai 2010 gestohlen.

Die Kulisse der Geisterstadt im südchinesischen Meer ist der japanischen Insel Hashima nachempfunden.

Der Film spielte über 1,1 Milliarden Dollar ein, gewann zwei Oscars und einen Golden Globe und ist damit der bisher erfolgreichste *007*-Film.

Ende 2008 kündigten die Drehbuchautoren Peter Morgan und Robert Wade einen Drehbuchvorschlag unter dem Titel »Once Upon a Spy« an und legten es am 2. November 2009 vor.

Beim Dreh in Istanbul fuhr ein Stuntman unabsichtlich auf dem Dach des Großen Basars, Kapalı Çarşı, gegen eine etwa 330 Jahre alte Kristallschaufensterscheibe. Die türkischen Medien verurteilten den Unfall scharf und es wurden Stimmen laut, der *Bond*-Crew solle die Drehgenehmigung entzogen werden.

DIE DREHARBEITEN WURDEN NACH 128 DREHTAGEN ABGESCHLOSSEN – FÜNF TAGE FRÜHER ALS GEPLANT.

James Bond trinkt im Film Bier der Marke Heineken.

Nachdem Indien eine Dreherlaubnis für die Bahnszenen der Pre-Title-Sequenz erteilt hatte, zog die Regierung diese wieder zurück, weil die örtlichen Behörden der Ansicht waren, »die Szenen könnten ein irreführendes Bild des Landes erzeugen.«

Skyfall ist der Film mit dem höchsten Finanzierungsanteil durch Produktplatzierungen. Es standen ca. 34 Millionen Euro zur Verfügung.

Um ein bestmögliches Training für die Darsteller der Schurkenhandlanger zu gewährleisten, hatten die Macher ein Trainingslager für die Söldner geschaffen. Von den 42 Personen, die trainiert wurden, schafften es nur sieben in den Film.

Eine frühe Drehbuchidee enthielt als Hauptthema eine in der Vergangenheit liegende Indiskretion Ms in Russland, die den Ruf des MI6 hätte gefährden können.

Judi Dench verkörperte zum siebten und letzten Mal M, sie ist aber in einer Videobotschaft auch in *Spectre* (2015) zu sehen.

Javier Bardem, der den Schurken Silva spielt, war selbst als James-Bond-Darsteller im Gespräch, bevor Daniel Craig verpflichtet wurde.

Bérénice Marlohe hatte via Facebook auf sich aufmerksam gemacht. Sechs Jahre lang versuchte sie, eine Rolle zu ergattern, und kontaktierte Casting-Direktorin Debbie McWilliams über verschiedene Internetplattformen, um endlich zum Vorsprechen eingeladen zu werden.

SKYFALL *IST DER* ALLERERSTE BOND-*FILM, IN DEM EIN* BÖSEWICHT *SEIN* ZIEL ERREICHT: *ER SCHAFFT ES,* M ZU TÖTEN.

Um keine Touristen anzulocken und nichts vom Dreh zu hinterlassen, wurde die Kulisse des Skyfall-Anwesens nach dem Ende der Dreharbeiten angezündet und brannte zwei Nächte.

Istanbul soll die Lieblingsstadt von Ian Fleming gewesen sein und daher wählte man diesen Drehort für den Jubiläumsfilm der Reihe, der damit nach *Liebesgrüße aus Moskau* und *Die Welt ist nicht genug* zum dritten Mal Schauplatz war.

Ben Whishaw, der Darsteller des Q, besitzt in der Realität keinen Computer.

Auf Ms Nachlass, den James Bond bekommt, steht ihr vollständiger Name: Olivia Mansfield. In den Romanen von Raymond Benson lautete der Name noch Barbara Mawdsley.

Raoul Silva hieß in einer frühen Drehbuchversion noch Raoul Sousa.

Der Name Raoul Silva ist ein Anagramm der Worte »A Rival Soul« (»Eine konkurrierende Seele«). Im Film ist es ein Deckname. Silva heißt in Wirklichkeit Tiago Rodriguez.

Die Figuren in *Skyfall* (»Himmelssturz«) sollen auf biblischen Figuren basieren. Raoul Silva stellt den gefallenen Engel (den Teufel) dar, weil er aus seiner Organisation ausgeschlossen und gequält worden ist und Rache übt. 007 erscheint als Jesus-Figur: Er stirbt anscheinend, kehrt aber nach drei Monaten wieder zurück und läuft im Filmfinale sogar über Wasser (allerdings ist es gefroren).

Q benutzt eine Tasse, die den Scrabble-Buchstaben Q mit dem Punktwert 10 zeigt. In einigen Scrabble-Ausgaben gibt es für den Buchstaben aber nur 8 Punkte.

SPECTRE (2015)

Hinx soll ein Schurke in der Tradition Oddjobs aus *Goldfinger* (1964) sein.

Die Autoverfolgungsjagd in Rom, die sich Bond und Mr Hinx in diesem Film liefern, wurde bereits um 1991 für den dritten *James Bond*-Film mit Timothy Dalton geschrieben, der niemals gedreht wurde.

In seiner Rolle als Blofeld sagt Christoph Waltz zu Léa Seydoux, er habe sie als kleines Mädchen getroffen, als er ihren Vater bei sich zu Hause besuchte. Diese Anspielung bezieht sich auf den Film *Inglorious Basterds* (2009), in dem Waltz als SS-Standartenführer Hans Landa Léa Seydoux in ihrer Rolle als Charlotte LaPadite aufsucht und ihren Vater tötet.

In einer frühen Drehbuchversion sollten sich Tanner und Moneypenny anfeinden.

Blofelds Katze wird von James Bond Pussy genannt – eine Anspielung auf Pussy Galore, das Bond-Girl aus *Goldfinger* (1964).

Eine Figur sollte ursprünglich Charlotte King heißen und mit James Bond getarnt als Ehepaar undercover arbeiten. Als sie sich als Schurkin entpuppt, verletzt 007 sie und entstellt damit ihr Gesicht.

Die Maus, die James Bond in Tanger mit einer Waffe bedroht, ist eine Computeranimation.

Bei der Entführung von Dr. Madeleine Swann fahren die Wagen durch den Rosi-Mittermaier-Tunnel. Beim Herausfahren ist im Hintergrund allerdings dieselbe Bergstruktur zu sehen wie beim Hineinfahren.

Blofeld hieß im ursprünglichen Skript noch Stockmann, war eine kränkliche und schwache Person, die darin ebenso wie James Bond von Stockmanns Vater großgezogen wurde. Stockmann sollte sich nun als »Gott des Chaos« darstellen.

Das Wegreißen der Flugzeugtragflächen durch ein Hindernis ist eine Anspielung auf eine Szene in Sam Mendes' Lieblings-*Bond*-Film *Leben und sterben lassen* (1973). Man hatte aber bereits in *Lizenz zum Töten* (1989) darauf angespielt.

Mr White die Möglichkeit zum Selbstmord zu geben, ist eine Idee Flemings aus der Kurzgeschichte »Octopussy«, deren Inhalt auch im Film von 1983 erwähnt wird. Hier gibt 007 Major Dexter Smythe diese Möglichkeit.

Hatte Bond in *Goldfinger* (1964) noch seinen Gegner mit einem Schleudersitz aus dem Aston Martin DB5 geschossen, so katapultiert sich 007 diesmal selbst aus dem DB10.

Blofeld zeigt sein Gesicht im Film erst nach 43 Minuten und 55 Sekunden.

Da James Bond an der Bar der Hoffler-Klinik keinen Alkohol bekommt, bestellt Q Bond einen »proteolytischen Verdauungsenzym-Shake«. Bond trinkt ihn nicht, sondern bittet den Barkeeper, ihn ins Klo zu schütten: »Spar ich mir den Umweg.«

In Mr Whites Handy haben Schurken von SPECTRE Thallium versteckt, um ihn zu töten. Das weiche graue und Blei sehr ähnliche Metall ist äußerst giftig und wurde früher als Bestandteil von Rattengift verwendet.

Dr. Vogel spricht in der englischen Originalversion des Films Deutsch. In der deutschen Version spricht sie Ungarisch.

M hält Cs Gebäude zur maximalen Datenerfassung für George Orwells größten Albtraum.

Das Ice Q in Sölden wurde für die Aufnahmen der Hoffler-Klinik genutzt. Im Film wurde das Gebäude mit CGI-Technik vergrößert und ein Flügel gespiegelt.

Laut Q ist der Aston Martin DB10 nicht für James Bond, sondern für 009 gedacht.

Als Q Bond per Ortung in Altaussee sucht, zeigt seine Grafik einen massiven Rechtschreibfehler. Die Mösernstraße, auf der 007 fährt, heißt auf seiner Karte »Mösernßtrase«.

Das Nine-Eyes-Komitee aus dem Film basiert auf dem real existierenden Vorbild Five Eyes, das eine Allianz von Australien, Kanada, Neuseeland, dem Vereinten Königreich und den Vereinigten Staaten darstellt.

Der deutsche Countertenor Andreas Scholl ist im Lied »Nisi Dominus (Psalm 126), R.608 – 4. Cum dederit« (Andante) von Vivaldi zu hören, das gespielt wird, als Lucia Sciarra ihr Haus betritt.

Das Kennzeichen von Bonds Aston Martin DB10 lautet »DB10 AGB«.

KEINE FIGUR IN DEN *JAMES BOND*-FILMEN SAGT HÄUFIGER »SHIT« ALS Q.

Das »J« für »James« auf der Karte, die auf Moneypennys Schreibtisch liegt, wurde per Computeranimation eingefügt, weil man glaubte, die Zuschauer würden sonst nicht verstehen, wer Moneypenny die Nachricht und das Handy hat zukommen lassen.

Q zahlt eine Hypothek ab und besitzt zwei Katzen.

Obwohl die von Judi Dench verkörperte Figur M in *Skyfall* starb, ist sie in einem Videoausschnitt in *Spectre* zu sehen, der Bond den Anstoß zu seinen Ermittlungen gibt.

Die Union-Jack-Bulldogge, die Bond in *Skyfall* auf Ms Schreibtisch schrecklich fand, steht nun als Erbstück auf seinem Wohnzimmertisch.

Am 21. Januar 1983 soll Hannes Oberhauser die Patenschaft für den zwölfjährigen James Bond übernommen haben, dessen Eltern bei einem Kletterunfall in den Bergen ums Leben kamen. Daniel Craig war zu diesem Zeitpunkt aber schon 14 Jahre alt.

Smartblood – die Injektion von Nanopartikeln in James Bonds Arm – ist die moderne Version des in den Arm implantierten Senders, den Bond in *Casino Royale* (2006) erhalten hatte.

Es gibt zwei Theorien, warum Bond Max Denbigh C nennt – erstens: Der Kopf des MI6 trägt tatsächlich diesen Erkennungsbuchstaben, oder zweitens: Im Englischen ist das C-Wort eine Beleidigung. Es bezeichnet u. a. eine schreckliche, schmutzige oder widerliche Person.

Wie auch Madeleine Swann trinkt Bond untypischerweise einen Wodka Martini Dirty – also 6 cl Wodka, 1 cl trockenen Wermut, 1 cl Olivensaft (Salzlake aus dem Olivenglas) und drei grüne Oliven zum Garnieren.

M nennt C einen »cocky little bastard« und als er später sagt, man wisse ja, was das C bedeute, lachten die Zuschauenden in den englischsprachigen Kinos, weil das C*-Wort im Englischen eine große Beleidigung ist – dann nannte M aber ein weiteres Wort mit diesem Anfangsbuchstaben: »careless« (in der deutschen Übersetzung dann »chancenlos«).

Die Pre-Title-Sequenz sollte eine Plansequenz sein. Die 4 Minuten und 30 Sekunden sollen ohne einen Schnitt im Film zu sehen sein. Experten fanden heraus, dass es in der Sequenz dennoch zwei verstecke Schnitte gibt.

Am Ende der Pre-Title-Sequenz hat man sich in der Nachbearbeitung des Films einen Spaß erlaubt. Was auf den ersten Blick wie Lichtreflexionen in der Kameralinse aussieht, entpuppt sich beim genauen Hinsehen als mehrere Smilies.

Der Fahrstuhl, den James Bond und Estrella in der Pre-Title-Sequenz in Mexiko benutzen, ist der, in dem schon Bond und Pam Bouvier in *Lizenz zum Töten* (1989) fuhren.

James Bonds Skelett-Outfit in der Pre-Title-Sequenz ist eine Anspielung auf das Aussehen Baron Samedies aus *Leben und sterben lassen* (1973).

Im geheimen Büro von Mr White findet James Bond die Videokassette mit den Verhöraufzeichnungen von Vesper Lynd.

Bond und Estrella wohnen in Hotelzimmer Nr. 327. Regisseur Mendes ist Fan von Stanley Kubrick, vertauschte die Ziffern und spielte damit fast unmerklich auf das teuflische Zimmer 237 aus dem Film *The Shining* an.

Wie schon in *Goldfinger* hat Bond unter einem Outfit ein völlig anderes an: Damals trug er unter einem Taucheranzug ein weißes Dinnerjacket und Anzughose, in *Spectre* ist es ein Anzug unter einem Skelett-Kostüm.

Blofelds Narbe im Gesicht am Ende des Films ist eine Anspielung auf das Erscheinungsbild der Figur in *Man lebt nur zweimal* (1967).

Während die Uhr des einstürzenden Gebäudes im Trailer des Films noch auf 12:14 Uhr steht, ist es im finalen Film darauf 16:55 Uhr.

In Madeleine Swanns Zimmer in Blofelds Hauptquartier hängt das Bild »Dame mit Fächer« von Amedeo Modigliani, das bereits in *Skyfall* (2012) gezeigt wurde. Das Originalbild wurde am 20. Mai 2010 aus einem Museum gestohlen.

James Bonds Sturz auf ein Sofa, als er durch die Etagen eines einstürzenden Gebäudes fällt, wurde spontan in die Szenenfolge mit aufgenommen. Craig wollte mehr Humor und Mendes ließ ein Sofa ans Set bringen.

DANIEL CRAIG IST DER ERSTE 007-DARSTELLER, DER AUCH ALS CO-PRODUZENT EINES BOND-FILMS AUFTRITT.

Der Octopus im SPECTRE-Logo hat nur sieben Tentakeln – jede steht für einen Buchstaben der Organisation.

Wie in *Goldfinger* (1964) sind im Titelvorspann Szenen zu sehen, die auch später im Film vorkommen.

Im Titelvorspann sieht man James Bond und das Bond-Girl im freien Fall. Zuletzt war das in *Ein Quantum Trost* (2008) der Fall.

Die Szene im Titelvorspann, die zunächst wie das Treffen von Bond und einer Frau unter einer Dusche aussieht, ist eine Reminiszenz an *Skyfall* (2012).

Als 007 im Aston Martin DB10 den Schalter »Atmosphere« betätigt, zeigt das Display »Music Enabled for 009« (»Musikmix für 009«) und das Lied »New York, New York« erklingt.

Das Metro-Goldwyn-Mayer-Logo und das darauffolgende Columbia-Logo werden diesmal zu den Klängen des *James Bond*-Themas eingeblendet, dann folgt zum ersten Mal seit 2002 das Gun Barrel wieder am Anfang des Films.

007 stellt Blofeld auf der Westminster Bridge genau um 0:07 Uhr. Als Bond zuvor über die Brücke läuft, zeigt die Uhr genau die Zeit, die auch auf dem Zifferblatt der laufenden Uhr in der Pre-Title-Sequenz von *Im Geheimdienst Ihrer Majestät* (1969) zu sehen ist.

In *Stirb an einem anderen Tag* sagte Q: »Ich wünsche, ich könnte Sie verschwinden lassen.« In *Spectre* ist es genau andersherum: Bond wünscht sich, dass Q ihn verschwinden lasse.

Der zweite Kinotrailer enthält u. a. musikalische Elemente des Soundtracks aus *Im Geheimdienst Ihrer Majestät* (1969) (u. a. »Escape from Piz Gloria«). Zwar sind diese im Film mit Craig nicht mehr enthalten, dafür aber eine markante Tonfolge aus *Feuerball* (1965).

Der Teaser-Trailer zeigte mehrere Szenen, die nicht im Film zu sehen sind: eine sich umdrehende Mitarbeiterin, als Bond durch das MI6-Gebäude geht, und das SPECTRE-Logo, das auf Qs PC erscheint. Im Trailer ist auch ein musikalisches Thema aus *Im Geheimdienst Ihrer Majestät* (1969) zu hören.

8.140 Liter Kerosin »Jet A-1« und vierundzwanzig Ein-Kilogramm-Sprengladungen sicherten der Explosion von Blofelds Unterschlupf einen Eintrag im *Guinness-Buch der Rekorde* als größte jemals gedrehte Filmexplosion. Die Explosionstemperatur lag bei rund 2.000° Celsius.

Als Hinx nach einem Unfall vermeintlich tot auf der Motorhaube seines Autos liegt, bewegen sich seine Finger. Das ist eine Anspielung auf Beißer. Der hatte in *Der Spion, der mich liebte* (1977) ebenfalls durch das Bewegen seiner Finger ein Lebenszeichen von sich gegeben.

Sam Smith setzte sich von sich aus mit den Produzenten der *Bond*-Reihe in Verbindung und sagte, dass er unbedingt einen *James Bond*-Song schreiben und singen wolle.

»Wir wollen ein großes Liebeslied schreiben« – mit dieser Anweisung von Regisseur Sam Mendes machte sich Sam Smith daran, das Titellied für *Spectre* zu gestalten und zu singen.

Im Vorspann des Films werden Figuren aus den vorhergehenden Craig-*Bond*-Filmen gezeigt: Silva, Vesper Lynd, Le Chiffre und M.

Um Bond sein Versagen in Mexiko deutlich zu machen, wirft M 007 die Zeitungen *The Guardian* (mit der Schlagzeile »Outrage in Mexico«) und die *Times* (mit der Schlagzeile »Day of destruction«) auf den Schreibtisch.

Der Kampf mit Mr Hinx im Zug ist eine Anspielung auf Bonds Kampf gegen Red Grant in *Liebesgrüße aus Moskau* (1963).

Die acht für den Film gebauten Aston Martin DB10 sind Spezialanfertigungen. Das Fahrzeug war niemals für den Markt bestimmt.

Das Kennzeichen von Hinx Jaguar C-X75 lautet »ROMA 860K«.

Sam Mendes nennt *Spectre* den zweiten Teil der *Bond*-Serie, der etwas über Bonds Kindheit preisgibt. Der erste war *Skyfall*.

RED-BULL-PILOT CHUCK ARON, EINER DER WELTBESTEN AKROBATIKPILOTEN, FLOG DEN HELIKOPTER IN DER PRE-TITLE-SEQUENZ.

Qs Flucht vor den Gondelgangstern ist eine Umkehrung der Szene aus *Skyfall*, in der Raoul Silva vor Bond flüchtet. Hatten sich damals die Türen der Tube geöffnet und Menschenmengen den Weg versperrt, ist es diesmal die Gondeltür.

Darstellerin Eva Green hat hier nach *Casino Royale* und *Ein Quantum Trost* (im Film ist ihr Foto zu sehen) ihren dritten Auftritt als Vesper Lynd. Der Film zeigt ihr Bild u. a. im zerstörten MI6-Gebäude. Dort hängen auch Aufnahmen von Le Chiffre, M, Mr White und Raoul Silva.

Tabitha Shick, damals Creative Executive von MGM, heute Executive Director, brachte in einer Besprechung das erste Mal den Vorschlag ein, Christoph Waltz im Film einzusetzen. Er sollte im Film C spielen und sich schließlich als Blofeld entpuppen.

Es gab auch Überlegungen, Bill Tanner als Maulwurf beim MI6 zu entlarven, dann kreierte man aber die Figur C.

Der Charakter der Figur Bond wurde im Entstehen der Geschichte mehrfach verändert. James Bond sollte nach seinem Mexiko-Einsatz unter Paranoia leiden und M sollte davon ausgehen, dass Bond »verrückt« werde.

Das erste Mal in der *Bond*-Filmgeschichte sollte Q zur Geisel der Schurken werden, die Szene wurde aber verworfen.

Crewmitglieder wie Ludovica Lugli, Giuseppe Nardi, Margherita Di Tullio und Diego Spalla sind (teilweise mit ihren Lebenspartnern) auf den Grabtafeln in der Beerdigungsszene von Marco Sciarra in Rom aufgeführt. 50 weitere Namen, von denen 40 ebenfalls Crewmitgliedern, hauptsächlich aus dem Art Department, zugeordnet werden können, stehen auf der Gedenktafel des MI6.

Pierce Brosnan sagte über den Film: »Ich glaube, er ist zu lang. Die Story ist etwas schwach – man hätte sie kürzen müssen.«

Der »Tag der Toten« als Bonds Einsatzort entwickelte sich aus der Idee eines Maskenballs, der in Rom stattfinden sollte. Dieser wiederum war durch Stanley Kubricks *Eyes wide shut* inspiriert und führt auf eine Drehbuchidee von *Im Geheimdienst Ihrer Majestät* zurück. Eine Massenszene in *Keine Zeit zu sterben* (2021) geht wieder in diese Richtung.

Zweimal war für frühere *Bond*-Filme schon Rom als Drehort vorgesehen, erst für diesen Film wurde dort tatsächlich gedreht.

Die Namen der E-Mail-Kontakte von Bill Tanner (ID. 8018964) lauten: M. Worth (ID. 78235), F. Macedo (ID. 34892), N. Harmes (ID. 89346), M (ID. 23896 und ID. 8017649), Q (ID. 12894), B. Corcoran (ID. 87430), S. Breakwell (ID. 46456) und G. Hancock.

Bond sollte Blofeld mit einem Kopfschuss töten, was aber als zu brutal empfunden und aus dem Drehbuch gestrichen wurde.

Das Outfit des Chauffeurs, der Bond und Swann in der Wüste abholt, ist eine Anspielung auf James Bonds ersten Gegner, Mr Jones, in *James Bond 007 jagt Dr. No* (1962).

Nach der erfolgreichen Parcours-Verfolgungsjagd in *Casino Royale* (2006) sollte in diesem Film eine Parcours-Jagd auf Skiern in Szene gesetzt werden, die man aber später verwarf.

Christoph Waltz sagte im Interview, er käme im kommenden *Bond*-Film nicht als Blofeld zurück (was nicht stimmt!), weil dieser üblicherweise nie zweimal vom selben Darsteller verkörpert werde. Falsch gedacht: In *Liebesgrüße aus Moskau* (1963) und *Feuerball* (1965) spielte beide Male Anthony Dawson die Figur.

Drehbuchentwürfe sahen vor, dass Blofeld eine NATO-Veranstaltung sprengt und einen Blackout verursacht. Die Idee gab es aber schon in *Stirb langsam 4.0* (2007).

Die Folterszene auf dem Stuhl mit den Knochenbohrern ist durch den *Bond*-Roman *Colonel Sun* inspiriert.

Ein Titel für die Geschichte »Feuerball«, die zunächst von CBS verfilmt werden sollte, lautete auch »SPECTRE«. Eine Produktion des Fernsehsenders kam nie zustande und aus dem Stoff verfasste Ian Fleming seinen Roman *Feuerball*.

Dave Bautista, der in *Spectre* Hinx spielt, verkörpert in *Guardians of the Galaxy* die Figur Drax – diesen Namen trug schon der Oberschurke in *Moonraker – streng geheim*.

James Bond sollte am Anfang des Films ursprünglich den verschlüsselten Hinweis in einem alten Schulbuch finden, der ihm schließlich als Rätsel den Namen »Blofeld« preisgibt.

Als Madeleine Swann von James Bond gerettet wird, reißt sie sich von ihm los, wie es schon Natalya Simonova in *GoldenEye* (1995) getan hat. Und auch Lupe Lamora sagte in *Lizenz zum Töten* (1989) nach einer ähnlichen Situation schon: »Fassen Sie mich nicht an.«

Madeleine Swanns Mantel ist eine Anspielung auf den Mantel, den Kara Milovy in *Der Hauch des Todes* (1987) trug.

Durch eine DNA-Analyse des Rings von Marco Sciarra weist Q jedem Tentakel des SPECTRE-Logos einen Schurken zu: »Silva, Sciarra, White, Patrice, Greene und Le Chiffre. Franz Oberhauser wird der Kopf des Tintenfischs.«

Das Safehouse des MI6 ist mit dem Eingangsschild »Hildebrand – Prints & Rarities – EST 1932 London« getarnt – eine Anspielung auf Ian Flemings Kurzgeschichte »Die Hildebrand-Rarität« von 1960.

Einer der Schurken in Rom sollte ursprünglich den Namen Callo tragen.

Das Betreten des MI6-Gebäudes am Ende des Films, als 007s Schatten durch die Tür fällt, ist bereits im Titelvorspann zu sehen. Damit weist der Film eine Parallele zu *Goldfinger* (1964) auf.

3.144.475,37 Euro – für diesen Betrag ist der Aston Martin DB10 bei Christie's in London versteigert worden. Ebenso wechselte Bonds Kostüm vom »Tag der Toten« für 127.225,64 Euro den Besitzer, Bonds Omega Seamaster 300 brachte 119.475,86 Euro und Oberhausers goldener SPECTRE-Ring 41.978,00 Euro.

CNS steht für »Centre for National Security«. Schurke C liegt, nachdem er vom Gebäude in den Tod gestürzt ist, mitten im Zentrum des Logos.

In der Drehbuchentwicklung hat die Pre-Title-Sequenz die größte Veränderung erfahren. Sie wurde komplett umgeschrieben.

Das Ablegen von James Bonds Waffe auf einem Serviertablett ist eine Anspielung auf das Abgeben seiner Waffe in *Leben und sterben lassen* (1973) in Kanangas Hauptquartier.

Felix Leiter sollte in diesem Film zum zehnten Mal auftreten und mit Bond Seite an Seite gegen eine abtrünnige Agentin der CIA kämpfen, man verwarf die Idee aber wieder.

In der *Bond*-Literatur kommt bereits eine Figur mit dem Vornamen Madeleine vor: Eine attraktive Frau, die nicht für James Bonds Charme empfänglich und Hüterin eines Safehouse im Roman *Scorpius* ist.

Madeleine Swann trug in den ersten Drehbuchversionen laut einigen Quellen noch den Namen Kaja.

Sam Mendes sagte auf der Premiere von *Spectre* beim Interview vor der Royale Albert Hall über ein Mikrofon an, die Dreharbeiten für *Keine Zeit zu sterben* sollten noch im November 2015 beginnen. In der Berichterstattung aller Medien wurde diese Aussage allerdings herausgeschnitten.

Monica Bellucci ist rund vier Jahre älter als Daniel Craig und damit das ältestes Bond-Girl in der Geschichte der Serie. Bellucci war schon als Paris Carver in *Der Morgen stirbt nie* im Gespräch.

Verschiedene Szenen sollten in einer verlassenen Diamantenmine in Afrika spielen.

Sony und Eon ist durch die Veröffentlichung des Drehbuchs von *Spectre* im Internet durch einen Hackerangriff auf Sony ein erheblicher Schaden entstanden.

BEIM HACKERANGRIFF AUF DIE SONY-COMPUTER ZEIGTE DER BILDSCHIRM EINES MITARBEITERS U. A. EIN 3-D-SKELETT.

Nach *Spectre* verlor Sony die Rechte am *James Bond*-Franchise und ein neuer Verleiher wurde gesucht. Fünf verschiedene Studios konkurrierten um *007*. 2017 boten MGM und Eon einen Ein-Film-Vertrag an, um »Bond 25« weltweit mitzufinanzieren und zu vertreiben. Universal Pictures gewann den Wettstreit.

Beim Vertrag mit Sony und den vorherigen Regisseuren sollen sich Broccoli und ihr Halbbruder Michael G. Wilson die finale Bestätigung für jede Dialogzeile, jede Actionsequenz, jede Besetzung und jede Werbemaßnahme vorbehalten haben.

Der Vertrag, den man mit Sony geschlossen hatte, als man damals den Neubeginn mit Daniel Craig anging, lief über vier Filme und es war darin vorgesehen, dass Sony jeweils 50 Prozent der Kosten trug, aber nur 25 Prozent der Einnahmen bekam.

Eine Idee war, einem Schurken eine Kamera zu geben, die in seinen Augapfel integriert ist. Die Szene wurde verworfen.

In Bonds Zimmer in Oberhausers Hauptquartier hängt das Bild »Le pigeon aux petit pois« von Pablo Picasso an der Wand. Der Wert des Bildes wird auf 23 Millionen Euro geschätzt. Es befand sich zuletzt unversichert im Museum für Moderne Kunst in Paris, wo es am 20. Mai 2010 gestohlen wurde.

Das Gemälde »Tiger Nummer 3, 1949« von Jackson Pollock soll im Film *Spectre* zu sehen sein – zumindest wird es im Abspann gelistet.

Das Drehbuch sah vor, dass James Bond Blofeld am Ende des Films bewusst entkommen lassen sollte.

Rund 30 Personen waren mit Daniel Craig auf dem Dach, als er für die Pre-Title-Sequenz auf der Balustrade entlangging.

Kurz bevor James Bond mit seinem Aston Martin den Fiat rammt und beschleunigt, singt der Fahrer vorn im Wagen »Libiamo Ne'lieti Calici« (*La Traviata*/Akt 1) von Giuseppe Verdi mit, als Luciano Pavarotti zu hören ist.

Moneypenny sollte im Einsatz eine Verletzung davontragen.

DER AUFHÄNGER DES FILMS SOLLTE URSPRÜNGLICH SEIN, DASS JAMES BOND SEINE LETZTE MISSION ANTRITT.

In *Spectre* wird zum siebten Mal in einem offiziellen *James Bond*-Film die gleichnamige Verbrecherorganisation thematisiert. Sie kommt auch in *Sag niemals nie* (1983) vor.

SPECTRE STEHT FÜR »SPECIAL EXECUTIVE FOR COUNTERINTELLIGENCE, TERRORISM, REVENGE AND EXTORTION«.

Madeleine Swann war ursprünglich ganz anders angelegt: Sie sollte, nachdem sie mit zwölf einen Mann getötet hatte (wie im Film beschrieben), eine Wandlung vollziehen und ihre Liebe zu Bond nur vortäuschen. Schließlich sollte sie 007 zu Blofeld locken, mit dem sie eine Beziehung hätte haben sollen.

Ebenso wie die *Bond*-Serie mit *Casino Royale* (2006) »neu« gestartet – also ohne Bezug zu den vorhergehenden Filmen fortgeführt – wurde, legt auch Blofeld in diesem Film einen Neustart hin, denn die Figur hat mit ihren Vorgängern nur den Namen gemeinsam.

Der Film kam nur zustande, weil Danjaq im November 2013 der Familie McClory die Filmrechte an SPECTRE abkaufte und damit auch an die Rechte für die Figur Blofeld gelangte. Saltzman und Broccoli hatten die Handhabe an diesen Inhalten zu Beginn der *Bond*-Ära nicht für sich sichern können.

Die Rechte an *Casino Royale* (2006), *Ein Quantum Trost* (2008), *Skyfall* (2012) und *Spectre* (2015) teilen sich Danjaq LLC, MGM und Columbia Pictures Industries, Inc.

Spectre (2015) ist zum Teil durch *Im Geheimdienst Ihrer Majestät* (1969) inspiriert und wieder wurde ein Restaurant auf einem Berg zu einem Drehort umfunktioniert.

Der Mann mit den langen grauen Haaren, der auf der SPECTRE-Versammlung neben Bond steht, sieht aus wie Tom So, ein Schauspieler, der in *Casino Royale* mit 007 am Spieltisch gesessen hatte. Es ist aber sein Bruder Clem So, der in *Skyfall* auch als Casinogast in Erscheinung trat. In *Spectre* (2015) und *Keine Zeit zu sterben* (2021) spielt er ebenfalls mit.

Die Szene, in der Mr Hinx einem anderen Schurken mit seinen Daumen die Augen in den Schädel drückt, ist eine Anspielung auf den Film *Blade Runner* (1982), in dem Bösewicht Gaff mit Dr. Eldon Tyrell genauso verfährt.

Wegen zu hoher Brutalität verwarf man eine Folterszene, in der ein SPECTRE-Mitglied in Rom über Glasscherben kriechen sollte.

Im Filmfinale jagt Bond auf einem Boot die Themse hinauf. Ursprünglich sollte er ein Boot stoppen, das mit einer Bombe darauf den Fluss hinunterfährt.

In seinem Fragebogen in der Hoffler-Klinik muss James Bond Dinge über sich preisgeben. Er kreuzt auf einer Skala von 1–10 Folgendes an: »Do you feel scared?« (2), »Are you regretful?« (2), »General temper/mood« (6).

Im Filmfinale sollten Bond und Madelaine Swann an einen Sonnenofen gefesselt werden. Dieser sollte bei Sonneneinstrahlung eine Temperatur von bis zu 4.000° Celsius erreichen.

Irma Bunt aus *Im Geheimdienst Ihrer Majestät* (1969) sollte zurückkehren. Die Idee wurde auch bei *Keine Zeit zu sterben* wieder erwogen.

Da James Bond Vesper Lynd in *Casino Royale* (2006) nicht vor dem Ertrinken retten konnte, sollte es ihm ursprünglich bei Madeleine Swann gelingen und ihn damit auch psychisch rehabilitieren.

Als man beim Schreiben des Drehbuchs mit der Idee spielte, Blofeld sollte eine Frau sein, sagte Jonathan Glickman von MGM, die Idee sei schlecht, es sei denn, Meryl Streep würde die Figur spielen.

Als sich James Bond ein Schurke in den Weg stellt und fragt, wer er sei, antwortet Bond: »Micky Maus.«

KEINE ZEIT ZU STERBEN (2021)

James Bond hat in seinem Haus auf Jamaika *Zen und die Kunst, ein Motorrad zu warten*, das Buch des amerikanischen Autors Robert M. Pirsig aus dem Jahr 1974, auf einem Tisch liegen. Es ist eine Mischung aus Roman, Autobiografie und philosophischer Abhandlung.

Danny Boyle, ursprünglich als Regisseur vorgesehen, inszenierte auch *Trainspotting*, in dem die von Jonny Lee Miller gespielte Figur Sick Boy geradezu besessen von *James Bond*-Filmen ist. Miller ist ein Enkel von M-Darsteller Bernard Lee, der die Rolle zwischen 1962 und 1979 elfmal spielte.

Angeblich stieg Danny Boyle aus dem Projekt aus, weil laut Drehbuch James Bond am Ende spektakulär sterben sollte und er das lächerlich fand. Die Idee ist nicht so abwegig, denn sie stammt von Ian Fleming, der Bond im Buch *Liebesgrüße aus Moskau* vergiften ließ. Bond fällt um und das Buch endet.

Die Produktion von *Keine Zeit zu sterben* sollte schon im Dezember 2018 beginnen, verzögerte sich dann aber bis zum 4. März 2019.

Im März 2019 hieß es schließlich, Danny Boyle hätte die Idee gehabt, Bond solle am Ende des Films sterben und sei deshalb von Barbara Broccoli und Daniel Craig aus dem Projekt befördert worden.

Am 20. September 2018 wurde Cary Joji Fukunaga als neuer Regisseur des Films der Presse genannt.

Im Internet tauchte die Meldung auf, der Titel des Films laute »A Reason to Die«. Tatsächlich soll dieser Titel in Erwägung gezogen worden sein und man habe ihn einen Tag vor der ersten Pressekonferenz auf Jamaika verworfen. Später wurde »No Time to Die« zum Titel.

Michael G. Wilson sagte 2008 zum Product-Placement: »Uns wurde von Autobauern viel Geld geboten, um ihre Wagen im Film unterzubringen. Wir haben das nie angenommen, außer einmal von BMW, das war ein Experiment. Aber wir wollten eben Aston Martin, und glauben Sie mir: Aston Martin hat schöne Autos, aber definitiv kein Geld.«

Q-Darsteller Ben Whishaw sagte im Interview: »Warum schaut man sich *Bond*-Filme noch an, obwohl man genau weiß, was man serviert bekommt? Ganz einfach. Bei Filmen sind Erwachsene wie Kinder und Kinder wollen immer wieder dasselbe. Also wenn etwas gut war, dann heißt es: ›Noch mal!‹«

Schon Anfang August 2017 verplapperte sich der Präsident und CEO des TV-Anbieters Showtime, David Nevins, und verriet, dass Daniel Craig wieder in der Rolle des James Bond zu sehen sein werde. Die Presse nahm das nicht für wahr.

In der *Late Show* auf CBS bei Stephen Colbert bestätigte Daniel Craig am 16. August 2017 schließlich, doch noch einmal Bond zu spielen. Insider behaupten, Craig habe auch schon für »Bond 26« unterschrieben.

Barbara Broccoli hegt den Wunsch, Veränderungen vor und hinter der Kamera zu unterstützen. Sie sagte, sie liebe es, mit Frauen zu arbeiten, und wünsche sich mal eine Regisseurin.

Broccoli will jedoch keine Frau als Bond sehen und sagte 2019 im Interview: »Er ist ein männlicher Held. Er wurde als Mann geschrieben. Und das ist gut so. Wir müssen keine männlichen Figuren in Frauen verwandeln. Lasst uns lieber mehr weibliche Figuren erschaffen.«

Angeblich sollte die Arbeit am Film verschoben werden, weil Daniel Craigs Frau Rachel Weisz schwanger sei. Die gemeinsame Tochter wurde am 1. September 2018 geboren.

Ein Casting-Aufruf sorgte für Wirbel: Die Macher der *007*-Filmreihe suchten nach einem 30- bis 60-jährigen Mann aus Russland oder dem Balkan. Er müsse »charismatisch, kraftvoll, innovativ, kalt und rachsüchtig« sein.

Idris Elba brachte und bringt sich selbst immer wieder als möglicher farbiger James-Bond-Darsteller ins Gespräch. Seine Tweets und Pressekommentare haben sogar schon Daniel Craig auf sich aufmerksam gemacht und beide scherzten bei einer Preisverleihung über die 007-Nachfolge.

Michael Wilson sagte in einem Interview: »Bond ist als Mann konzipiert, das wollen wir nicht ändern. Bond ist außerdem Brite, ansonsten gibt es keine Festlegungen. Hautfarbe spielt in jedem Fall keine Rolle.«

Oft wurde zitiert, Craig wolle nicht mehr 007 spielen und sich lieber die Pulsadern aufschneiden. Er sagte das wörtlich zwei Tage nach Ende der Dreharbeiten von *Spectre* (2015) auf die Frage, ob er noch einmal in die Agentenrolle schlüpfen werde, aber mit ironischem Unterton und der Gegenfrage: »Jetzt?«

Als Nachfolger von Daniel Craig wurden Michael Fassbender, Tom Hiddleston und Tom Hardy gehandelt.

Said Taghmaoui war als Gegenspieler Bonds im Gespräch und auch der polnische Schauspieler Tomasz Kot sollte einen russischen Schurken verkörpern.

Man hatte vorgesehen, einen russischen Mann und eine russische Frau als Gegner von James Bond zu besetzen, die »sehr auffällig« und »gute Kämpfer« sein sollten.

In der Gerüchteküche wurde Dua Lipa als Sängerin des Titelliedes genannt. Später fielen Namen wie Adele, Ed Sheeran und Sting (weil dessen Tochter am Set eine kleine Rolle hatte).

Liam Gallagher wurde ebenfalls als möglicher Sänger genannt, um die Titelmelodie zum Film zu singen. Letztendlich wurde es aber Billie Eilish. Die erst im Dezember 2001 geborene Eilish ist damit die jüngste Interpretin eines *Bond*-Songs, die es je gab.

Billie Eilishs Titellied »No Time to Die« wurde am 14. Februar 2020 um 1:00 Uhr nachts deutscher Zeit veröffentlicht. Das Lied basiert auf dem gleichen Tonmotiv, das auch schon in den letzten drei Craig-*Bond*-Filmen Verwendung fand, und endet mit dem Schlussakkord des *James Bond*-Themas.

Daniel Craig sagte in einem Interview, er wolle Monica Bellucci in *Keine Zeit zu sterben* unbedingt dabeihaben.

Cary Fukunagas erster *Bond* im Kino war *Im Angesicht des Todes* (1985). Aus diesem Grund wollte er auch Grace Jones, die damals May Day gespielt hatte, bei seinem Bond dabeihaben. Sie sagte die Rolle erst zu und dann mit der Begründung ab, sie habe nicht genug Text.

»A View to a Kill« von Duran Duran ist nach Cary Fukunagas Aussage einer der besten *Bond*-Songs aller Zeiten.

Nach Bonds Dauerfreundin Sylvia Trench in den ersten beiden Kinofilmen der Reihe ist Léa Seydoux nach 56 Jahren das erste wiederkehrende Bond-Girl, das in derselben Beziehung zu 007 steht wie im Film zuvor.

Wie auch in den vergangenen Jahren wurde der Titel »Shatterhand« als möglicher Filmtitel von der Presse genannt. An dem Gerücht war wie immer nichts dran. Er wird auch vor »Bond 26« wieder ins Spiel gebracht werden.

Lupita Nyong'o (Nakia in *Black Panther*) war laut Insider Baz Bamigboye zunächst Wunschkandidatin für die Rolle, die nun Lashana Lynch erhalten hat.

Die Darstellerin Emma Stone war für die Rolle eines Bond-Girls im Gespräch. Allerdings drangen Meldungen an die Öffentlichkeit, am Set wolle man den Ausdruck »Bond-Girl« nicht mehr hören und habe ihn in »Bond-Woman« geändert.

Der *James Bond*-Film war nicht der erste Film, den man in der italienischen Stadt Matera drehte. Bereits Teile der Neuauflage von *Ben Hur* sowie *Wonder Woman* sind dort entstanden.

In *Casino Royale* (2006) benutzt James Bond mehrfach das Code-Wort »Eclipse«. Dieses Wort wurde auch als möglicher Filmtitel für Craigs fünften Auftritt in der Rolle des 007 gehandelt.

Die ersten Szenen von einem Drehort nahe Oslo zeigten einen unheimlichen Maskenmann, der ein blondes, junges Mädchen hinkend durch den Schnee verfolgt. Er bekam aufgrund der Maskenform im Internet sehr schnell den Spitznamen »Das Phantom (der Oper)«.

Die regenbogenfarbene Jacke des blonden Mädchens, das auf dem Eis gejagt wird, stammt von Marks & Spencer und wurde innerhalb von Stunden nach Veröffentlichung des Videos ein Verkaufsschlager.

Nach *James Bond 007 jagt Dr. No* und *Leben und sterben lassen* wurde zum ersten Mal wieder ein *007*-Film auf Jamaika gedreht.

Für die Produktion wurden ca. 500 lokale jamaikanische Schauspieler und Crewmitglieder angestellt.

Im April 2019 gab es erstmals Gerüchte, dass sich James Bond im Film im Ruhestand befindet und seine 00-Nummer an einen anderen Agenten oder eine andere Agentin weitergegeben worden ist.

Die Pressekonferenz, die die *Bond*-Macher unter Anwesenheit von zahlreichen Darstellern, wie auch Daniel Craig am 25. April 2019 auf Jamaika abhielten, brachte keine nennenswerten Informationen. Nicht einmal ein Filmtitel wurde genannt. Die *007*-Fangemeinde war bitter enttäuscht.

007 soll laut Drehbuch den Grabstein von Vesper Lynd aufsuchen. Die Idee stammt aus dem Buch *Im Geheimdienst Ihrer Majestät* von Ian Fleming.

Daniel Craig verletzte sich bei den Dreharbeiten auf Jamaika den Knöchel – er war beim Rennen ausgerutscht und musste sich operieren lassen.

Kein Wodka Martini: Bond-Girl Ana de Armas war das Gesicht der 2019er Kampagne von Campari. Ihr Rollenname ist laut Drehbuch Paloma. War Vesper aus *Casino Royale* (2006) der Name für Bonds Wodka Martini, so ist Paloma ein Cocktail aus Tequila und Grapefruit-Limonade, der oft noch zusätzlich mit etwas Limettensaft und Salz verfeinert wird.

Ein Intimkoordinator soll beauftragt worden sein, um den Sexszenen zwischen Daniel Craig und Ana de Armas das gewisse Extra zu verleihen. Er sollte garantieren, dass sich die Schauspieler während der Dreharbeiten wohlfühlen.

Barbara Broccoli bekundete, in der #metoo-Ära habe sich alles verändert und sie unternehme zusätzliche Anstrengungen, um sicherzustellen, dass alle Stars die Unterstützung erhielten, die sie am Set bräuchten – auch während einiger der »riskanteren Sexszenen«.

Der Showbiz-Klatschkolumnist Baz Bamigboye hat auf seiner wöchentlichen Seite in der britischen Tageszeitung *Daily Mail* am 31. Mai 2019 enthüllt, dass Gentechnik und Kriegsführung das Herzstück der Geschichte sein sollen.

Während der Dreharbeiten zu einer kontrollierten Explosion in den Pinewood Studios wurde das Äußere der 007-Stage beschädigt. Am Set wurde niemand verletzt, jedoch zog sich ein Crewmitglied, das sich außerhalb der Bühne befand, leichte Verletzungen zu.

Im Januar 2019 gab es einen Casting-Aufruf in Paris: Man suche für einen Spielfilm eine junge Léa Seydoux: »ein zwölfjähriges Mädchen (Alter: zwischen 10 und 14), blond, mit blauen Augen. Sie soll die Tochter von Léa Seydoux spielen. Eine körperliche Ähnlichkeit ist sehr wichtig. Ihre Tochter sollte sportlich, charismatisch und selbstbewusst sein. Das Kind muss schwimmen können und sich im Wasser wohlfühlen. Bedeutende Rolle.«

Angeblich wollte Regisseur Cary Fukunaga die Crew am Vatertag arbeiten lassen, obwohl ein freier Tag geplant war. Die Crew lehnte das ab, da er sie an einem anderen Drehtag bereits hatte drei Stunden lang warten lassen, um – so munkelt man – sein PlayStation-Spiel nicht unterbrechen zu müssen.

Rami Malek akzeptierte die Rolle nur unter der Bedingung, keinen Terroristen arabischer Herkunft zu spielen.

Die Presse munkelte, Christoph Waltz habe eine kleine, gewichtige Nebenrolle, die an *Das Schweigen der Lämmer* erinnert, und hatte recht.

Die Idee eines 007, der nicht mehr im Dienst ist, gab es schon in *Casino Royale* (1967). Dort ist James Bond zu Beginn des Films ebenfalls im Ruhestand.

Der durchaus ernst zu nehmende Klatschreporter Baz Bamigboye berichtete, man habe Daniel Craig 68 Millionen Pfund geboten, wenn er zwei weitere *Bond*-Filme mache, also *Keine Zeit zu sterben* und »Bond 26«.

Neal Purvis und Robert Wade arbeiteten seit *Die Welt ist nicht genug* (1999) an 007s Leinwandabenteuern. Dennoch werden ihre Drehbücher immer wieder von anderen Autoren überarbeitet. Im Fall von *Keine Zeit zu sterben* u. a. von Scott Z. Burns, Cary Joji Fukunaga und Phoebe Waller-Bridge.

Die gefeierte britische Autorin und Schauspielerin Phoebe Waller-Bridge soll auf persönlichen Wunsch von Daniel Craig gebeten worden sein, das Drehbuch mit mehr Humor aufzupeppen.

The Mirror behauptete im Juli 2017, *Keine Zeit zu sterben* würde auf Raymond Bensons Roman *Never Dream of Dying* basieren. Benson schrieb im Internet, das würde ihn sehr freuen, aber er halte es für unwahrscheinlich.

Die *Daily Mail* berichtete, Craig solle 25 Millionen Dollar Gage für den Film erhalten und 50 Prozent mehr Gewinnbeteiligung als an *Spectre*.

Jeffrey Wright spielte zum dritten Mal die Figur Felix Leiter und ist damit der Darsteller, der die Rolle nach David Hedison (*Leben und sterben lassen* und *Lizenz zum Töten*) am häufigsten gespielt hat.

Die *Daily Mail* schrieb im August 2018 auch, bei dem Film handle es sich um ein Remake-Gemisch von *Im Geheimdienst Ihrer Majestät* und *Man lebt nur zweimal*.

Das norwegische Filminstitut gab auf seiner Website an, 47 Millionen Kronen (5,52 Millionen Dollar) an Subventionen für den Film bereitgestellt zu haben. Dies ist ein Rekord für das Filmfinanzierungsprogramm des Landes.

Einem weiblichen Fan gelang es, Produzentin Barbara Broccoli einen selbst gemachten Schriftzug mit dem *007*-Logo und dem gerüchteweise kursierenden Titel »Shatterhand« zum Signieren vorzulegen. Der Filmtitel stand zu diesem Zeitpunkt noch nicht fest und Broccoli unterschrieb mit dem Zusatz »It's Not.«

Insider am Set haben bereits im Oktober 2019 davon berichtet, dass Bond in diesem Abenteuer viel öfter mit einer Glock zu sehen sein wird als mit einer Walther PPK.

Danny Boyle wollte auch auf einem zugefrorenen See in Kanada drehen. Das wäre nach *Der Hauch des Todes* (1987), *Stirb an einem anderen Tag* (2002) und *Skyfall* (2012) das vierte Mal gewesen, dass 007 sich auf dünnes Eis begibt.

Es stand im März 2019 zur Debatte, eine Szene im Film zu zeigen, in der man Q mit seinen Katzen sieht.

Damit im Vorfeld nicht bekannt werden konnte, wie der Kinofilm endet, soll Cary Fukunaga einfach drei Enden gedreht haben. Welches davon ins Kino kommen würde, wusste nicht einmal Hauptdarsteller Daniel Craig.

Am 25. Oktober 2019 postete Cary Fukunaga ein Foto mit Daniel Craig und der letzten Klappe von den Dreharbeiten, die an diesem Tag abgeschlossen wurden.

Der offizielle Beginn der Dreharbeiten war am 28. April 2019 in Jamaika, jedoch fanden bereits Ende März erste Aufnahmen in Norwegen statt. Der Film hatte rund 185 Drehtage. Im Vergleich dazu hatten *Spectre* 212, *Skyfall* 195, *Ein Quantum Trost* 172 und *Casino Royale* 199 Drehtage.

Bei den US-TV-Übertragungen des Super Bowls und der Oscar-Verleihung liefen jeweils 30-Sekunden-Spots zum Film. Für den Super-Bowl-Spot gab MGM 5,69 Millionen Dollar aus.

Rund einen Monat vor der geplanten Weltpremiere sagte man alle Aufführungen ab und verschob die Veröffentlichung des Films zunächst auf November 2020. Die Begründung: Wegen des Corona-Virus und den damit verbundenen rückläufigen Zahlen der Kinogäste sei der chinesische Markt weggebrochen, was bei geplanter Veröffentlichung große Umsatzeinbußen zur Folge gehabt hätte.

IAN FLEMING & CO.

Fleming führte mit seiner Ehefrau ein freizügiges Leben. In Briefen des James-Bond-Erfinders und seiner Gattin ist von außerehelichen Abenteuern und sexuellen Praktiken die Rede. 160 Briefe der beiden wurden 2019 versteigert. Schätzwert von 233.000 bis 350.000 Euro.

DIE JAMES BOND-ROMANE IAN FLEMINGS WURDEN IN ***18 SPRACHEN*** *ÜBERSETZT. VON DEN ERSTEN 14 BOND-BÜCHERN WURDEN IN ZWÖLF JAHREN* ***25 MILLIONEN EXEMPLARE*** *VERKAUFT.*

Ian Fleming soll am 15. Januar 1952 mit dem Schreiben seines ersten *James Bond*-Romans begonnen haben und brachte ein Manuskript mit über 60.000 Wörtern auf 238 Seiten hervor.

Casino Royale basiert teilweise auf einer wahren Begebenheit: Ian Fleming hegte im Juni 1941 den Plan, dem Chef des deutschen Nachrichtendienstes und zwei von dessen Kollegen durch geschicktes Spielen im Casino einen großen Verlust zu bescheren. Fleming verspielte an diesem Abend 500 Pfund beim Chemin de fer. Bond unterlief dieser Fehler nicht.

Ein Ausflug auf die Insel Inagua inspirierte Ian Fleming dazu, eine Insel namens Crab Key zu erfinden und den Schurken in seinem Roman *Dr. No* dort leben zu lassen.

Flemings Buch *Moonraker* wurde in Amerika in einer Ausgabe in *Too hot to handle* umbenannt. Ironischerweise hat der erste *James Bond*-Regisseur Terence Young 1960 einen Film mit genau diesem Titel gemacht.

Als Ian Fleming erfuhr, dass seine Kurzgeschichte »Quantum of Solace« im Magazin *Woman's Own* unter dem Titel »Love lies Bleeding« (»Blutende Liebe«) erscheinen sollte, sagte er einem Freund, er werde sein nächstes Buch »Sausage and Mash« (»Würstchen und Brei«) nennen.

Fleming wies seinen Agenten Bob Fenn kurz vor seinem Tod an, die Rechte an dem Buch *Der Spion, der mich liebte* niemals zur Verfilmung freizugeben. Über den Kopf von Fenn hinweg lockerten die Fleming-Erben die Verfügung und erlaubten Albert R. Broccoli 1976, den Buchtitel und die darin handelnden Charaktere zu verwenden.

1961 erlitt Fleming den ersten Herzanfall, über den er noch scherzte. Der zweite Anfall folgte und Fleming wurde ins Canterbury Hospital in Kent gebracht. Als Ian Fleming am 12.August 1964 seinen dritten Herzinfarkt hatte, entschuldigte er sich bei der Krankenschwester für die späte Störung. In dieser Nacht starb er.

Feuerball-Produzent Kevin McClory hatte Ian Fleming 1961 wegen geistigen Diebstahls verklagt. Ihm wurden daraufhin Teilrechte am gleichnamigen Roman zugesprochen.

Ursprünglich wollte Ian Fleming seinen zweiten Roman nicht »Live And Let Die«, sondern »The Undertaker's Wind« (»Der Totengräberwind«) nennen.

Als Geburtstag von *Bond*-Schurke Ernst Stavro Blofeld verwendete Fleming in den Romanen seinen eigenen, den 28. Mai 1908.

In den Jahren 1934 bis 1939 hatte Ian Fleming in der Ebury Street 22 ein Büro. Dort wurde am 15. April 1996 eine Ehrenplakette enthüllt, die an ihn erinnert.

John Gardner hatte vor, seinen *James Bond*-Roman *Nobody Lives Forever* in Anlehnung an *You Only Live Twice* unter dem Titel »You Only Die Once« zu veröffentlichen, doch die Verleger stimmten nicht zu.

Ian Flemings sechster *James Bond*-Roman sollte unter dem Titel »WXN antwortet nicht« veröffentlicht werden, wurde dann aber in *Dr. No* umbenannt.

Ian Fleming plante zunächst, seine Kurzgeschichten »Tod im Rückspiegel«, »In tödlicher Mission« und »Ein Quantum Trost« in einem Band unter dem Titel »The Rough With The Smooth« zu veröffentlichen.

Fleming gab James Bond in den Romanen eine Walther PPK, da ein schottischer Waffensammler einen Leserbrief geschrieben hatte, in dem er sich über Flemings Wahl der Beretta beschwerte. Es sei eine Frauenwaffe.

Violet hieß Ian Flemings Haushälterin auf Goldeneye und so benannte er eine Figur in seinem Roman *Im Geheimdienst Ihrer Majestät* nach ihr.

Raymond Benson hatte den Roman zum Film *Der Morgen stirbt nie* bereits fertiggestellt, als der Verlag anmerkte, das Buch sei zu kurz, und so schrieb Benson die zusätzlichen Kapitel »Wai Lin« und »Carver«.

John Gardner schwirrten zahlreiche Romantitel für sein Buch im Kopf herum, das schließlich im Englischen *No Deals, Mr. Bond* betitelt wurde. Er hatte Titel wie »Tomorrow Always Comes«, »Tomorrow never comes«, »Oh no, Mr. Bond!« und »Bond Fights Back!« im Sinn.

Aus dem Erlös der Filmrechte an seinem Roman *Casino Royale* kaufte sich Fleming einen schwarzen Thunderbird-Zweisitzer mit 190 PS, später einen Viersitzer.

DER ROMAN GOLDFINGER SOLLTE ZUNÄCHST »THE RICHEST MAN IN THE WORLD« HEISSEN.

Ian Fleming zog den Titel »Mondays are Hell« für seinen dritten *Bond*-Roman in Erwägung. Später wählte er »The Moonraker«, dann »The Moonraker Secret« und »The Moonraker Plot«, woraus schließlich *Moonraker* wurde.

Ian Flemings Notizbuch wurde 1992 unter dem Titel *The James Bond File* für 14.300 Pfund versteigert. Darin sind Ideen zu den Figuren Pussy Galore, M und Dr. No erfasst. Auch über »die Frauenwelt« hat Fleming Aufzeichnungen gemacht.

In Flemings Nachlass fand man Aufzeichnungen über einen fiktiven Schurken, der Mr Szasz hieß.

Ursprünglich wollte Ian Fleming seinen Roman *Im Geheimdienst Ihrer Majestät* unter dem Titel »The Bells Of Hell« veröffentlichen.

Ian Fleming erfand Shrublands, nachdem er 1956 einen Aufenthalt in Eton Hall zur Erholung hatte. Er berichtete, mit »schrecklichen Säften und Untersuchungen« gequält worden zu sein. John Gardner griff Shrublands, das Fleming in *Feuerball* beschrieb, auf und ließ in *Never Send Flowers* Flicka von Grüsse dort zur Genesung unterbringen.

Im Buch *Tod auf Zypern* hat Raymond Benson das 26. Kapitel »The World is not Enough« als Anspielung auf den 1999 in den Kinos gestarteten *James Bond*-Film genannt.

Ian Flemings vergoldete Royal-Quiet-De-Luxe-Schreibmaschine wurde am 5. Mai 1995 für 56.250 Pfund (das entspricht heute 89.789 Pfund, also umgerechnet 104.988 Euro) bei Christie's in London versteigert. Der Preis lag damit 50.250 Pfund über dem Schätzwert. Fleming hatte für die Schreibmaschine nur 174 Dollar, umgerechnet 374 Euro, bezahlt.

In den 1950er Jahren erfand Ian Fleming einen sehr starken Rumcocktail, den er Old Man's Thing nannte.

Ian Fleming schrieb seiner Mutter oft Briefe, in denen er für sie das Kürzel »M« für »Mommy« benutzte. Angeblich habe er seine Mutter im Teenageralter auch immer M genannt.

Ian Fleming bestätigte in einem Interview Anfang der 1960er Jahre, es gäbe nicht viele Ähnlichkeiten zwischen sich und James Bond: Lediglich trügen beide gerne kurzärmelige Hemden.

Das Buch *Leben und sterben lassen* wurde mehrfach überarbeitet und Fleming versuchte, die Gewalt darin zu reduzieren. Ursprünglich hatte Felix Leiter beide Arme verloren. Der Autor reduzierte die Verstümmelung.

Fleming schreibt in seiner Kurzgeschichte »Die Hildebrand-Rarität«, Odysseus sei dem Schwanz eines Stachelrochens zum Opfer gefallen, was nicht stimmt, denn Odysseus wurde (in den meisten Erzählungen) von seinem Sohn Telemachos getötet.

Ann Fleming klagte in einem Brief darüber, dass Ian »gute alte Schultage« in Erinnerung gerufen habe. Seit diese vergangen seien, unterhalte er weiter intime Beziehung mit allen – »nur nicht mit mir.«

Ian Fleming veröffentlichte sein Buch *Der Spion, der mich liebte* als Experiment und fügte später hinzu, es sei fehlgeschlagen. Er schrieb das Werk als einzigen *Bond*-Roman in der Ich-Form.

TV-Produzent Henry Morgenthau III. wollte gern eine Fernsehserie mit dem Titel »Commander Jamaica« drehen. Ian Fleming schrieb mehrere Folgen, die jeweils 30 Minuten dauern sollten. Das Projekt scheiterte und Fleming nutzte seine Ideen für den *James Bond*-Roman *Dr. No*. Er nannte das Buch »Formelbuch«, da er vorhatte, alle kommenden *James Bond*-Romane nach dem gleichen Muster zu schreiben.

James Gunn, die von Ian Fleming erfundene Figur, sollte Titelheld in der niemals umgesetzten Abenteuerserie »Commander Jamaica« sein. Beim Verwenden der Ideen für das Buch *Dr. No* änderte Fleming den Namen Gunn in Bond.

Im Roman *Im Geheimdienst Ihrer Majestät* trifft James Bond Tracy genau in dem Casino in Royale Les Eaux wieder, in dem auch schon der Roman *Casino Royale* spielte. Inspiriert wurde Fleming zu diesem Ort, da er während des Zweiten Weltkrieges in einer Nacht im Casino von Estoril sein gesamtes Geld verlor.

Raymond Bensons Kurzgeschichte »Midsummer Night's Doom« erschien in der Ausgabe des US-*Playboys* im Januar 1999. Es handelte sich um eine Auftragsarbeit, deren Titel auf William Shakespeares *A Midsummer Night's Dream* anspielt. In der Geschichte geschieht auf einer von Hugh Hefners Pyjamapartys ein Mord.

Estragon in »Midsummer Night's Doom« hat einen Würgedraht in seiner Armbanduhr wie schon Red Grant im Film *Liebesgrüße aus Moskau* (1963).

Ian Fleming sagte einst: »Pferde sind vorn und hinten gefährlich, in der Mitte unbequem.«

John Gardner erwähnt die von Steven Spielberg berühmt gemachten Figuren »Gremlins« in seinem Roman *Flottenmanöver*. Spielberg hegte lange den Wunsch, bei einem *007*-Film Regie zu führen.

Vorbild für die Figur Q war offensichtlich Charles Fraser-Smith. Er arbeitete an Spezialmaterial für Geheimagenten und hatte u. a. die Idee, hohle Golfbälle zu entwickeln, wie sie Fleming in *Diamantenfieber* beschreibt.

Wren Howard lektorierte Ian Flemings Manuskripte, die nur so von Fehlern strotzten. Der *Bond*-Erfinder entschuldigte sich für jedes neue Buch bei ihm und äußerte den Wunsch, Howard möge dem Buch *Der Spion, der mich liebte* ein so »kurzes Leben wie möglich« bescheren.

Flemings jamaikanisches Haus Goldeneye hatte er 1944 über Ivar Bryce in der Nähe von Oracabessa kaufen lassen. Auf Goldeneye schrieb Fleming in seinem jährlichen Urlaub, der immer zwei Monate dauerte, seine Romane. Raymond Benson schrieb in *Countdown!*, James Bond besitze ein Haus an der Küste Jamaikas, das einst einem Schriftsteller gehört habe.

Als Ian Fleming sein erstes Buch fertiggestellt hatte, kaufte er die Firma Glidrose Productions Ltd., die seitdem seine Autorenrechte vertrat. Der Name der Firma setzte sich aus den Namen der beiden Gründer zusammen: John Gliddon und Norman Rose.

1966 wurde bekannt gegeben, dass rund 60 Millionen *James Bond*-Romane verkauft worden seien. 2001 lag die Zahl bei 75 Millionen verkauften Exemplaren.

Eine von Fleming handsignierte Erstausgabe von *Liebesgrüße aus Moskau* brachte bei einer Auktion im Jahre 1997 die stolze Summe von 7.000 Pfund. Die Widmung lautet: »To Bill once Again! From Ian.«

Neben den Tantiemen, die Gardner durch seine *James Bond*-Romane bekam, erhielt er von der Firma Bentley für ein Jahr einen Bentley Mulsanne Turbo und »zeigte sich erkenntlich«, indem er 007 ein Fahrzeug dieses Typs in *Eine Frage der Ehre* fahren ließ.

Ian Fleming hatte sich in Eton als hervorragender Sportler ausgezeichnet. Aufgrund einer Affäre mit einem Dienstmädchen musste er laut einigen Quellen die Schule verlassen. Der Autor übertrug diese Geschichte auf seinen Helden James Bond.

William »Bill« Donovan überreichte Ian Fleming einen Revolver mit der Gravur »For Special Services«, da Fleming ihm hatte Aktennotizen zukommen lassen, die den groben Umriss zum Aufbau einer Organisation beinhalteten, die schließlich zur CIA wurde. Aus diesem Grund nannte John Gardner seinen zweiten *Bond*-Roman *For Special Services* (dt. *Der Kunstsammler*).

Von 1934 bis 1945 wohnte Fleming in einer ehemaligen Baptistenkirche in der Ebury Street 33, London, die er von dem faschistischen Politiker Oswald Mosley erworben hatte. In Flemings Roman *Moonraker* nutzt Sir Hugo Drax im Verlauf der Handlung diesen Ort als Unterschlupf.

Fleming wollte seinen Roman *Im Geheimdienst Ihrer Majestät* ursprünglich »All the Time in the World« nennen.

Im Roman *Der Mann mit dem goldenen Colt* muss Bond als Bestätigung seiner Identität von einem vergangenen Auftrag berichten, in den Maria Freudenstadt verwickelt war. Ian Fleming machte beim Namen der Figur einen Fehler, denn in seiner Kurzgeschichte »Der Besitz einer Dame« hatte er die Figur Maria Freudenstein genannt.

1970 wurde eine vertragliche Regelung zwischen den *Bond*-Produzenten und den Fleming-Erben geschlossen, in der festgelegt wurde, dass die *James Bond*-Romane, die darin vorkommenden Figuren, Storys und Titel den Erben eine jährliche Zahlung von 100.000 Dollar einbringen würden.

Ian Fleming war besonders bei den Frauennamen sehr kreativ. Diese sind als »Flemingsche Namen« in die *Bond*-Geschichte eingegangen. Dazu gehören Vesper Lynd, Miss Moneypenny, Solitaire, Tiffany Case, Miss Taro, Honeychile Rider, Mary Trueblood, Pussy Galore, Domino Vitale, Mary Goodnight, Kissy Suzuki und Lisl Baum.

Valentin Fleming war Ian Flemings Vater. Er fiel 1917 im Ersten Weltkrieg in Flandern. Seinen Nachruf in der *Times* verfasste Winston Churchill.

2011 WURDE DER FLUGHAFEN BOSCOBEL AERODROME AUF JAMAIKA UMBENANNT IN IAN FLEMING INTERNATIONAL AIRPORT.

Ian Flemings Buch *Moonraker* basiert auf einer Geschichte, die der Autor schon Jahre lang im Kopf hatte und von der er immer glaubte, sie sei für eine Verfilmung geeignet.

Ian Flemings Bruder Michael starb in einem Kriegsgefangenenlager, nachdem er sich bei der Schlacht um Dünkirchen (26. Mai bis 5. Juni 1940) schwere Verletzungen zugezogen hatte.

Fleming verwendete den Begriff »Edelnutte« mehrfach in seinen Romanen und Nachfolgeautor Christopher Wood übernahm den Ausdruck in seinem Buch *James Bond und sein größter Fall*.

Die 1966 geschriebene *James Bond*-Geschichte »Per fine ounce« von Geoffrey Jenkins wurde aus rechtlichen Gründen niemals veröffentlicht.

Fleming fuhr 1929 einen schwarzen Buick, den er zu Beginn des Zweiten Weltkriegs an einen Rettungsdienst weitergab.

Raymond Benson nannte ein Schiff in seinem Roman *Countdown! Peacock* – John Gardner hatte bereits in seinem Buch *Kernschmelze* die Figur Lavender Peacock erschaffen, auf die Benson anspielte.

Ian Fleming schenkte seiner Freundin Blanche Blackwell ein Boot mit dem Namen *Octopussy*. 1966 schrieb er eine Kurzgeschichte mit demselben Titel.

Ian Fleming wählte den Namen James Bond, weil er nach einem langweiligen Namen suchte, der in allen Sprachen gleich klang. Er fand ihn auf einem Buch mit dem Titel *Birds of the West Indies*, dessen Autor so hieß.

Am 5. Februar 1964 traf Ian Fleming auf seinem Anwesen Goldeneye den Vogelkundler James Bond, dessen Namen er für seine Romanfigur benutzt hatte und schenkte ihm eine signierte Ausgabe von *Man lebt nur zweimal* mit der Widmung »To the real James Bond from the thief of his identity, Ian Fleming (a great day!)«

Nicht nur Ian Fleming beschrieb die weibliche Figur in seinem Roman *Dr. No* wie eine Figur aus einem Gemälde von Botticelli, auch Boris Pasternak tat das in dem im selben Jahr erschienen Roman *Doktor Schiwago* mit der weiblichen Hauptfigur.

Willy Thaler übersetzte Ian Flemings Satz »Four girls, plump, busty little animals wearing nothing but white sequined G-strings, ran out on to the floor ...« aus dem Roman *Der Mann mit dem goldenen Colt* in der ersten auf dem deutschen Markt erschienenen Buchversion mit »Vier Mädchen, dralle Busentierchen, mit nichts als einer weißen, mit Goldmünzen behängten Cellosaite bekleidet, kamen herausgelaufen ...«. In der neuen Übersetzung bei Cross Cult lautet der Satz: »Vier üppige junge Frauen, die lediglich weiße Paillettentangas trugen, stürmten die Bühne ...«

In *Stirb an einem anderen Tag* gibt sich James Bond als Ornithologe aus und führt das Buch *Birds of the West Indies* mit sich.

Bond-Autor Raymond Benson schrieb 1986 ein Bühnenstück, das auf dem Roman *Casino Royale* basiert. Bisher wurde es nicht produziert, lediglich eine Lesung fand statt.

Im Buch *Der Spion, der mich liebte* kommt es zu einer häufigen Verwendung des Wortes »Spy«, das Fleming bisher immer vermieden hatte. Das und die Schilderung der Geschichte aus der Sicht einer Frau, brachten Experten dazu, zu vermuten, der Roman sei nicht von ihm geschrieben worden.

Der *Stern* brachte das Buch *Goldfinger* von 1959 im Jahr 1964 in Deutschland als Vorabdruck heraus.

Kingsley Amis schrieb seinen ersten und einzigen *Bond*-Roman 1968 unter dem Pseudonym Robert Markham. Er trug den Titel *Colonel Sun* und wurde zunächst unter den Titeln *007 James Bond auf griechischer Spur* und *Liebesgrüße aus Athen* in Deutschland veröffentlicht, bevor er schließlich unter dem Originaltitel erschien.

Das Buch *Feuerball* wurde in Deutschland 1964 zunächst unter dem Titel »Bomben auf Florida« in einer Zeitschrift veröffentlicht.

Ian Fleming wählte den Namen Goldfinger für seinen Schurken, weil der Architekt Ernö Goldfinger in einem Stil baute, den Fleming nicht ausstehen konnte. Als der Mann von seiner Namensverwendung erfuhr, unternahm er einen erfolglosen Versuch, Flemings Pläne zu durchkreuzen.

Daraufhin erwog man, Goldfinger in »Goldprick« umzubenennen. Fleming wollte sich aber auf keine Umbenennung einlassen. Cyril Connollys Vorschlag »Goldprick« war zudem sehr anrüchig: »Prick« bedeutet »Stich«, aber auch (vulgär) »Schwanz« oder »Arsch(loch)«.

Der *James Bond*-Roman *Man lebt nur zweimal* wurde im März 1965 im *Stern* unter dem Titel »Du lebst nur zweimal« als Fortsetzungsroman abgedruckt.

Der *Daily Express*, der mehrere Fleming-Romane als Vorabdruck herausbrachte, lehnte eine vorzeitige Veröffentlichung des Buches *Der Spion, der mich liebte* wegen Brutalität und sexueller Freizügigkeit ab.

Eine fehlerhafte englische Hardcover-Ausgabe des Romans *Stirb an einem anderen Tag* wurde vom Verlag zurückgerufen. Die wenigen verkauften Exemplare sind teure Sammlerstücke geworden.

Da zur Zeit des Erscheinens des Romans *Countdown!* der Ort der Übergabe Hongkongs an China noch nicht feststand, wählte Benson den Statue Square als Übergabeschauplatz.

Ian Flemings dritter *James Bond*-Roman *Moonraker* aus dem Jahr 1955 wurde in Deutschland erst 1968 in stark gekürzter Version unter dem Titel *007 James Bond – Mondblitz* veröffentlicht. Der Grund dafür ist der antideutsche Inhalt. So ist der darin vorkommende Willy Krebs ein ehemaliger Hitlerjunge und Hugo Drax ein Ex-Nazi. Des Weiteren fallen auch Begriffe wie »Heil Hitler.«

Bevor Cross Cult die *James Bond*-Romane originalgetreu ins Deutsche übersetzte, waren die Texte oft nur in gekürzter oder veränderter Form in Deutsch erhältlich.

Der Roman *Cold* sei mit der geringsten Auflagenstärke eines *Bond*-Romans aller Zeiten auf den englischen Markt gebracht worden. Von nur 900 Exemplaren als Hardcover ist die Rede, was die horrenden Preise in Auktionshäusern wie eBay erklärt.

Richard Chopping zeichnete viele Titel der Hardcover-Ausgaben von Flemings *Bond*-Büchern. Das letzte Fleming-Buch, zu dem er das Cover gestaltete, war *Octopussy*, aber er kehrte bei John Gardners *Bond*-Romanen zurück und schuf in Anlehnung an *Dr. No* das Cover für *Kernschmelze*.

RICHARD CHOPPING, DER COVER-ZEICHNER VON COLONEL SUN, ORIENTIERTE SICH BEI SEINEM COVER AN SALVADOR DALI.

John Gardner spielte in seinem Buch *Operation Jericho* auf seinen Autorenkollegen James Clavell an: Tony Man Song Hing wirft seiner Tochter Wanda vor, sie habe zu viele Romane von diesem Autor gelesen.

Rallyespezialist Eric Carlson wird im Buch *Eisbrecher* als alter Freund 007s beschrieben. Er existiert als reale Person, nimmt im Buch Bonds Wagen in Verwahrung und bereitet 007 mit einem Winterfahrkurs auf die bevorstehenden Strapazen in den Polregionen vor.

Die Kurzgeschichte »Ein Quantum Trost« trägt im Original den Titel »Quantum Of Solace« und erschien in der Kurzgeschichtensammlung *In tödlicher Mission*. Die Geschichte basiert angeblich auf einer wahren Begebenheit, die Fleming von einer Bekannten erfuhr, als er auf den Seychellen Urlaub machte.

Während James Bonds Haushälterin in allen Romanen immer May genannt wird, benutzte man in der deutschen Übersetzung des Romans *Der Morgen stirbt nie* den Namen Mary. Im Original ist es weiterhin die Schottin May.

Der Roman *Casino Royale* wurde 1953 in einer Auflagenstärke von 4.728 veröffentlicht – *James Bond XXL*, ein Lexikon über Bond hatte 2006 eine Auflagenstärke von 5.000, war innerhalb von einem Jahr vergriffen und Sammler zahlen dafür mittlerweile bis zu 700 Euro.

Die verschiedenen Übersetzungen von *Casino Royale* weichen stark voneinander ab. Steht im Buch von 1993: »Es war genau zwölf Uhr, als Bond das Splendide verließ, und die Turmuhr [...]«, lautet dieser in der Auflage von 2003: »Es war genau zwölf Uhr, als Bond aus dem Splendide trat; die Turmuhr [...]« Cross Cult übersetzte dies 2012 mit: »Es war Punkt zwölf, als Bond das Splendide verließ und die Uhr des Rathauses durch ihr mittägliches Glockenspiel stolperte.«

DER MANN MIT DEM GOLDENEN COLT WAR 1965 MIT 82.000 EXEMPLAREN IAN FLEMINGS AUFLAGENSTÄRKSTER ROMAN UND DAS, OBWOHL DIESER ERST NACH DEM TOD DES AUTORS ERSCHIEN.

Geoffrey Jenkins schrieb einen *James Bond*-Roman, dessen Manuskript an den Verlag Glidrose ging. Jenkins bekam 10.000 Pfund, doch Glidrose veröffentlichte das Werk niemals und bewahrte auch Stillschweigen über den Inhalt des Buches.

Unter dem Titel »Heiße Steine, kalte Füße« wurde Ian Flemings Roman *Diamantenfieber* 1965 in der deutschen Zeitschrift *Revue* erneut abgedruckt.

Als »Das Halsband des Todes« druckte die *Bild*-Zeitung 1979 den Roman *Moonraker* von Ian Fleming als fortlaufende Serie ab.

In einer früheren deutschen Übersetzung von *Colonel Sun* wurde aus der Figur Bill Tanner die Figur Till Tanner.

007 sollte im Roman *Eine Frage der Ehre* gegen Holy Terror ein furioses Computerspiel mit dem Titel *The Battle of Waterloo* spielen, doch in letzter Minute wurde der Inhalt des Romans geändert, weil im inoffiziellen *Bond*-Film *Sag niemals nie* (1983) ein Computerspiel zwischen Maximilian Largo und James Bond vorkam und man keine Parallelen wollte.

DIE PRODUZENTEN BROCCOLI/ SALTZMAN

Lewis Wilson, der Vater von *Bond*-Produzent Michael G. Wilson, war als *Batman*-Darsteller bei Columbia unter Vertrag.

Am Morgen des 20. Juli 1961 traf sich Arthur Krim, der Präsident von United Artists, mit Albert R. Broccoli und Harry Saltzman. Bei diesem Treffen wurde der Grundstein zum Start der erfolgreichsten Filmreihe der Welt gelegt.

Ende der 1960er Jahre besaß Harry Saltzman zwei Deutsche Schäferhunde, die auf die Namen James und Bond hörten.

Zu Ehren von Dana und Albert R. Broccoli wurde am 18. Juli 1988 das Dana und Albert Broccoli Building in New York eröffnet. Es handelt sich um den Mädchentrakt des Variety Boys' and Girls' Club of Queens. Der Produzent wuchs in der Nähe dieses Gebäudes auf.

Brian Foughs behauptete 1974, er habe vor 1964 Nachlassmaterial von Ian Fleming gekauft und wolle eine unveröffentlichte Geschichte des Geheimagenten James Bond verfilmen. Foughs kündigte ein Projekt unter dem Arbeitstitel »Love Kills Everybody« an – man hörte nie wieder etwas von Foughs.

Dana Broccoli ist selbst Autorin und schrieb schon im Alter von zwanzig Jahren Bücher.

Aus dem Vornamen von Albert R. Broccolis Frau Dana und dem von Harry Saltzmans Frau Jaqueline wurde der Firmenname Danjaq kreiert.

Dana Broccoli hatte als Beraterin ihres Mannes maßgeblichen Einfluss auf die *James Bond*-Filme. Ihr soll es zu verdanken sein, dass Sean Connery der erste offizielle 007 wurde.

Eon Productions verfügt über alle Rechte der bisher noch nicht verfilmten *James Bond*-Romane – auch derer, die nicht von Ian Fleming geschrieben wurden. Es könnte also jederzeit auf einen dieser Titel zurückgegriffen werden. Ideen aus den Romanen werden laut Produzent Michael G. Wilson ohnehin ständig benutzt.

Columbia lehnte 1961 das Angebot von Harry Saltzman und Albert R. Broccoli ab, die *James Bond*-Romane zu verfilmen. Damit entging ihnen die langlebigste Kinofilmreihe, die es bisher gegeben hat. United Artists hingegen gab sofort grünes Licht für ein Paket von sechs Filmen.

DIE BOND-DARSTELLER

Daniel Craig war am 10. April 2019 seit 4.527 Tagen amtierender Bond-Darsteller und schlug damit den bisherigen Rekordhalter Roger Moore, der es auf exakt 4.526 Tage als James Bond gebracht hat. Die jeweilige »Amtszeit« wurde vom Premierendatum des jeweils ersten Films an gezählt.

Sean Connery hat vor seiner *Bond*-Karriere Tanzstunden genommen. Er lernte für das Stück *South Pacific* in nur 48 Stunden in einer Tanzschule die Grundbegriffe des Tanzens.

Als Daniel Craig 2006 als neuer James Bond vorgestellt wurde, entfernte man umgehend die Pierce-Brosnan-Wachsfigur aus Madame Tussaud's in London.

Sean Connerys erster fahrbarer Untersatz war eine Vespa, die er 1957 erwarb. Nach einem Unfall zu Beginn seiner *Bond*-Karriere verbot die Produktionsfirma Connery die Nutzung aus versicherungstechnischen Gründen.

Pierce Brosnan besuchte seine Frau Cassandra Harris bei den Dreharbeiten zu *In tödlicher Mission* (1981) und fiel dem Produzenten Albert R. Broccoli auf. Dieser bot ihm später die Rolle des James Bond in *Der Hauch des Todes* (1987) an, aber Brosnan war vertraglich an die TV-Serie *Remington Steele* gebunden und musste ablehnen.

George Lazenby fuhr, in Anlehnung an seine 007-Rolle, im Fernsehfilm *Solo für Onkel: Thunderball* (1983) einen Aston Martin DB5.

Der von Roger Moore dargestellte Bond, der immer als ironischster und weichster gilt, hat in seinen Filmen 121 Menschen umgebracht.

Sean Connery trägt zwei Tätowierungen (»Mum and Dad« und »Scotland Forever«), die er sich während der Dreharbeiten zu den *James Bond*-Filmen von einer Maskenbildnerin abdecken lassen musste.

Bevor er Schauspieler wurde, arbeitete Pierce Brosnan als Zeichner für das Kaufhaus Harrods und entwarf Möbel.

George Lazenby machte vor seiner Bond-Rolle Werbung für Schokoriegel und Schuppenshampoo.

Die Rolle des 007 war für Roger Moore nicht ungefährlich: Er brach sich einen Schneidezahn ab, kugelte sich eine Schulter aus, schnitt sich die Hand auf, zerrte sich den Rücken und litt an exotischen Drehorten an Durchfallerkrankungen.

Pierce Brosnan sah *Goldfinger* mit zwölf Jahren im Kino, obwohl der Film ab 16 war.

George Lazenby war vor seiner *007*-Verpflichtung eines der höchstbezahlten Männermodels in England.

Raymond Benson bewies Humor, als er eine Figur in *Countdown!* Simon Sinclair nannte. Er spielte damit auf zwei Rollen an, die Roger Moore bekannt gemacht hatten: Simon Templar aus der gleichnamigen Serie und Lord Brett Sinclair aus *Die Zwei*.

ROBBIE WILLIAMS RAPPT IN SEINEM HIT »KIDS«: »I'M AN HONORARY SEAN CONNERY.«

Ein großer *James Bond*-Experte ist Pierce Brosnan offensichtlich nicht: In einem Interview meinte er, *Dr. No* sei der erste Roman Flemings, und sprach von Rosa Klebb als Olga Klebb.

Für sein Bond-Casting kaufte sich Lazenby einen Anzug in Anthony Sinclairs Schneiderei, den Sean Connery einmal bestellt, aber nie abgeholt hatte.

Roger Moore fuhr in seinen *James Bond*-Filmen niemals einen Aston Martin, besitzt jedoch in der Komödie *Auf dem Highway ist die Hölle los*, in der er die Figur Seymour Goldfarb jr. spielt, einen DB5 mit Sonderfunktionen à la 007.

Sean Connery wuchs in ärmlichen Verhältnissen auf. In einigen Quellen ist die Rede davon, er habe als Baby zeitweise sogar in einer Schublade schlafen müssen, weil es kein Kinderbett gab.

In den ersten vier Daniel-Craig-*Bond*-Filmen gibt es am Ende ein explodierendes und/oder in sich zusammenstürzendes Haus.

Am 2. Februar 2005 teilte Brosnan in einem offenen Brief über seine Internetseite mit, nicht mehr James Bond zu spielen.

Um »bondiger« auszusehen, ließ sich George Lazenby vor seinem Casting den gleichen Haarschnitt machen, wie ihn Sean Connery in seiner Rolle als 007 getragen hatte.

Albert R. Broccoli berichtete Jahre später, er habe Lazenby schon vor seinem Vorsprechen bei einem Friseur gesehen und für die Rolle des James Bond in Erwägung gezogen.

Bevor Roger Moore Filmstar wurde, arbeitete er als Comiczeichner bei Publicity Pictures Productions. Ihm wurde wegen »Schusseligkeit am Arbeitsplatz« gekündigt.

Sean Connerys Sohn Jason spielte in dem Film *Das geheime Leben des Ian Fleming* den Schriftsteller Ian Fleming.

Pierce Brosnan und Albert R. Broccoli trafen sich 1982 zum ersten Mal privat in Los Angeles zum Essen. Am selben Abend übte Brosnan den berühmten Satz »Mein Name ist Bond, James Bond« in einem Taxi.

In einigen Zeitungen wurde Daniel Craig Homosexualität unterstellt, weil er in einem Film eine längere Kussszene mit einem Mann hatte.

Durch seinen Bekannten Noël Coward bekam Roger Moore eine Rolle im Theaterstück *Easy Virtue*. Coward war auf Jamaika der Nachbar von Ian Fleming.

Mit 29 war George Lazenby bei Vertragsunterschrift der jüngste 007-Darsteller. Er sagte, er spiele sich und nicht James Bond.

Bereits 1967 wurde Roger Moore als möglicher neuer Bond-Darsteller nach Sean Connery in Erwägung gezogen.

Die Presse nannte Daniel Craig, nachdem bekannt gegeben worden war, dass er 007 spielen würde, wegen seiner Haare oft James Blond. Dass bereits Roger Moore blonde Haare hatte, ignorierte man.

Im *Bond*-Roman *Scorpius* schaut James Bond auf einem Flug den Bordfilm *Die Unbestechlichen* mit Sean Connery in einer Rolle. John Gardner schreibt: »Einer seiner Lieblingsschauspieler verkörperte einen Polizisten in Chicago.« Connery bekam für die Rolle den Oscar als bester Nebendarsteller.

Eine repräsentative Umfrage im Jahr 1983 ergab, dass 46 Prozent der Befragten Pierce Brosnan für den idealen Nachfolger von Roger Moore hielten. Es wurde aber Timothy Dalton, und zwar erst 1987.

UM DIE ROLLE DES JAMES BOND SPIELEN ZU DÜRFEN, MUSSTE ROGER MOORE ABSPECKEN UND SEINE HAARE KURZ SCHNEIDEN LASSEN.

Um Daniel Craig lächerlich zu machen, ging ein Schnappschuss von ihm durch die Presse, der ihn in Badehose auf den Bahamas zeigte, als er sich zwischen die Beine griff.

Unter dem Titel »Words are not enough« machte Pierce Brosnan in den Jahren 2000 und 2001 eine Werbekampagne, in der er dazu aufrief, die Wälder der Welt zu schützen.

Mit einer falschen Altersangabe trat Sean Connery mit 17 Jahren in die Royal Navy ein, die er aber bereits drei Jahre später wieder verließ.

Da Roger Moore in seiner Rolle des 007 in *Leben und sterben lassen* (1973) ausschließlich schwarze Gegner umbringt, bezeichnete die Presse seinen Bond als »ein rassistisches Schwein«.

Am 3. Dezember 1997 bekam Brosnan als 2.099. Person seinen Stern auf dem Walk of Fame.

Die Zeitung *London Express* machte in den 1960ern eine Umfrage, wer sich am besten für die Rolle des James Bond eignen würde – eine Vielzahl der Leser sprach sich für Sean Connery aus.

Daniel Craig ist Fan der Band Radiohead und die Band gab auf seinen Wunsch hin 2015 einen Titelliedvorschlag für *Spectre* ab, den die Produzenten allerdings ablehnten.

Während der Dreharbeiten zu *Moonraker – streng geheim* (1979) ließ sich Roger Moore Nierensteine entfernen, die ihm bereits während *Der Spion, der mich liebte* (1977) Probleme bereitet hatten. Seine Ankunft mit der Concorde in Rio zeigt ihn im Film nach der tatsächlichen Landung, als er nach seiner OP zum Dreh zurückkehrte.

Sean Connery stand im *Guinness-Buch der Rekorde*, weil er für seine Rolle in *Diamantenfieber* (1971) die Gage von 1,25 Millionen Dollar zuzüglich Gewinnbeteiligung bekam und damit der bestbezahlte Darsteller seiner Zeit war.

Pierce Brosnan war 2004, als er erfuhr, keinen weiteren Bond drehen zu dürfen, 51 Jahre alt. Connery spielte die Rolle zum letzten Mal mit 53, Lazenby war 30 Jahre alt, Roger Moore sogar 57 und Timothy Dalton spielte Bond zuletzt im Alter von 44 Jahren.

Sean Connery sagte in einem Interview einmal, er habe vor der Vertragsunterschrift für seine Bond-Rolle Angst gehabt, und verglich das Gefühl mit dem, das sich bei einer unüberlegten Hochzeit einstellt.

Roger Moore und David Niven waren gute Freunde. Als Niven starb, rief dessen verzweifelte Tochter Rebecca bei Moore an. Der setzte sich ins Auto und fuhr 16 Stunden bis nach Nizza, wo die Leiche Nivens im Bett lag.

Auf die Frage, ob er *GoldenEye* oder *Der Morgen stirbt nie* lieber möge, antwortete Pierce Brosnan bei der Pressekonferenz von *Die Welt ist nicht genug* (1999) nach einer kleinen Denkpause zur Erheiterung der Presse: »Beide. Beide haben Charakter und Geschichte.«

DANIEL CRAIG IST EIN BEKENNENDER FAN DES FUSSBALLVEREINS FC LIVERPOOL.

Albert R. Broccoli behauptete 1968, er sei auf der Suche nach einem James-Bond-Darsteller an Timothy Dalton herangetreten, der lehnte jedoch mit der Begründung ab, er sei zu jung für die Rolle.

»Es spricht nichts dagegen, eine Frau zu schlagen. Ein Schlag mit der offenen Hand ins Gesicht ist oft begründet«, meinte Connery einmal in einem Interview zu seinem Umgang mit dem weiblichen Geschlecht.

Roger Moore bezeichnete einmal *Diamantenfieber* (1971) als seinen Lieblings-*Bond*-Film.

Um sich von den Dreharbeiten nicht ablenken zu lassen, lehnte Timothy Dalton einen Werbespot für American Express ab, der ihm 200.000 Pfund eingebracht hätte.

Von 2001 bis 2004 hatte Daniel Craig mit der deutschen Schauspielerin Heike Makatsch eine Beziehung.

Connery wollte immer mit Alfred Hitchcock zusammenarbeiten und erwähnte dies öffentlich. Der berühmte Regisseur erfuhr davon und bot Connery eine Hauptrolle im Film *Marnie* (1964) an. Connery blieb gelassen: Während alle anderen Darsteller, die Hitchcock haben wollte, sofort den Vertrag unterschrieben, bestand Connery darauf, zunächst das Drehbuch zu lesen.

Nachdem Roger Moore die Bond-Rolle 1985 zum letzten Mal gespielt hatte, sagte er, der Grund für sein Ausstieg sei, dass keiner der Stuntmen alt genug sei, um ihn noch doubeln zu können.

Daniel Craig unterlag einer strengen Schweigepflicht, nachdem er seinen Vertrag als James Bond unterschrieben hatte. Seine Mutter Olivia plauderte das Geheimnis allerdings beim Einkaufen aus: Ohne Genaues zu wissen, hatte ein Reporter gefragt, wie sie sich fühle, nun, da ihr Sohn der neue James Bond sei. Sie sagte, sie sei aufgeregt.

Timothy Dalton las vor den Dreharbeiten zu seinem ersten *James Bond*-Film akribisch alle Romane von Ian Fleming und sagte in Interviews immer wieder, dass die Bücher interessanter als die Filme seien.

Moore sagte bei einem Besuch am Set von *GoldenEye* zu Pierce Brosnan: »Ich bin hergerufen worden. Sie sagen: ›Wir haben die Auswirkungen auf den armen Brosnan gesehen. Bring dein Knie in Ordnung und du hast den Job wieder.‹«

Ähnlich wie Roger Moore verabscheut Daniel Craig Waffen.

Zu Timothy Daltons Lieblings-*Bond*-Filmen gehören *James Bond 007 jagt Dr. No*, *Liebesgrüße aus Moskau* und *Goldfinger*.

Connery hasste aufdringliche Presseleute und als ihm in Japan beim Dreh von *Man lebt nur zweimal* (1967) einmal die Knöpfe vom Hemd gerissen wurden und man ihn später unter der Tür der Toilettenkabine hindurch fotografierte, verkündete er, nie wieder 007 zu spielen.

Roger Moore bekam am 10. Februar 2003 in Berlin das Bundesverdienstkreuz. Bei der Verleihung sagte Johannes Rau: »Wir hatten noch nie einen ehemaligen Geheimagenten unter den Preisträgern.«

In *Stirb an einem anderen Tag* (2002) betrug Pierce Brosnans Gage 6,1 Millionen Euro.

2012 wurde eigens für die Eröffnungszeremonie der Olympischen Sommerspiele ein Kurzfilm gedreht, der zeigt, wie Daniel Craig als James Bond Königin Elisabeth II. in ihrem Helikopter zum Olympiastadion eskortiert.

Bevor Timothy Dalton den Vertrag für seinen ersten *007*-Film unterschrieb, wollte er das Drehbuch lesen. In der zweiwöchigen Bedenkzeit sah er sich alle *James Bond*-Filme an.

Sean Connerys 1,25 Millionen Dollar Gage für *Diamantenfieber* spendete er an den selbst gegründeten Scottish Educational Trust. Die von ihm vereinbarte Gewinnbeteiligung von 1,25 Prozent am Brutto-Einspielergebnis war offensichtlich Lohn genug.

Während des Drehs in Cortina d'Ampezzo zu *In tödlicher Mission* (1981) fühlte sich Roger Moore so wohl, dass er sich dort ein Haus kaufte. Hier verbrachte er die meiste Zeit mit seiner Familie.

1984 verklagte Connery Albert R. Broccoli und MGM/UA auf 200 Millionen Pfund Schadenersatz, die ihm als unbezahlte Anteile an seinen ersten fünf *007*-Filmen zustünden. Er verlor in der ersten Instanz. Im Oktober 1985 zog er dann gegen Jack Schwartzman wegen noch ausstehender Gagen vor Gericht. Der Ausgang dieses Verfahrens ist unbekannt.

Sean Connery wurde im Alter von 60 Jahren von der Zeitschrift *People* zum »Sexiest Man Alive« gewählt.

Einige Quellen berichten, Roger Moore hätte angeboten, sich liften zu lassen, um den Part des James Bond nach 1985 noch einmal spielen zu dürfen.

Anlässlich des Internationalen Frauentages machten We Are Equals einen kurzen Film, in dem Daniel Craig als Frau auftritt.

Am 12. April 1994 gab Timothy Dalton bekannt, nie wieder James Bond zu spielen, weil ihm das Warten bis zum Drehstart zu lang würde. Am 1. Juli 1994 erhielt Pierce Brosnan um 12:35 Uhr den Zuschlag, 007 spielen zu dürfen.

Roger Moore sagte über sein schauspielerisches Talent, er könne nur drei Gesichtsausdrücke: »Augenbraue hoch, Augenbraue runter und schielen, wenn mich Beißer an den Nierensteinen erwischt.«

Pierce Brosnan lobte *GoldenEye*-Regisseur Martin Campbell 1995 und schwärmte von seiner Arbeitsweise. 2002 verglich Brosnan Campbell mit dem Regisseur Michael Apted, der *Die Welt ist nicht genug* (1999) inszeniert hatte, und sagte, beide Regisseure seien ähnlich und er sei froh, nicht mehr mit ihnen zusammenarbeiten zu müssen.

Die deutsche Synchronstimme von Daniel Craig ist der Berliner Dietmar Wunder, der auch Adam Sandler und Cuba Gooding jr. spricht.

Um sich über Wasser zu halten, trat Pierce Brosnan zwischenzeitlich auch als Feuerschlucker auf.

Daniel Craig bekam die Zusage als James Bond während der Dreharbeiten zu *The Invasion* in Baltimore. Barbara Broccoli rief ihn an, als er gerade dabei war, Spülmaschinentabs bei Whole Foods zu kaufen. Er kaufte auf die Nachricht hin zusätzlich eine Flasche Wodka.

JAMES BOND UND DIE ANDEREN ROMANFIGUREN

Im Roman *Lizenz zum Töten* liest James Bond im Spielcasino von Isthmus City einem Drogendealer, den er aus der Ferne beobachtet, dessen Plan von den Lippen ab.

Laut dem Ausweis, den James Bond in *Der Hauch des Todes* bei sich führt, wurde er am 10.11.1948 geboren. Das Datum deckt sich mit dem in 007s Führerschein, der in *Der Morgen stirbt nie* (1997) als Requisite verwendet wurde.

Bonds glückliche Träume weisen ein bestimmtes Schema auf: »Dieses Mal träumte er – wie immer, wenn er zufrieden war – von Royale-les-Eaux. Wie es damals gewesen war«, heißt es im Roman *Eisbrecher*.

John Gardner schreibt in *Flottenmanöver*, im Laufe seines Lebens habe James Bond an die vierhundert Methoden zu töten gelernt – vierhundertdrei, wenn man Pistole, Messer und Henkerseil mitrechne.

James Bond denkt im Buch *Moonraker* über seine Lebenserwartung nach und geht davon aus, das fünfundvierzigste Lebensjahr aufgrund gefährlicher Aufträge beim Geheimdienst nicht zu erreichen. Die kommenden acht Jahre in der 00-Abteilung brächten ca. acht bis vierundzwanzig Einsätze – die Chancen, acht Jahre zu überleben, seien nicht allzu groß.

Mary Goodnight schlägt im Buch *Man lebt nur zweimal* zusammen mit ihren Kollegen eine Grabinschrift für den vermeintlich toten 007 vor: »Ich werde meine Tage nicht damit vergeuden, sie verlängern zu wollen. Ich werde meine Zeit nutzen.«

Bond schläft auch mit Prostituierten – so im Roman *Man lebt nur zweimal* mit der achtzehnjährigen Mariko Ichban.

In *Scorpius* werden Bonds Frühstückseier von seiner Haushälterin May nach seinem Geschmack zubereitet: Ein Ei darf nur 3 1/3 Minuten gekocht werden – im Buch *Der Morgen stirbt nie* wird ergänzt, er bevorzuge Eier von französischen Marans-Hennen. Diese Hennen gehören einer auf dem Land lebenden Freundin Mays.

James Bonds Mutter ist Monique Delacroix, die Tochter eines wohlhabenden Schweizer Industriellen und Ehefrau von Andrew Bond. Sie war mit ihrem Sohn bis zu dessen sechstem Lebensjahr in Europa unterwegs und beide lebten in Italien, der Schweiz, Frankreich und England.

In *Moonraker* wird erwähnt, dass James Bond niemals richtige Ferien macht, sondern nach jedem Auftrag zusätzlich vierzehn Tage Sonderurlaub zu dem ihm zustehenden Kranken- oder Erholungsurlaub bekommt.

Die Romanfigur Mary Goodnight trägt im Buch *Der Mann mit dem goldenen Colt* Chanel No. 5.

Bond versucht in *Man lebt nur zweimal*, ein Haiku zu verfassen, schreibt es aber mit zu vielen Silben und demzufolge falsch:
»Man lebt nur zweimal:
Einmal wenn man geboren wird
Und einmal, wenn man dem Tod ins Auge blickt.«

Schurke Randolph Hellebore schlägt dem jungen James Bond in *Stille Wasser sind tödlich* eine Reitpeitsche ins Gesicht. Bond trägt eine Verletzung davon, die seine Narbe auf der Wange erklärt, die Ian Fleming in seinen Romanen beschreibt.

Nicht immer verbringt James Bond mit dem Bond-Girl aufregende Nächte im Bett. In *Operation Jericho* »mauert« Chi-Chi, sie baut eine Grenze aus Kissen in der Mitte des Bettes, damit ihr 007 nicht zu nahekommt.

Zu 007s Vorlieben bei Frauen heißt es im Roman *Im Geheimdienst Ihrer Majestät*: »Er mochte keine Frauen, die in irgendeiner Weise Gemeingut waren, Filmstars zum Beispiel. Er mochte private Frauen, Frauen, die er selbst entdecken und für sich erobern konnte.«

Im Roman *Im Geheimdienst Ihrer Majestät* entschließt sich James Bond, Teresa di Vicenzo zu heiraten, denn er ist der Ansicht: »So eine werde ich nie wieder finden. Sie hat alles, was ich mir bei einer Frau wünsche: Sie ist wunderschön, im und außerhalb des Betts. Sie ist abenteuerlustig, mutig und einfallsreich. Sie ist immer aufregend. Sie scheint mich zu lieben. Sie würde mich mein Leben wie bisher weiterführen lassen. Sie ist eine einsame Frau und nicht mit Freunden, Verwandten oder Besitztümern belastet. Und vor allem braucht sie mich. Ich hätte jemanden, um den ich mich kümmern könnte. Von diesen ganzen unordentlichen, gelegentlichen Affären, die mich mit einem schlechten Gewissen zurücklassen, habe ich die Nase voll. Ich hätte nichts dagegen, Kinder zu bekommen. Ich habe keinen sozialen Hintergrund, in den sie passen oder nicht passen würde. Tatsächlich sind wir zwei uns sehr ähnlich. Warum sollte man daraus nicht eine Verbindung für die Ewigkeit machen?«

Gegenüber Scaramanga benutzt James Bond in *Der Mann mit dem goldenen Colt* den Tarnnamen Hazard, was übersetzt »Risiko« oder »Gefahr« bedeutet.

Christopher Wood schreibt im Buch *James Bond und sein größter Fall*: »Frauen, die man in Casinos aufliest, sind in harmlosen Fällen unkomplizierte Huren oder völlig abgebrannte Abenteurerinnen. So oder so: Sie kosten höchstens einen Haufen Geld und sind wahrscheinlich Neurotikerinnen.«

Auf welchen Frauentyp 007 steht, wird im Roman *James Bond und sein größter Fall* beschrieben: 007 liebt bei Frauen Mut, Wachsamkeit und Intellekt.

IM BUCH ZUM FILM DER MORGEN STIRBT NIE SAGT 007: »MAN SOLL EINER FRAU NIE WIDERSPRECHEN, SIE HAT MEISTENS RECHT!«

In *Stille Wasser sind tödlich* sagt Max Bond: »Gerüchte und Klatsch taugen nichts für Männer, sondern machen nur das Weibervolk glücklich.«

Nachdem James Bond und Vivienne Michel im Buch *Der Spion, der mich liebte* unter der Dusche die Seife Camay benutzt haben, schreibt 007 in einem Brief an Michel, sie solle einmal Fleurs des Alpes versuchen. In *Im Angesicht des Todes* duscht 007 mit Stacey Sutton und die Seife fällt herunter. Als sie sich danach bückt, meint er: »Das ist nicht die Seife.« Auch in *Der Morgen stirbt nie* (1997) gibt es eine ähnliche Szene.

Der *Daily Gleaner* ist James Bonds Lieblingszeitung, in der er neben den aktuellen Nachrichten auch sein Horoskop liest.

James Bonds Lieblingskaffee, den er sehr stark mag, ist ein Produkt der Marke De Bry.

Bond, so heißt es im Buch *Flottenmanöver*, handelt bei Kontakten mit Frauen unter dem Motto: »Verlieben, Vögeln, Vergessen.« Diese Vorgehensweise hat sich als die sicherste herauskristallisiert. Agenten im Außendienst sollten nur verheiratet sein, wenn sie eine Tarnung benötigen. »Es war eine kalte und zynische Einstellung, aber die richtige.«

James Bond wird nach seinem Skin-17-Projekt im Roman *High Time to Kill* für drei Monate in den Genesungsurlaub geschickt, da ihm der Auftrag körperlich schwer zugesetzt hat. Er leidet unter sehr starken Kopfschmerzen und Ohnmachtsanfällen.

Im Roman *Goldfinger* wird eine von Bonds Lieblingslandschaften beschrieben: Das Land an den Ufern der Loire, in dem er die blühenden Obstbäume und den vom Winterregen breiten Fluss mag. Das Tal scheint aus seiner Sicht »bereit für die Liebe.«

Im Roman *Lizenz zum Töten* erhält Bond von Q einen neuen Pass, der eine »chemische Keule« enthält.

Ohne Auftrag ist 007 depressiv, er fühlt sich im Roman *Doubleshot* ständig beobachtet und hat Angst vor Wahnvorstellungen.

Im Roman *Doubleshot* will James Bond Helenas und Kimberleys Mörder finden und fliegt unter dem Decknamen John Cork nach Tanger. Der Name ist eine Anspielung auf den gleichnamigen *007*-Experten, der u. a. die Dokumentationen über die *Bond*-Reihe gemacht hat.

Im Buch *Diamantenfieber* gibt es noch eine Beschreibung von Frauen, auf die James Bond steht: »Jemand, der genauso gut lieben wie Sauce béarnaise zubereiten kann.«

Im Buch *Goldfinger* plant 007, ein Handbuch zu schreiben. Der Titel: *Bleib am Leben.*

James Bonds Tante heißt Charmian Bond, sein Onkel Max.

John Gardner lässt James Bond im Buch *Niemand lebt ewig* unter dem Decknamen James Boldman ermitteln.

Der Schurke Bogdan versucht, James Bond im Buch *Das Spiel ist aus* mit einem Morgenstern zu töten.

James Bond mag keine Blumen, denn er will, so wird es im Buch *Casino Royale* beschrieben, keine femininen Dinge um sich haben.

James Bond leidet unter zu hohem Blutdruck: In einem ärztlichen Bericht im Buch *Feuerball* heißt es, sein Blutdruck sei 160 zu 90. Im Buch *Moonraker Streng geheim* wird sogar 180 zu 100 gemessen. Erst der Roman *Stirb an einem anderen Tag* nennt wieder normale Werte von 120 zu 80.

Im Roman *Stirb an einem anderen Tag* heißt es über den bärtigen Bond, der aus der Gefangenschaft der Koreaner entlassen wird: »Dieser Mann sah aus wie Robinson Crusoe«. Raymond Benson spielte damit auf Brosnans Hauptrolle in *Robinson Crusoe* (1994) an.

James Bond ist in den Filmen zur Tarnung in vielen verschiedenen Berufen aufgetreten: Leiter einer Chemiefabrik, Bauer, Industriespion, Heraldiker, Diamantenschmuggler, Inspekteur für Umweltschutz, Meeresbiologe, Romanautor, Oberst, Journalist, Pferdezüchter, Kellner, Berufskiller, Bankier, Vogelkundler, Diamantenhändler, Profispieler, Geologe u. a.

James Bonds Vater heißt Andrew Bond. Er behauptet allerdings in *Kernschmelze*, sein Vater heiße Archie Bond.

In John Gardners Buch *Eine Frage der Ehre* wird James Bonds Onkel Bruce genannt, der jüngere Bruder von James Bonds Vater, der ihm eine Viertelmillion Pfund vererbt hatte. Bond nimmt die Erbschaft und die Bedingung an, die Bruce vor seinem Ableben gestellt hatte: Bond solle 100.000 Pfund innerhalb von vier Monaten leichtsinnig verschleudern.

James Bond hat musikalische Vorlieben. Wie man in *Lizenz zum Töten* erfährt, ist er Jazzfan und zählt Mozarts Stücke nicht zu seiner Lieblingsmusik.

Nach einem halben Liter The Macallen im Buch *Tod auf Zypern* schläft Bond im Sessel ein und kriecht später in sein Bett. Am nächsten Tag hat er schreckliche Kopfschmerzen. Macallen Jahrgang 1962 trinkt er auch im Film *Skyfall* (2012).

Wie im Film *In tödlicher Mission* (1981) wird James Bond im Roman *Stirb an einem anderen Tag* von einem Papagei angesprochen. Das Tier sagt beide Male: »Gib mir einen Kuss!«

Im Buch *Moonraker* (1955) wird James Bonds Büro beschrieben. Es befindet sich im achten Stock des Geheimdiensthauptquartiers am Regent's Park in London und ist mit drei Schreibtischen ausgestattet. Hier arbeiten neben 007 auch 008 und 0011.

Im Roman *Stirb an einem anderen Tag* sieht James Bond einen Mann, der die Zeitung *Tomorrow* liest. Dies ist eine Anspielung auf den Film *Der Morgen stirbt nie* (1997), in dem der Schurke Carver diese Zeitung verlegt.

Raoul hat im Buch *Stirb an einem anderen Tag* eine alte Landkarte von San Monique auf seinem Schreibtisch liegen – eine Anspielung auf die Insel des Schurken Mr Big, der von dort im Film *Leben und sterben lassen* (1973) die Fäden zieht.

Bond will seine Flitterwochen mit Teresa di Vicenzo im Roman *Im Geheimdienst Ihrer Majestät* in Kitzbühel verbringen, doch Bonds Frau wird auf dem Weg dorthin von Irma Bunt erschossen.

James Bond gibt Tracy di Vicenzo im Roman *Im Geheimdienst Ihrer Majestät* das Ja-Wort an einem kristallklaren Neujahrstag um halb elf Uhr morgens im Salon des britischen Generalkonsuls.

Ernst Stavro Blofeld besitzt im Roman *Man lebt nur zweimal* ein Samurai-Schwert, das er gegen Bond einsetzen will.

Auric Goldfinger tut im Roman so, als verstehe er 007s Namen nicht richtig und nennt ihn mehrfach »Mr Bomb«. Bond rächt sich und nennt ihn »Goldman«.

James Bond verrät seiner Sekretärin Loelia Ponsonby in *Liebesgrüße aus Moskau*, dass er sich bewusst immer den 13. aussuche, wenn er reise, weil die Flüge leerer und der Service besser seien. Bond fliegt an einem Freitag, den 13., nach Istanbul.

Die Nummer in James Bonds Diplomatenpass lautet 0094567. Sie wird im Roman *Leben und sterben lassen* erwähnt.

In James Bonds Führerschein steht sein Wohnort: Westminster, Horseferry Road. Seine Verkehrsdelikte sind ebenfalls erfasst: Am 17. Juni 1987 musste er laut der Tabelle 100 Pfund Strafe zahlen.

Quarrel hat im Roman *Dr. No* eine eigentümliche Theorie zum Handballen von Annabel Chung, den er malträtiert hat: »Wenn er so fleischig ist wie bei diesem Mädchen, weiß man, dass sie gut im Bett sein muss.«

Bond hat eine besondere Ansicht bezogen auf bestimmte Alkoholika: »Claret ist das alkoholische Getränk für Jungen; Portwein das für Männer; aber wer wirklich danach strebt, ein Held zu sein, muss Brandy trinken.«

Im Roman *Feuerball* geht es um 007s Gesundheit und Bonds Zigarettenkonsum, den er von ca. 60 bis 70 Zigaretten pro Tag auf 25 gesenkt hat.

James Bond raucht mit Vorliebe Zigaretten der Firma Morlands aus der Grosvenor Street, die eine besondere Mischung von aus dem Balkan und der Türkei stammenden Tabaksorten beinhalten. In späteren Büchern wechselt Bond das Geschäft und bestellt bei H. Simmons in der Burlington Arcade Tabakwaren mit niedrigem Teergehalt.

Es heißt, es sei 007 gelungen, seinen Zigarettenkonsum auf fünf oder sechs Zigaretten pro Tag zu reduzieren, was ihn zur Aussage veranlasste: Es sei ganz einfach, mit dem Rauchen aufzuhören – er habe es mindestens schon zwölfmal getan. (Frei nach Mark Twains Aussage »Es ist ganz einfach, mit dem Rauchen aufzuhören – ich tue es jeden Tag.«)

Im Buch *Moonraker Streng geheim* ist 007s Zigarettenkonsum massiv gestiegen. Er raucht während eines Fluges nach London seine fünfzigste Zigarette an diesem Tag. Christopher Wood schreibt: »Bei einer Untersuchung ergab sich, dass diese Art der Lebensführung die erwarteten Wirkungen zu zeigen beginnt. Die Zunge ist belegt.«

Der Killer Dr. Kaufman erinnert James Bond im Roman *Der Morgen stirbt nie* an seinen Zahnarzt in London.

Schurke Lee Fu-Chu hält sich in *Operation Jericho* Wölfe und will ihnen James Bond zum Fraß vorwerfen. Da Bonds Verbündeter Ed Rushias die Tiere mit Betäubungsmittel schläfrig gemacht hat, lecken sie lediglich 007s Genitalien ab, die der Schurke mit Tierfett hat einschmieren lassen.

Im Buch *Moonraker* bewohnt 007 eine luxuriöse Wohnung in der Nähe der King's Road. Sie liegt im Parterre eines alten, kürzlich umgebauten Hauses. Von dort sieht er aus dem Eckfenster die Platanen in der Mitte des Platzes. Bonds Wohnzimmer ist mit Bücherregalen und einem Schreibtisch ausgestattet, das Schlafzimmer, an dessen Fenstern rote Vorhänge hängen, ist mit weiß-goldenen Tapeten tapeziert. Ein Doppelbett steht darin.

Vivienne Michel aus *Der Spion, der mich liebte* wohnt auch nahe der King's Road. Sie ist also bereits im Alter von 17 Jahren eine Nachbarin, obwohl er sie erst im Alter von 23 in New York trifft.

Das erste Mal wird der berühmte Wodka Martini James Bonds im Roman *Casino Royale* beschrieben. Er trinkt ihn, kurz nachdem er Felix Leiter getroffen hat. 007 lässt sich das Getränk in einer Champagnerschale servieren.

Bond misstraut jedem, der seinen Schlips mit einem Windsorknoten bindet, erfährt man durch den Roman *Liebesgrüße aus Moskau*. Ein auf die Art gebundener Schlips beweist laut Bond übertriebene Eitelkeit und deute oft auf einen Schurken hin.

In der Kurzgeschichte »Der Besitz einer Dame« liest 007 einen Bericht über die Möglichkeit, Zyanidgas mit einer Wasserpistole zu verschießen.

Im Buch *Goldfinger* hat James Bond seine Walther PPK in einem Buch mit dem Titel *Die Bibel in verständlicher Prosa* versteckt.

Im Roman *Never Send Flowers* wird auf dem Schloss von Dragonpol das Bühnenfestspiel *Der Ring des Nibelungen* von Richard Wagner aufgeführt. Mit einer Aufführungsdauer von etwa 16 Stunden ist es eines der umfangreichsten musikalischen Bühnenwerke überhaupt.

Tiffany Case übernimmt im Roman *Diamantenfieber* einen Job am Spieltisch, um 007 zu zeigen, wie man die Karten richtig mischt. Diese Passage wurde abgewandelt ins Drehbuch von *Lizenz zum Töten* (1989) übernommen und dort auf Lupe Lamora übertragen.

Als Hugo Drax im Buch *Moonraker* gegen James Bond am Spieltisch verliert, drängt er 007 dazu, das Geld lieber »schnell wieder auszugeben«. Diese Idee Flemings fand Eingang in den Film *Octopussy* (1983), in dem Kamal Khan James Bond genau das rät.

In der Kurzgeschichte »Der Hauch des Todes« liest James Bond einen Roman mit dem Titel *Verderbt, verdammt und verraten*, den er wegen des interessanten Covers ausgewählt hat. Das Buch zeigt ein halb nacktes, an ein Bett gefesseltes Mädchen.

Ernst Stavro Blofeld lutscht im Roman *Feuerball* Veilchenpastillen, denn »wenn unangenehme Dinge gesagt werden mussten, hatte er sich angewöhnt, seinen Atem zu versüßen.«

Im Roman *Im Geheimdienst Ihrer Majestät* benutzt James Bond seinen Urin als Geheimtinte und schreibt die Namen der Mädchen aus dem Gloria-Klub in seinen Pass. Die »Tinte« wird über einer Flamme wieder lesbar gemacht.

In Raymond Bensons Buch *High Time To Kill* machen James Bond und ein Verbündeter die Nahrungsvorräte einer Bergsteigerexpedition unbrauchbar, indem sie darauf urinieren.

James Bond besitzt im Buch *James Bond und sein größter Fall* eine Schreibmaschine vom Typ Olivetti Lettera 32, in der sich eine zerlegte Walther PPK befindet. Nachdem er die Waffe entnommen hat, testet er die Funktionen der Schreibmaschine und tippt den Satz: »Der schnelle braune Hund sprang über seinen faulen Herrn.«

Drax sagt in *Moonraker Streng geheim* zu Bond: »Sie wissen ohne Zweifel, dass die Erdbevölkerung sich von unter 2,3 Milliarden Menschen im Jahre 1940 bis heute auf über vier Milliarden erhöht hat. Ist Ihnen bekannt, was die Demografen für das Jahr 2070 voraussagen? Eine Weltbevölkerung von 25 Milliarden! [...] Eine Welt voll wimmelnder Maden, die wahllos dahinsterben. Seuchen, Hunger, Krieg.«

Während Chang im Film *Moonraker – streng geheim* (1979) stirbt, weil Bond ihn durch das Zifferblatt einer großen Uhr schleudert, er mehrere Meter tief fällt und in einem Klavier stecken bleibt, war das im Roman zum Film nicht mehr möglich (Wood hatte diesen Tod schon in *James Bond und sein größter Fall* beschrieben). Chang stirbt nun beim Sturz auf einen Tisch.

Mary Goodnights Kleid in *Der Mann mit dem goldenen Colt* wurde von der Q-Abteilung entwickelt und einer der Perlen am Kleid verbirgt sich eine getarnte Todespille. Goodnight: »Aber ich kann mich nicht erinnern, in welcher. Ich werde wohl einfach die ganze Kette schlucken müssen.« Im Film ist es ein Minisender, keine Todespille.

Vesper Lynd ist im Roman *Casino Royale* der Ansicht, es sei kein Problem, genügend Kaviar zu bekommen, es hapere lediglich an genügend Toast.

Im Buch *Der Mann mit dem goldenen Colt* liest M einen Artikel, dem zufolge laut einem Volksglauben Homosexuelle nicht pfeifen können. M spitzt unweigerlich die Lippen, um selbst den Beweis anzutreten, dass er pfeifen kann.

Im Roman *Casino Royale* prügelt Le Chiffre James Bond mit einem Teppichklopfer auf die Hoden, um ihn für seine Taten am Baccarattisch zu bestrafen. Im Film von 2006 wurde daraus ein Tau.

Nachdem Le Chiffre seine Hoden mit einem Teppichklopfer malträtiert hat, befürchtet Bond, impotent zu sein. Und auch nach einer Folter seiner Genitalien in *James Bond und sein größter Fall* denkt Bond über diese Folgeschäden nach.

Auf James Bonds Schreibtisch stehen in *Moonraker* drei verschiedenfarbige Telefone: ein schwarzes für Anrufe von außen, ein grünes für Hausanrufe und ein rotes, um schnell Kontakt zu M und Bill Tanner herzustellen.

James Bond hasst Tee. Fleming schreibt in *Feuerball*: »Bond verabscheute Tee, dieses geschmacklose, Zeit verschwendende Opium für die Massen, aber auf seinen leeren Magen und in seinem fiebrigen Zustand wirkte die zuckrige Flüssigkeit fast berauschend. Er schätzte, dass drei Tassen in etwa den Effekt von ungefähr einer halben Flasche Champagner draußen in der wirklichen Welt hatten.«

James Bond besucht in *Im Geheimdienst Ihrer Majestät* eine Tanzveranstaltung und muss sich beherrschen, nicht wütend zu reagieren, als Animateure versuchen, ihn zum Polonaisetanzen zu bringen.

Um einen menschlichen Schädel vorzutäuschen, streut James Bond im Roman *Der Spion, der mich liebte* Tannennadeln auf sein Kopfkissen. Damit täuscht er die Killer Horror und Sluggsy.

Ian Flemings Figur Tiger Tanaka aus *Man lebt nur zweimal* tritt in Raymond Bensons Roman *The Man with the Red Tattoo* wieder in Erscheinung.

Bonds »normaler« (Arbeits-)Tag sieht in der Literatur so aus: Bürostunden von zehn bis sechs, die nicht allzu genau eingehalten werden müssen; Lunch, meist in der Kantine; die Abende in Gesellschaft einiger guter Freunde oder auch mit irgendeiner Frau, mit der ihn nicht mehr als eine flüchtige Liebschaft verbindet.

Jinx behauptet im Buch *Stirb an einem anderen Tag*, sie sei vom *Space and Technology*-Magazin und vertrete Dr. Wiseman – eine Anspielung auf den Darsteller Joseph Wiseman, der im ersten *007*-Film Dr. Julius No spielte.

James Suzuki ist der uneheliche Sohn von James Bond und der Japanerin Kissy Suzuki. Er tritt in Raymond Bensons erster Kurzgeschichte »Tödliche Antwort« in Erscheinung und kommt ums Leben.

In *Diamantenfieber* sagt 007: »Wenn ich jemals einen Sohn haben sollte, werde ich ihm nur einen einzigen Rat geben, sobald er volljährig wird. Ich werde sagen: ›Gib dein Geld aus, wie immer du willst, aber kauf dir nichts, das isst.‹«

Im Roman *James Bond und sein größter Fall* heißt der Schurke Siegmund Stromberg und benutzt das Kürzel SS, das auch auf den T-Shirts seiner Handlanger zu lesen ist. Zu heikel für eine Verfilmung: Im Film wurde der Schurke in Karl Stromberg umbenannt.

Ein Sprichwort von Dr. Jay Autem Holy im Roman *Eine Frage der Ehre* lautet: »Wenn du etwas von den Löwen willst, schick keinen Mann, sondern einen Löwen.«

Zum ersten Mal in der *007*-Literatur taucht das Wort »SPECTRE« im Ort Spectreville im Roman *Diamantenfieber* auf. Es handelt sich um eine Geisterstadt des Schurken in diesem Buch.

Im Roman *Liebesgrüße aus Moskau* erhält James Bond den Decknamen Somerset, weil die Mutter seines Verbündeten Drako Kerim von dort stammte. Somerset hieß übrigens auch ein Flugplatz, auf dem Islandszenen für *Stirb an einem anderen Tag* (2002) gedreht wurden.

Im Buch *Tod auf Zypern* wird Bonds Wohnsitz Shamelady auf Jamaika beschrieben – eine Anspielung auf Ian Flemings Haus Goldeneye, denn Flemings Freunde hatten ihm vorgeschlagen, sein Haus so zu nennen. Der Name »Shamelady« stammt von einer Pflanze, die wild im Norden der Insel wächst und sich zusammenringelt, wenn man sie berührt.

Im Roman *James Bond und sein größter Fall* wird bekannt, dass Bond-Girl Anya Amasova am Lehrgang »Sex als Waffe« teilgenommen hat. Zwanzig attraktive Männer und Frauen nahmen an diesem Lehrgang teil. Die Fortbildung erfolgte mit Büchern, Filmen und Demonstrationen – alles als »kontrollierte Partnerschaft« beschrieben.

James Bond macht im Buch *Moonraker Streng geheim* einen Sehtest bei Dr. Goodhead, die ihn bittet, eine Tafel vorzulesen: »G – E – D – R«. Goodhead unterbricht ihn, denn die Buchstaben würden »O – C – B – H – A – X« lauten. 007 überrascht die Frau, als er angibt, den kleingedruckten unteren Rand der Tafel (»Gedruckt in Des Moines«) buchstabiert zu haben.

In *James Bond und sein größter Fall* muss James Bond einige Qualen aushalten: Strom wird durch seine Genitalien gejagt. 007s Penis wird von einem Mann mit den Elektroden verbunden. Als die Stromstöße vorbei sind, erkennt der Agent, dass die Prozedur Schäden hinterlassen hat: »Das blutende Glied zwischen seinen Beinen brannte ihm die Seele aus dem Körper.«

Das Rezept »Rühreier James Bond für 4 Personen« ist in der Kurzgeschichte »007 in New York« aufgeführt. James Bond zeigt es dem Küchenchef des Edwardian Room im Plaza: Man benötigt 12 frische Eier, Salz und Pfeffer, sowie 5–6 Unzen frische Butter (eine Unze = 28,35 Gramm), Kräuter oder Schnittlauch.

In *Casino Royale* spielt Bond Roulette. Seine Vorgehensweise wird als gleichbleibend beschrieben. Er spielt immer nach einem System und weicht erst auf ein anderes aus, wenn Zero gefallen ist. Bond belegt im Roman zunächst zwei Drittel aller Zahlen. So hat er die Chance, bei jeder Zahl, die kleiner als 25 ist, 100.000 Francs zu gewinnen.

James Bond muss im Roman *Flottenmanöver* den sogenannten Rorschachtest über sich ergehen lassen. 007 vermeidet es, bei den abstrakten Bildern Waffen und Gottesanbeterinnen zu erkennen, und behauptet, in jedem Bild eine Frauenbrust zu sehen.

In der Kurzgeschichte »Risiko« behauptet 007, Romanautor zu sein und sagt, er arbeitete an einem Buch über Schmuggler. Weiter behauptet er, er habe schon eine Filmoption auf seine Schmugglergeschichte. Fleming spielte damit auf sich selbst an, da er tatsächlich schon eine Filmoption auf seine *James Bond*-Romane hatte.

In *Der Mann mit dem goldenen Colt* informiert M James Bond darüber, dass er zum Ritter geschlagen werden soll. Bond lehnt ab.

Im Roman *Operation Jericho* hat Wanda Man Song Hing einen Becher in der Hand, auf dem das Markenzeichen der Filmproduktionsfirma Paramount abgebildet ist. Ein Insidergag, denn die *James Bond*-Filme wurden zum Zeitpunkt der Romanveröffentlichung allesamt von UIP und UA produziert.

John Gardner lässt in seinem Roman *Scorpius* einen Todd Sweeney auftreten. Damit spielt er auf das gleichnamige Broadway-Musical von Stephen Sondheim an: *Sweeney Todd – Der teuflische Barbier aus der Fleet Street* (1979). Das Stück wurde von Tim Burton mit Johnny Depp in der Hauptrolle verfilmt.

Die Romanfigur Q erscheint erstmals in *Casino Royale* und leitet die gleichnamige Abteilung. Ebenso ist Q für ein Leichenschauhaus verantwortlich, was schließlich zu den Drehbuchideen von *Im Geheimdienst Ihrer Majestät* (1969) führte.

Der aus Schottland stammende Waffenexperte Geoffrey Boothroyd benutzte das Kürzel Q für seinen Konstrukteur Charles Fraser-Smith, der im Zweiten Weltkrieg mit dem Entwerfen von Karten und dem Verstecken von Waffen beauftragt worden war. Fleming ließ aus diesen beiden Personen die Figur Major Boothroyd in seinen Romanen werden.

In *High Time to Kill* trägt James Bond beim Sex eine Art Sauerstoffgerät, weil er sich im Gebirge befindet.

Das Haus, in dem Felix und Della Leiter im Buch *Lizenz zum Töten* wohnen, wird »Pfefferkuchenhaus« genannt. Leiter hat es sich mit der Abfindung von der CIA finanziert und Calvin Klein soll der Vorbesitzer gewesen sein.

Fleming schreibt in *Im Angesicht des Todes*, James Bond habe seit 1945 keinen glücklichen Tag mehr in Paris verbracht, weil die Stadt »ihr Herz verloren« habe. Es sei an Touristen, Russen, Bulgaren und Deutsche – den Abschaum der Menschheit also – verpfändet worden.

Die Farbe Rot ist in den *James Bond*-Romanen den Gegnern 007s zugeordnet. Den Anfang macht Le Chiffre, dessen »feuchten roten Mund« Bond beobachtet.

James Bond kennt das »Kleiner-Mann-Syndrom«: »Bond misstraute kleinen Männern aus Prinzip. Sie wuchsen schon von Kindesbeinen an mit einem Minderwertigkeitskomplex auf. Sie strebten ihr Leben lang danach, groß zu sein – größer als die anderen, die sie als Kind gehänselt hatten. Napoleon war klein gewesen, und Hitler.«

Als James Bond in Scorpius' Fahrstuhl fährt, ist er von der darin gespielten Musik angetan: Gertrude »Ma« Rainey singt die 1927er-Aufnahme ihres New Bo-Weavil Blues von 1924. Bond besitzt in seiner Sammlung eine Aufnahme auf einer alten 78-rpm-Schallplatte.

Als Kristatos in der Kurzgeschichte »Risiko« in einem Lancia-Granturismo-Kabriolett entkommen will, erschießt ihn James Bond und der Wagen rast mit der Leiche hinter dem Steuer ungebremst davon.

DIE ZELLE, AUS DER JAMES BOND IM ROMAN DR. NO FLÜCHTEN WILL, TRÄGT DIE AUFSCHRIFT »Q«.

Auric Goldfinger bietet James Bond im gleichnamigen Roman den Wein Piesporter Goldtröpfchen Jahrgang 53 zu Garnelen an. Allerdings fand Kingsley Amis heraus, dass es sich beim Piesporter Goldtröpfchen um einen Mosel, und nicht, wie Ian Fleming im Original schrieb, um einen Hochheimer Wein handelt.

James Bond trinkt seinen Kaffee in *Liebesgrüße aus Moskau* mittelsüß. Seinen Kaffee zum Frühstück im gleichnamigen Film von 1963 bestellt der Agent jedoch schwarz.

Flemings Nachfolger Kingsley Amis erfand den Romanschurken Moriarvsky, der in einer Kurzgeschichte, die niemals veröffentlicht wurde, den Vater einer jungen Frau entführt, die sich in ihrer Verzweiflung an einen 70-jährigen James Bond wendet. »Opa« Bond schafft es tatsächlich, an den General heranzukommen und den gekidnappten US-Senator zu befreien.

Bonds Kontaktmann Dexter sagt im Roman *Leben und sterben lassen*, solange man dem Schurken Mr Big nichts Kriminelles nachweisen könne, solle er das Motto »Leben und leben lassen« beherzigen. James Bond sieht das anders: »In meinem Job habe ich ein anderes Motto, wenn ich es mit einem Mann dieser Art zu tun bekomme. Es lautet: »Leben und sterben lassen!«

Harriet Horner hat in *Scorpius* einen Roman von Judith Krantz und zwei von Danielle Steel zum Lesen – obwohl sie nicht nach ihrem Geschmack sind. Horner bevorzugt Deighton und le Carré.

Geoffrey Boothroyd alias Q hat in seinem Büro ein großes Merkblatt angebracht. Darauf steht: »Mein Name ist Geoffrey, nicht Geoff.« James Bond hält auch nichts von Verniedlichungsformen und möchte keinesfalls als Jim bezeichnet werden.

Die Kurzgeschichte »Die Hildebrand-Rarität« ist nach dem darin vorkommenden seltenen Fisch Hildebrand-Rarität benannt. Milton Krest will den Fisch fangen. Prof. Hildebrand von der Universität Witwatersrand habe im April 1925 das bisher einzige Exemplar mit einem Netz vor der Insel Chagrin der Seychellengruppe gefangen.

Der Tod von Richard Hans in *Das Spiel ist aus* wird interessant beschrieben. John Gardner schreibt: »Zwei Schüsse knallten, und Richard Hans' Kopf zerplatzte, sodass das Blut in die Luft spritzte. Sein Körper lief noch drei oder vier Schritte, bevor er umfiel.«

Der Schurke Lee Fu-Chu in *Operation Jericho* hat seine Daumen dort, wo sich normalerweise die kleinen Finger befinden.

Im Roman *GoldenEye* singt Valentin Zukovskys Freundin Irena das Lied »Memories« und nicht wie im Film »Stand by your Man« und Gardner schreibt, Irena schicke sich an, »Lloyd-Webber hinzurichten.«

Von Bonds Einstellung zum Leben heißt es in »Der Besitz einer Dame«: »James Bond hasste nichts so sehr wie Leerlauf.«

James Bond bezeichnet es als Glück, wenn er eine Frau trifft, die entweder zärtlich umworben oder brutal genommen, niemals jedoch verkuppelt oder überzeugt werden wolle.

Die erste Frau, der James Bond einen Heiratsantrag macht, ist Vesper Lynd im Buch *Casino Royale*. Er meint es aber nur scherzhaft, weil Lynd die Temperatur des Badewassers richtig gewählt hat. Einige Kapitel später plant er dann tatsächlich, um ihre Hand anzuhalten.

»Ich dachte immer, wenn ich jemals heiraten sollte, würde es eine Stewardess sein«, so James Bond in der Kurzgeschichte »Ein Quantum Trost«.

Peredur Glyn ist James Bonds Doppelgänger im Roman *Doubleshot*. Es handelt sich um einen walisischen Hooligan, dem die Union zur Flucht aus dem Gefängnis verholfen hat. Sein Bond-Aussehen hat er durch eine plastische Operation erlangt.

James Bond will in der Kurzgeschichte »Im Angesicht des Todes« eine Frau in Paris für 500 N. F. (neue Francs) kaufen und ihr vorschlagen, sie Donatienne oder Solange zu nennen.

James Bond fällt im Roman *Scorpius* ein italienisches Sprichwort ein: »Derjenige, der am meisten weiß, glaubt am wenigsten.«

James Bond sagt seinem Schwiegervater im Buch *Im Geheimdienst Ihrer Majestät*, er wolle nicht, dass die Kinder, die er mit Tracy haben könnte, mit Geld um sich werfen könnten. Bond habe selbst nie viel gehabt und habe es auch nie gebraucht.

Schurke Grant aus *Liebesgrüße aus Moskau* ist das Produkt der flüchtigen Begegnung einer irischen Kellnerin und eines deutschen Gewichthebers. Er wurde innerhalb von 15 Minuten gezeugt. Die Kellnerin erhielt für den Akt, der sich im Gras hinter einem Zirkuszelt abspielte, drei Schilling von ihrem Freier.

Als James Bond versucht, etwas über Goldfinger herauszufinden, stellt er fest, dass es drei Männer mit diesem Namen gibt: Zwei sind tot und einer betreibt einen Friseursalon, arbeitet als russischer Agent in Genf und steckt den Kunden Nachrichten in die Manteltasche. Da er bei Stalingrad ein Bein verloren hat, kommt er nicht als der gesuchte Goldfinger infrage.

James Bonds Gehalt wird im Roman *Moonraker* von 1955 genannt: 1.500 Pfund im Jahr. Zu dieser Summe kommen Spesen in beliebiger Höhe, wenn 007 während eines Auftrags unterwegs ist. Er hat ein steuerfreies Einkommen von 1.000 Pfund pro Jahr. 2.000 netto reichen 007 jährlich aus, um ein angenehmes Leben zu führen.

In *Goldfinger* heißt es, James Bonds Jahreslohn würde beim Bewohnen des Aloha-Apartments, das 200 Dollar am Tag koste, nur für drei Wochen reichen. Daraus ergibt sich ein Jahreseinkommen von James Bond, das sich auf 4.200 Dollar beläuft – und das im Jahr 1959.

Moneypenny, so erfährt man im Buch *Feuerball*, hat ein Haustier. Es handelt sich um einen Pudel.

DURCH DIE ÄNDERUNG SEINER NUMMER VON 007 IN 7777 IM ROMAN *MAN LEBT NUR ZWEIMAL* BEKOMMT JAMES BOND EINE GEHALTSERHÖHUNG. ER ERHÄLT TAUSEND PFUND ZULAGE PRO JAHR.

In *Das Spiel ist aus* zitiert James Bond mitten in der Nacht an einem ostdeutschen Strand Goethe: Die Verszeilen »Meine Ruh' ist hin« und »Mein Herz ist schwer« (Margarete in *Faust*) dienen als Codes für Bond und die Personen, denen er zur Flucht aus der DDR verhelfen soll.

Als Dr. Shatterhand hat Blofeld im Roman *Man lebt nur zweimal* einen »Garten des Todes« auf der japanischen Insel Kyushu angelegt. Der Garten gibt Selbstmördern durch seine giftigen und tödlichen Pflanzen, Seen und Bäche die Möglichkeit, ihrem Leben ein Ende zu setzen.

Im Roman *Flottenmanöver* hat James Bond einen Kampf mit einer Vampirfledermaus.

Elektroschocks muss James Bond in *Der Mann mit dem goldenen Colt* über sich ergehen lassen, und das über dreißig Tage, um seine Gehirnwäsche rückgängig zu machen und der »alte« Bond zu werden.

James Bond kämpfte laut John Gardner in *Flottenmanöver* auch im Falklandkrieg. Man munkelte, er sei der Mann gewesen, der heimlich landete, um Zivilisten zu unterstützen und bei ihrer Ausbildung zu helfen, bevor der Krieg ausbrach.

In *Der Mann mit dem goldenen Colt* ist Moneypenny einem hysterischen Anfall nahe, nachdem James Bond versucht hat, M zu ermorden.

Bonds ehemaliger Schwiegervater wird in *Never Dream of Dying* zu seinem Feind. 007 hat keine andere Wahl: Bei einer Konfrontation erschießt er seinen Schwiegervater.

Raymond Bensons Figur Estragon in »Midsummer Night's Doom« trägt den Namen als Anspielung an Samuel Becketts *Warten auf Godot*. Wladimir aus John Gardners Buch *Scorpius* ist eine weitere Figur aus diesem Stück.

James Bond findet in *Dr. No* heraus, dass der Schurke Julius No Kontaktlinsen trägt, was für das Jahr 1958, in dem das Buch erschien, sehr beachtlich ist.

Auf Doktor No aus dem gleichnamigen Roman wurde bereits ein Mordanschlag verübt. Jemand schoss ihm eine Kugel in die Brust, diese verfehlte aber lebenswichtige Organe, da No einer der wenigen Menschen ist, die das Herz nicht auf der linken, sondern der rechten Seite haben.

IM ROMAN LOCKT DOKTOR NO 007 ABSICHTLICH IN DIE TUNNELSYSTEME, UM IHN BEI SEINEN QUALEN ZU BEOBACHTEN. IM FILM WÄHLT BOND DIESEN WEG AUF SEINER FLUCHT.

Der Arzt Dr. Foch, der im Roman *Goldfinger* auf den in Lebensgefahr schwebenden James Bond trifft, verkennt die Situation und belässt 007 in der Gewalt des Schurken Auric Goldfinger. Als Bond darum bittet, Washington zu informieren, weil er gefangen sei, tut Foch es als Verfolgungswahn ab.

In *Scorpius* sieht James Bond in Harriett Horners Wohnung zwei Bücher liegen: Eric Amblers *Doktor Frigo* und das aus Bonds Sicht bedauerlicherweise langweilige Buch *Spycatcher*.

Im Roman *Tod auf Zypern* wird der Geheimagent James Bond von einem Dobermann verfolgt. 007 gelingt es, das Tier durch eine Scheibe zu schleudern, nachdem es bereits mit gefletschten Zähnen auf ihn zugesprungen war.

Im Roman *Lizenz zum Töten* bringt 007 eine Wanze an der Sessellehne in Franz Sanchez' Büro an. Im Film ist von diesem Vorgang nichts zu sehen. John Gardner bezeichnet 007s Empfänger als »Jabberwocky«, benannt nach einem Unsinnsgedicht von Lewis Carroll. »To jabber« bedeutet »plappern« oder »schnell herunterrasseln«.

Über Hugo Drax erfährt man in *Moonraker*, er sei durch einen Fliegerangriff verletzt worden, als er dort gelandet war, wo seine Männer zuvor eine Bombe deponiert hatten. Eine Ohnmacht hinderte ihn an der Flucht, die Explosion riss ihm unter anderem eine Gesichtshälfte weg.

HUGO DRAX SAGT IN MOONRAKER ÜBER SEINE VERGANGENHEIT: »KURZ DARAUF BEFANDEN WIR UNS IM KRIEG. ES WAR EINE WUNDERBARE ZEIT.«

Im Verlauf seiner Mission findet James Bond in *Never send Flowers* heraus, dass David Dragonpol Prinzessin Diana und ihre beiden Kinder bei einem Besuch im Euro-Disneyland bei Paris ermorden will.

Anni Tudeer, die Schurkin in *Eisbrecher*, will erste Führerin im Vierten Reich werden, das sie zu erschaffen plant.

Nachdem 007 versucht hat, M zu ermorden, berichtet dieser in *Der Mann mit dem goldenen Colt* über seine Vorgänger beim MI6: »Mein Vorgänger ist auf diesem Stuhl gestorben. Damals war es eine einfache Kugel, aber sie stammte von einem Agenten, der auf ganz ähnliche Weise durchgedreht war.«

Der Dalmatiner von Felix Leiter und seiner Frau Manuela Montemayor in *Tod auf Zypern* hat den Namen Esmeralda.

Ann Charteris, Ian Flemings Ehefrau, schlug vor, den Schurken in *Moonraker* Connolly Drax zu nennen. Sie wollte damit den aggressiven Kritiker Cyril Connolly verärgern, der schlechte Kritiken über *Leben und sterben lassen* verfasst hatte.

Die vielen Decknamen im Buch *Flottenmanöver* stammen alle aus Dantes »Inferno« in der *Göttlichen Komödie*. Bond erinnert sich:
»Tritt vorwärts, Bückeschnurbs und Fröstetretel«,
Begann er jetzt, »und du auch, Reckelschnauzer,
Und Sudelbart, du führ die Schar der Zehne.
Noch komm auch Scharlachmohr und Drachennaser,
Schweinsborst mit seinen Hauern, Hundekraller,
Sausfleder und Karfunkelpolt, der Tolle.

Vor ihrer Ehe mit Elliot Carver trug Paris den Nachnamen McKenna, wie man aus dem Roman *Der Morgen stirbt nie* entnehmen kann.

IM BUCH DER SPION, DER MICH LIEBTE TRÄGT DER SCHURKE HORROR EINE ZAHNSPANGE, DIE DIE FILMEMACHER ZU BEISSERS STAHLZÄHNEN INSPIRIERTE.

Bond liest in *Der Mann mit dem goldenen Colt*« sein Horoskop im *Daily Gleaner*: »KOPF HOCH! Der heutige Tag hält eine angenehme Überraschung und die Erfüllung eines Herzenswunsches bereit. Aber Sie müssen sich Ihr Glück verdienen, indem Sie die Augen nach dieser einmaligen Gelegenheit offen halten und sie mit beiden Händen ergreifen, sobald sie sich bietet.«

Während Bond in den Romanen Flemings den Rang eines Commanders hatte, wird er bei John Gardner in *Flottenmanöver* zum Captain befördert und trägt den Titel bis zum Roman *Cold*. Raymond Benson, der bei seinen Romanen die anderen Autoren nach Fleming nicht berücksichtigen sollte, beschrieb 007 wieder im Rang eines Commanders.

James Bond sieht den finalen Kampf gegen Blofeld im Buch *Man lebt nur zweimal* als eine Begegnung zwischen David und Goliath, nur dass er als David in diesem Fall von Blutrache angetrieben sei.

Bevor sie mit James Bond das Bündnis der Ehe einging, war Teresa Draco schon mit Conte Giulio di Vicenzo verheiratet. Der verhielt sich nicht wie ein Gentleman, nahm ihr viel Geld ab und Tracys Vater, Marc-Ange Draco, erkaufte schließlich die Scheidung. Tracys Kind starb an Kinderlähmung.

In *Man lebt nur zweimal* lernt James Bond durch Kissy Suzuki den Kormoran David kennen. Suzuki benannte das Tier nach einem Mann, den sie in Hollywood kennengelernt hatte und der nett zu ihr war: David Niven. James Bond will David ein großes Stück Fisch zukommen lassen, als Dank für das Vergnügen, das ihm David Niven als Schauspieler bereitet hat.

Als James Bond im Roman *Lizenz zum Töten* zum ersten Mal auf Sanchez trifft, richtet der Handlanger Perez einen Colt 45 auf den Geheimagenten. 007 schiebt die Waffe beiseite und rät Perez zu weniger Knoblauchkonsum.

Das erste Fluchtauto in den Romanen ist ein Citroën, in dem Le Chiffre in *Casino Royale* Vesper Lynd entführt.

Schon im ersten Roman *Casino Royale* schreibt Ian Fleming, James Bonds Körper weise Narben plastischer Chirurgie auf. 007 hatte bereits Hautverpflanzungen.

Der Bruder einer Figur, von der im Roman *Scorpius* berichtet wird, ist fünf Jahre zuvor bei einem Bergsteigerunfall in der Schweiz auf dem Mont Blanc ums Leben gekommen. James Bonds Eltern kamen ebenso beim Bergsteigen ums Leben.

Nachdem James Bond im Roman *Flottenmanöver* glaubt, Beatrice Maria da Ricci sei einer Autobombe zum Opfer gefallen, hört er unerwartet die Stimme von Bing Crosby aus dem Radio. Crosby singt »Have yourself a merry little Christmas«.

James Bond besucht in *Tod auf Zypern* das CryoCenter zur Samenspende. Hauptsächlich ist Bond dort, weil das Gebäude die Büros und Laboratorien der Firma ReproCare beherbergt, die 007 dem Feind zuordnet.

Um Bonds Gesundheit steht es in *Feuerball* schlecht. »Die Untersuchung ergab nur wenige Anzeichen von körperlichem Verfall. Die Zunge war belegt. Der Blutdruck war ein wenig erhöht und lag bei 160/90. Die Leber ließ sich nicht ertasten. Andererseits gab der Agent auf Nachfrage zu, regelmäßig Schmerzen im Hinterkopf zu haben, in seinen Trapezmuskeln waren Zuckungen festzustellen und sogenannte ›fibrositische‹ Knötchen zu erfühlen. Ich gehe davon aus, dass diese Symptome mit der Lebensweise des Agenten zusammenhängen.«

Le Chiffre betrieb im Roman *Casino Royale* ab 1946 Bordelle, die unter dem Namen Cordon Jaune bekannt geworden sind.

Einige von Bonds Lebensgewohnheiten werden in *Moonraker Streng geheim* genannt: »Der Untersuchte räumt einen täglichen Konsum von mehr als einer halben Flasche Spirituosen mit einem Alkoholgehalt von 35 Prozent und mehr ein. Ferner raucht er am Tag durchschnittlich sechzig Zigaretten ohne Filter.«

Der Meldefahrer in der Kurzgeschichte »Im Angesicht des Todes« wird auf der D98, einer Straße nahe Paris, umgebracht. James Bond nennt die Strecke daraufhin »Mordstraße«.

Als 007 in *Dr. No* durch ein Röhrensystem kriecht, stößt er auf einen zwölf Meter langen und über eine Tonne schweren Kraken. Es gelingt Bond, seinen Speer in das Auge des Kraken zu stoßen und den Angriff zu überleben.

Der Spitzname des Schurken Kidd in *Diamantenfieber* war zunächst »Boofy«, doch Lord Arran, der Cousin von Flemings Frau Ann, beschwerte sich, weil sein eigener Spitzname »Boofy« Gore war. Daraufhin änderte man den Namen von »Boofy« in »Dolly«. In der vierten Ausgabe von 1962 änderte man »Boofy« schließlich in »Windy«.

Emmy Shatterhand in *Man lebt nur zweimal* wurde in der ersten deutschen Übersetzung Emmy Martell genannt. Hinter dem Namen verbirgt sich Blofelds Gesellschafterin Irma Bunt. Sie ist mit Blofeld, der sich im Deutschen als ihr Mann Dr. Guntram Martell ausgibt (im Original auch Shatterhand), nach Japan ausgewandert.

Bereits im Roman *Cold* wird der Posten der Person, die den britischen Geheimdienst leitet, von einer Frau übernommen – diese Idee ist also dem Autor John Gardner zuzuschreiben und wurde in *GoldenEye* (1995) in die *Bond*-Filme übernommen. Seit *Spectre* (2015) ist wieder ein Mann Bonds Vorgesetzter.

Bond bereitet sich in *Scorpius* ein *omelette aux fines herbes* zu, das er mit einer Flasche(!) Chablis hinunterspült.

Ché-Ché aus dem Roman *Im Geheimdienst Ihrer Majestät* unterstützt Marc-Ange Draco und 007 bei ihrem Kampf gegen Ernst Stavro Blofeld und stirbt beim Stürmen des Piz Gloria. Ché-Ché tritt aber, obwohl er schon tot ist, im Roman *Never Dream of Dying* wieder in Erscheinung. Ein inhaltlicher Fehler, den Autor Raymond Benson machte.

Raymond Benson ließ Irma Bunt in seiner Kurzgeschichte »Tödliche Antwort« wieder in Erscheinung treten, nachdem sie in *Im Geheimdienst Ihrer Majestät* entkommen war. Im Verlauf der Geschichte erschießt Bond die hässliche Frau, die Lust dabei empfindet, ihn zu quälen.

Obwohl 007 im Roman *Feuerball* Dominetta Vitali dabei unterstützt, sich das Rauchen abzugewöhnen, denkt er selbst nicht daran, es aufzugeben, und kauft sich, wie so oft, eine Packung Chesterfield.

WÄHREND JAMES BOND IM BUCH DR. NO WIE ÜBLICH EINEN WODKA MARTINI BESTELLT, MÖCHTE HONEYCHILE RIDER EINE COCA-COLA.

James Bond hält sich in der Kurzgeschichte »Ein Quantum Trost« auf den Bahamas auf, weil er dort eine illegale Waffenlieferung an die Castro-Rebellen unter Kontrolle bringen soll. 007 habe den Auftrag nur ungern übernommen, denn die Castro-Rebellen seien ihm sympathisch.

Um James Bond in »Stimmung« zu bringen, kauft Kissy Suzuki ihm in *Man lebt nur zweimal* in einem Sexshop ein Potenzmittel. Vier Kröten werden dafür auf eine Herdplatte gesetzt, um den Tieren Schweißtropfen zu entlocken. Zusammen mit Eidechsenpulver soll sie Bond das absurde Mittel verabreichen.

Kissy Suzuki kauft auch ein erotisches »Kopfkissenbuch« und zeigt es 007, um ihn zu erregen. Bond, von dem sie vermutet hatte, er sei impotent, zeigt Reaktionen und meint zu Suzuki: »Kissy, zieh dich aus und leg dich hin. Wir fangen auf Seite eins an!«

In *Liebesgrüße aus Moskau* werden folgende Fakten über Bond genannt: »Vielseitig begabter Athlet; Experte im Schusswaffengebrauch, Boxer, Messerwerfer; benutzt keine Verkleidungen. Fremdsprachen: Französisch und Deutsch. Starker Raucher [...]; Laster: Alkohol, aber nicht im Übermaß, und Frauen. Ist vermutlich nicht bestechlich.«

Nachdem Tiffany Case klargemacht hat, dass sie und Bond keinen Sex haben werden, trinkt sie darauf einen Wodka Martini.

Der Schurke Cesari im Roman *Never Dream of Dying* ist der Cousin von Tracy Bond aus *Im Geheimdienst Ihrer Majestät*.

Hinter dem Spitznamen »Königin der Nacht« verbirgt sich ein Mann (Peter Amadeus) aus dem Buch *Eine Frage der Ehre*. Autor John Gardner fühlte sich durch Wolfgang Amadeus Mozarts *Zauberflöte* inspiriert, schon dort kam eine Figur mit Namen »Königin der Nacht« vor.

James Bond ist in *Eine Frage der Ehre* der Überzeugung, der Kaffee von De Bry habe eines der besten Aromen der Welt. In *In tödlicher Mission* wird er es wohl kaum geschmeckt haben, denn darin füllt 007 eine Flasche, die zu drei Vierteln mit Kaffee gefüllt ist, mit Bourbon auf.

Überraschenderweise heißt es in *Im Geheimdienst Ihrer Majestät* über 007: »James Bond war kein Feinschmecker.«

Der Präsident George Herbert Walker Bush meint im Roman *Flottenmanöver*, er kenne Bond über zwei enge Freunde. Einer von beiden sei Felix Leiter, der unter Bush als DCIA gedient habe. 007 registriert in diesem Roman Bushs festen Händedruck, doch der von Margaret Thatcher sei fester.

James Bond spricht in *Colonel Sun* über Lord Byron: »Als Dichter war er affektiert und anmaßend, er wurde zu früh zu dick und musste die schrecklichsten Diäten machen, sein Frauengeschmack war entsetzlich und als Freiheitskämpfer kam er nie richtig zur

Sache.« Ariadne Alexandrou hingegen sieht Byron als Begründer der Romantik in der Literatur an.

IM ROMAN DEATH IS FOREVER BEKOMMT JAMES BOND VON PRAXI VOR DEM SEX EINE PACKUNG KONDOME ÜBERREICHT, DENN SIE IST DER ANSICHT: »HEUTZUTAGE KANN MAN NICHT VORSICHTIG GENUG SEIN.«

Zur Tarnung verbirgt sich Tiger Tanaka im Roman *Man lebt nur zweimal* hinter der Firmenfassade des Büros für asiatische Volksbräuche.

Der Sanitätsfregattenkapitän Grant untersucht in *Flottenmanöver* James Bonds Hoden, die bei einem Kampf in Mitleidenschaft gezogen wurden, und massiert ihm eine schmerzlindernde Salbe ein.

General Grubozaboischenkow liest in *Liebesgrüße aus Moskau* Bonds Beschreibung vor: »Größe: 183 Zentimeter; Gewicht: 76 Kilogramm; schlanker Körperbau. Augenfarbe: blau, Haarfarbe: schwarz. Narben auf der rechten Wange und linken Schulter. Spuren plastischer Chirurgie am rechten Handrücken.«

Der erste Drink, den James Bond zu sich nimmt, ist kein Wodka Martini! Er trinkt in *Casino Royale* einen Whisky on the rocks.

Im Roman *Colonel Sun* wird James Bond mit einer Browning-Maschinenpistole aus dem Zweiten Weltkrieg ausgestattet.

Im Roman *Cold* spielt Beatrice Maria da Ricci auf einen anderen Gardner-Roman an: »James, please come if you can, for me this is a matter of life or death. I want to win. I don't want to lose or die. Please.« *Win, Lose, or Die* erschien in Deutschland unter dem Titel *Flottenmanöver*.

Im Roman *Stirb an einem anderen Tag* heißt es, der Satz »Wir haben alle Zeit der Welt« sei für Bonds Gefangenschaft zutreffend – damit wird auf den Film *Im Geheimdienst Ihrer Majestät* (1969) angespielt.

Da James Bond im Roman *Scorpius* Angst hatte, vergiftet zu werden, bittet er den Schurken, beim Essen die Rolle eines Vorkosters zu übernehmen.

Als sich zwei Attentäter in *Casino Royale* versehentlich selbst in die Luft sprengen, schreibt Fleming: »In der Luft lag ein ekelerregender Gestank von Sprengstoff, brennendem Holz und – ja, das war es – Hammelbraten.«

Unter dem Decknamen James Betteridge ermittelt 007 in *Der Mann von Barbarossa*.

Miranda Frost ermordet ihren Vater im Roman *Stirb an einem anderen Tag*, indem sie dem auf Bienenstiche allergischen Mann Bienen ins Auto schmuggelt. Im Film ist von diesem Handlungsstrang nichts enthalten.

Nena Blofeld, die Tochter von Ernst Stavro Blofeld, ist James Bonds Gegnerin im Roman *Das Spiel ist aus*. Teile des Romans inspirierten Drehbuchentwürfe zu *Spectre* (2015).

In Irland benutzt James Bond immer den Decknamen Jacko B., heißt es im Roman *Das Spiel ist aus*.

Als 007 im Roman *Flottenmanöver* seine Browning in den Hosenbund steckt, achtet er darauf, dass der Lauf nach links zeigt, da er sich an Agenten aus Filmen oder Romanen erinnert, die die Waffe unvorsichtigerweise senkrecht in die Hose steckten und deren Unfälle ein alter Waffenmeister als »Testizid« bezeichnete.

Als Goldfinger im gleichnamigen Roman glaubt, seine Katze habe ein Überwachungsband zerstört, das 007 überführen würde, ist er so sauer, dass er seinem Leibwächter Oddjob die Katze zum Essen gibt.

Als Anspielung auf Blofelds Katze sitzt in Gustav Graves' Eispalast in *Stirb an einem anderen Tag* eine langhaarige weiße Katze mit Diamanthalsband an der Theke.

M alias Miles Messervy hat im Roman *Tod auf Zypern* einen elfjährigen Enkel, eine neunjährige Enkeltochter und eine Tochter namens Haley McElwain.

Ein Arzt im Buch *Der Spion, der mich liebte* heißt Dr. Braunschweig.

»Die meisten echten Jazzfreaks rauchen Joints«, sagt Felix Leiter im Roman *Leben und sterben lassen*, als James Bond den Geruch von Marihuana in der Bar The Boneyard wahrnimmt.

Ebenso wie im Film *Im Geheimdienst Ihrer Majestät* (1969) macht sich auch der Schurke Scorpius in John Gardners gleichnamigen Roman seine Handlanger mit Tiefenhypnose gefügig. Er besitzt ebenso wie Blofeld im Film eine große Landkarte an der Wand, auf der alle Verbrecher aufgeführt sind.

Als Honeychile Rider im Roman *Dr. No* wie Botticellis Venus aus dem Meer steigt, pfeift sie das Lied »Marion«. Es handelt sich bei diesem Musikstück um einen traurigen Calypso. Fleming schreibt, das Lied gehöre zu den Lieblingsmelodien Bonds. Im Film singt sie »Underneath the Mango Tree«.

Die Figur Peter Bruce, die im Buch *Moonraker* vorkommen sollte, erfuhr vor der Veröffentlichung noch eine Namensänderung und hieß schließlich Kriminalinspektor Vivian. Er wird von Gala Brand geheiratet.

007 erfährt in *Feuerball*, dass Largo Palmyra von einem Engländer namens Bryce gemietet hat. Eine Anspielung auf Ivar Bryce, einen alten Freund Flemings. Fleming benutzte den Namen noch mehrere Male: So trägt Solitaire in *Leben und sterben lassen* als Decknamen den von Bryce' Frau. Und in Gefangenschaft von Dr. No gibt sich Bond als John Bryce aus.

Soll James Bond im Roman *Goldfinger* noch von einer Kreissäge zweigeteilt werden, ist es im Film ein Laser, mit dem der Schurke ihn zerteilen möchte.

Im Roman zum Film *Der Spion, der mich liebte* stirbt Beißer durch einen Haiangriff. Nach Testvorführungen des Films entschloss man sich, Beißer überleben zu lassen, und so musste Autor Christopher Wood Beißer in seinem zweiten Roman *Moonraker Streng geheim* wiederauferstehen lassen, da die Figur im Film *Moonraker – streng geheim* (1979) zurückkehrte.

In einigen Quellen steht, der Name Max des Papageien im Film *In tödlicher Mission* (1981) sei auf den Elefanten Max zurückzuführen, den Ian Fleming in seinem letzten Roman *Der Mann mit dem goldenen Colt* beschreibt.

Als Vivienne Michel im Roman *Der Spion, der mich liebte* schwanger wird, lässt sie eine Abtreibung bei einem Arzt namens Süßkind durchführen.

James Bond hat ein Morgenritual: Er macht zwanzig langsame Liegestütze, dann hebt er auf dem flachen Rücken liegend die gestreckten Beine, bis die Bauchmuskeln »rebellieren«, berührt zwanzigmal aus dem Stand mit gestreckten Beinen die Zehen, macht Atemübungen, bis ein Schwindelgefühl auftritt, und duscht dann fünf Minuten (erst heiß, dann eiskalt).

In *Liebesgrüße aus Moskau* steht über 007: »Er war ein Mann des Kriegs, und wenn für eine lange Zeitspanne kein Krieg herrschte, sank seine Stimmung auf den Nullpunkt. In seiner speziellen Branche hatte nun seit fast einem Jahr Frieden geherrscht. Und dieser Frieden brachte ihn um.«

James Bond, so schreibt John Gardner in *Flottenmanöver* litt unter Kinderkrankheiten: Ein Weihnachtsfest genoss der kleine James, weil sein Vater und seine Mutter sich besonders um ihn kümmerten, da er Masern oder Windpocken hatte. »Ich bekam alles, was ich mir gewünscht hatte. Sie haben mich verwöhnt. Es gab sogar eine Luftpistole, wenn ich mich richtig erinnere.«

DIES UND DAS ...

»BONDOMANIE« IST DIE BEZEICHNUNG FÜR DEN MEDIENRUMMEL RUND UM 007, DER SICH AB GOLDFINGER (1964) ENTWICKELT HAT.

Das erste *James Bond*-Fanmagazin trug den Titel *Bondage*. Es wurde im Juni 1974 herausgegeben.

George Bush sen., der 41. Präsident der Vereinigten Staaten, hat im Roman *Flottenmanöver* den Codenamen »Tänzer«. Gorbatschow heißt »Oktober« und die englische Ex-Premierministerin Thatcher wird »Shalott« genannt.

Der 35. Präsident der Vereinigten Staaten, John F. Kennedy, zählte *Liebesgrüße aus Moskau* zu seinen Lieblingsbüchern. Daraufhin stieg der Absatz dieses Romans beachtlich. Die Liste der zehn von Kennedy favorisierten Bücher wurde im Jahre 1961 im *Life*-Magazin veröffentlicht.

Lee Harvey Oswald, Kennedys potenzieller Mörder, soll Flemings Roman *Liebesgrüße aus Moskau* 1963 kurz vor der Ermordung Kennedys aus einer Bücherei ausgeliehen haben.

Im Buch *Casino Royale* wird das Gesetz Nr. 4 beschrieben, das am 13. April 1946 in Frankreich verabschiedet und unter der Bezeichnung »La Loi Marthe Richard« bekannt geworden ist. Es verbietet das Betreiben von Bordellen und den Verkauf von pornografischen Büchern und Filmen.

In Staffel 3, Folge 20 (»Sündenbock mit Freunden«) der Serie *Dr. House* fragt Dr. Gregory House eine Patientin, die das Problem hat, Fragen nicht beantworten zu können, wer der bessere Bonddarsteller wäre: »Connery oder Craig?« Als sie das nicht beantwortet, kommentiert er, man könne das nicht beantworten.

Robbie Williams hat sein Album »I've been expecting you, Mister Bond« nach einem Satz von Goldfinger benannt, aber Goldfinger hat diesen Satz nie gesagt.

Im Woody-Allen-Film *What's Up, Tiger Lilly?* wurde Mie Hama in der englischsprachigen Fassung von ihrer Kollegin Akiko Wakabayashi synchronisiert – beide waren in *Man lebt nur zweimal* Bond-Girls.

Im Film *Plattfuß in Afrika* ist eine Szene zu sehen, die Bud Spencer vor einem südafrikanischen Kino zeigt, das für eine Vorstellung von *Der Spion, der mich liebte* wirbt.

Ian Fleming war 1964 Berater einer Fernsehserie mit der Hauptfigur Solo. Harry Saltzman und Albert R. Broccoli wollten dagegen vorgehen, dass der Name im Serientitel verwendet wurde, weil ein Charakter in *Goldfinger* so heißt. Die Serie wurde in allen Ländern außer der Bundesrepublik umbenannt – wo sie unter dem Titel *Solo für O.N.K.E.L.* lief.

Der ehemalige Pornodarsteller und spätere *Glücksrad*-Moderator Peter Bond wählte Bond als Künstlernamen, weil er *007*-Fan war. In Wirklichkeit heißt er Piotr Kiełbasa. Ein anderer Hardcore-Darsteller hat sich sogar den ganzen Namen James Bond als Künstlernamen zugelegt.

Am 17. Februar 2000 begann die Arbeit am *James Bond*-Lexikon. Es dauerte sechs Jahre, bis das Buch fertig war. Es erschien unter dem Titel *James Bond XXL* und umfasst 1.726 Seiten in zwei Bänden.

Der Wissenschaftler John Trevithik fand heraus, dass geschüttelter Wodka Martini gesünder ist als gerührter. In geschüttelten Martinis bilden sich doppelt so viele Antioxidantien, die bei der Bekämpfung der zellschädigenden freien Radikale helfen.

Die Deutsche Barkeeper Union (DBU) ist mit Bonds Drink nicht ganz einverstanden: Nach den Richtlinien der Barkeeper wird nur geschüttelt, was Fruchtsaft, Zucker, Eier oder Rahm enthält. Bonds klarer Drink müsste demzufolge gerührt werden.

Prinzessin Diana, die verstorbene Frau von Prinz Charles, besuchte alle Premieren der offiziellen *James Bond*-Filme von 1981 bis 1989. Die Presse kritisierte sie, weil sie bei zwei Premieren dasselbe Kleid trug.

Im Buch *Leben und sterben lassen* gilt Mr Big bei den Anhängern des Voodoo-Kults Schwarze Witwe als Baron Samedi höchstpersönlich. Der haitianische Diktator François Duvalier gab sich selbst als Baron Samedi aus, um die Unterstützung der armen Bevölkerung zu erlangen.

James Bond-Comics gab es schon weit vor den ersten Verfilmungen. So erschien der erste Comic-Strip von *Casino Royale* in der Zeit vom 7. Juli 1958 bis zum 13. Dezember 1958 im *Daily Express*.

Stuntman Vic Armstrong doubelte jeden 007-Darsteller und wirkte bisher an über 200 Filmen mit.

DEN 1983 ENTDECKTEN ASTEROID 9007 BENANNTE MAN AM 4. APRIL 1999 IN JAMES BOND UM.

Ohne ihr wahres Alter zu verraten, schaffte es die Moneypenny-Darstellerin Lois Maxwell mit 15 (früher als erlaubt), zum Unterhaltungskorps der kanadischen Armee zu stoßen.

Auf der CD *Licence to Kill – 18 James Bond Film Hits* des The London Starlight Orchestra ist ein Lied mit dem Titel »Miss Moneypenny« von E. Starink enthalten, das in keinem der *James Bond*-Filme auftaucht.

Die Firma Maggi schaltete in den Erstübersetzungen der Romane *Flottenmanöver* (da noch unter dem Titel *Sieg oder stirb, Mr. Bond*) und *Operation Jericho* (*Fahr zur Hölle, Mr. Bond*) eine Doppelseite Werbung.

Wenn eine Frau beim Sex die Angewohnheit hat, sich wie ein Tier zu benehmen, benutzt Felix Leiter dafür die Beschreibung »mit Krallen und Klauen«.

James Bond schläft immer mit einer Pistole unter dem Kopfkissen. Gezeigt oder darauf angesprochen wird das in *James Bond 007 jagt Dr. No*, *Feuerball*, *Der Morgen stirbt nie* und *Stirb an einem anderen Tag*.

Viele Lieder auf *007*-Soundtracks enthalten das Wort »Meet«: »Tania Meets Klebb«, »Bond Meets Tania«, »Meeting In St. Sophia«, »Bond Meets Domino«, »Bond Meets The Girls«, »Bond Meets Bambi and Thumper«, »Bond Meets Solitaire«, »Miss Goodhead Meets Bond«, »Bond Meets Kristatos«, »Bond Meets Octopussy«, »Bond Meets Stacey« und »Kara Meets Bond«.

Die Masseurinnen, die in den *James Bond*-Filmen vorkommen, werden in den Übersetzungen der Cast-und-Crew-Listen immer als Masseusen bezeichnet – ein abwertender Ausdruck.

Der offizielle James-Bond-Tag war bis 2012 der 22. Mai, weil an diesem Datum im Jahr 1985 *Im Angesicht des Todes* seine US-Premiere feierte. Die Bürgermeisterin von San Francisco, Diane Feinstein, die die Dreharbeiten unterstützt hatte, schlug den James-Bond-Tag vor.

Eon, die Produktionsfirma der *007*-Filme, benannte den 5. Oktober als offiziellen weltweiten James-Bond-Tag. Das Datum markiert die Premiere von *James Bond 007 jagt Dr. No* im Jahre 1962. Der erste »Feiertag« war 2012 zum 50. Jubiläum. An diesem Tag veröffentlichte Adele das Titellied zu *Skyfall* und drei Jahre später Sam Smith das Titellied zu *Spectre*.

Der Film *Johnny English* (2003), in dem Rowan Atkinson den gleichnamigen Hauptcharakter spielt, basiert auf einem Drehbuch von Neil Purvis und Robert Wade, die zwischen *Der Morgen stirbt nie* (1997) und *Keine Zeit zu sterben* (2021) auch *Bond*-Drehbücher schrieben.

Ende der 1980er Jahre wurde in der Politik ein neuer Begriff geprägt: das »James-Bond-Syndrom«. Damit beschreibt man einen Spion, der Informationen verkauft und durch seinen ausschweifenden Lebensstil auffällt und enttarnt wird.

Der Creative Director von United Artists, David Chasman, hatte die Idee zum *007*-Gun-Logo – der Waffe an der Ziffernfolge 007.

Im Film *Catch Me, If You Can* (2003) sieht Darsteller Leonardo Di Caprio *Goldfinger* im Kino. Er kauft sich daraufhin einen Anzug, wie ihn Bond trägt, und einen Aston Martin DB5. Die im Film gezeigten Szenen des *Bond*-Films zeigen das Treffen von 007 und Tilly Masterson im Hotelzimmer und die Begegnung zwischen 007 und Pussy Galore im Flugzeug.

Im Film *Kingsman: The Secret Service* (2014) unterhalten sich der Schurke Richmond Valentine und Kingsman Harry »Galahad« Hart über James Bond. »Sagen Sie, mögen Sie Agentenfilme?«, fragt Valentine und Hart antwortet: »Für meinen Geschmack sind die heutigen alle ein wenig zu ernst. Aber die alten … fabelhaft. Ich liebe jede noch so weit hergeholte Handlung.« Valentine daraufhin: »Und die alten *Bond*-Streifen. Oh Mann! Damals als Kind war das mein Traumjob. Gentleman-Spion.« Hart erwidert: »Eigentlich standen und fielen die *Bond*-Filme immer mit dem jeweiligen Schurken. Als Kind stellte ich mir eine Zukunft als schillernder Größenwahnsinniger vor.«

DANKSAGUNG

Mein Dank geht an meine Frau Janine und unsere Kinder Lani und Len, die zu meiner großen Freude beginnen, ein Interesse an James Bond zu entwickeln. Ich sage vielmals Danke an Julia Lüneberg, die dieses Buch auf Herz und Nieren geprüft hat. Ebenso danke ich Doris Kreklau-Giemulla. Sie ist die treibende Kraft im Kampf gegen meine miserable Rechtschreibung. Ich danke auch ihrem Mann, der in Zweifelsfällen immer eine schlaue Idee beisteuern kann, wenn er nicht als »Känguru-Pferd« für Lani und Len im Einsatz ist. Keines meiner Bücher hätte jemals entstehen können, wenn ich nicht durch meine Familie in meiner Kreativität unterstützt worden wäre. Ich danke meiner Mutter Inge ebenso wie Horst, Sylvia, Bernd und ganz besonders meinen unvergessenen Großeltern Erna und Horst Morgenstern.

Dankbar bin ich auch Sven Mertens, der mich immer unterstützt hat, egal wie knapp die Zeit war, und der selbst auf dem Weg zu *Bond*-Vorträgen noch meine Änderungswünsche in die Präsentationen eingebaut hat. Die Zusammenarbeit mit ihm ist stets eine große Freude.

Tim Schuhmann gehört auch in diese Danksagung, denn sein Stil ist einzigartig und er hat bei meinen vergangenen Büchern einen Wiedererkennungswert geschaffen, der beachtlich ist.

Dirk Richter war auf verschiedenen Gebieten fast in jedes meiner Bücher eingebunden. Er lässt alles stehen und liegen, wenn ich Hilfe brauche – auch zu unchristlichen Zeiten.

Ich danke Holger Schulze, meinem besten Freund Christian Danner (immer für verrückte Ideen zu haben) und den vielen Menschen, die daran glauben, dass dem Gebiet *James Bond* Aufmerksamkeit geschenkt werden sollte. Dazu gehören: die Mitglieder des James Bond Clubs Deutschland, Ann-Claire Richter, Frank Oppermann, Jens Lüneburg, Marion Thomsen, Lutz Arndt, Christoph und Petra von Uthmann, Benjamin Lind, Stefan Krause, Beate Heck (die Top-Verkäuferin!), Christian Knieke für nichts, Malte, Stefan Müller, Thomas Pöschke und Sophie Nolting. Markus Rohde und Andreas Mergenthaler sage ich »DANKE« für das Vertrauen und die Unterstützung sowie Katrin Aust für die Sorgfalt und ihre Schnelligkeit.

DER AUTOR

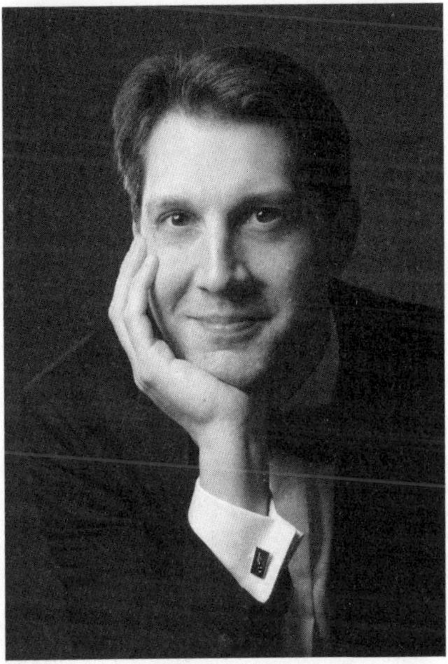

Danny Morgenstern (*1979) arbeitete in den letzten Jahren für verschiedene Zeitschriften. Er gilt als Kapazität auf den Gebieten *James Bond* und Umgangsformen.

Morgenstern ist Tanzlehrer ADTV, Business-Knigge-Coach, Dozent für Moderne Umgangsformen und Kommunikation und war 2012 in München eines der Gründungsmitglieder des BvKnigge, des Bundesverbands für AUI- Business-Knigge Coaching und Training e. V.

Danny Morgenstern ist Initiator des World Freeze Day, der von 2009 bis 2018 mit unterschiedlichen Themen bereits in sieben Bundesländern erfolgreich umgesetzt wurde.

Seit 2012 erschienen fünf interaktive DVDs der Serie *Dancing by Doing*, in der Danny Morgenstern mit seiner Frau Janine Tanzschritte und -figuren vermittelt.

2012 rief der Braunschweiger den Spaßtrend »EarSmelling« in London ins Leben.

In seiner Rolle als Moderator führte Morgenstern durch zahlreiche große Veranstaltungen, die auch live im Fernsehen übertragen wurden (u. a. die *German Masters* an der Seite von Isabel Edvardsson). Neben unzähligen Interviews und Radiosendungen, in denen Danny Morgenstern Gast war, coachte er Probanden der TV-Sendung *Catch the Millionaire* (ProSieben) vor laufender Kamera.

Seit 2012 verlegt Morgenstern Bücher anderer Autoren der unterschiedlichsten Genres.

Schon im Alter von elf Jahren begann Danny Morgenstern, sich ausgiebig mit *James Bond* zu befassen. Er interviewte im Laufe der Jahre viele Darsteller und Macher. Die jährlich stattfindende Mission Bond, bei der bereits zahlreiche Darstellerinnen und Darsteller aus den *James Bond*-Filmen als Gäste anwesend waren, wird seit 2012 von ihm präsentiert.

KEIN AUTOR HAT IN DEUTSCHLAND BISHER MEHR ZUM THEMA 007 VERÖFFENTLICHT.

In seiner Rolle als Dozent und Moderator konnte Danny Morgenstern in seinen Vorträgen mehrere Tausend Menschen für die Themen *James Bond* und Knigge begeistern.

2017 war Morgenstern einer der Moderatoren der Sendung *Wilde Camper* des Hessischen Rundfunks und seitdem mehrfach Protagonist in der Serie *Erlebnis Hessen*, die im hr-Fernsehen ausgestrahlt wird.
Als *007*-Experte trat Danny Morgenstern 2020 bei Jörg Pilawa in der Show *Hätten Sie's gewusst?* auf und war kurz darauf einer der Gäste in der Sendung *Pop Giganten* bei RTL II.

Als Darsteller war Danny Morgenstern auch in Kinowerbespots zu sehen.

Jüngst ist Morgensterns Mitwirken als Moderator und 007-Experte beim Format »The James Bond Tribute Concert« bekanntgegeben worden. Die Veranstaltungsreihe ist über die deutschen Grenzen hinaus bis 2022 angesetzt.
Kontakt und aktuelle Konzerttermine unter
www.james-bond-tribute-concert.de

WEITERE BÜCHER VON DANNY MORGENSTERN

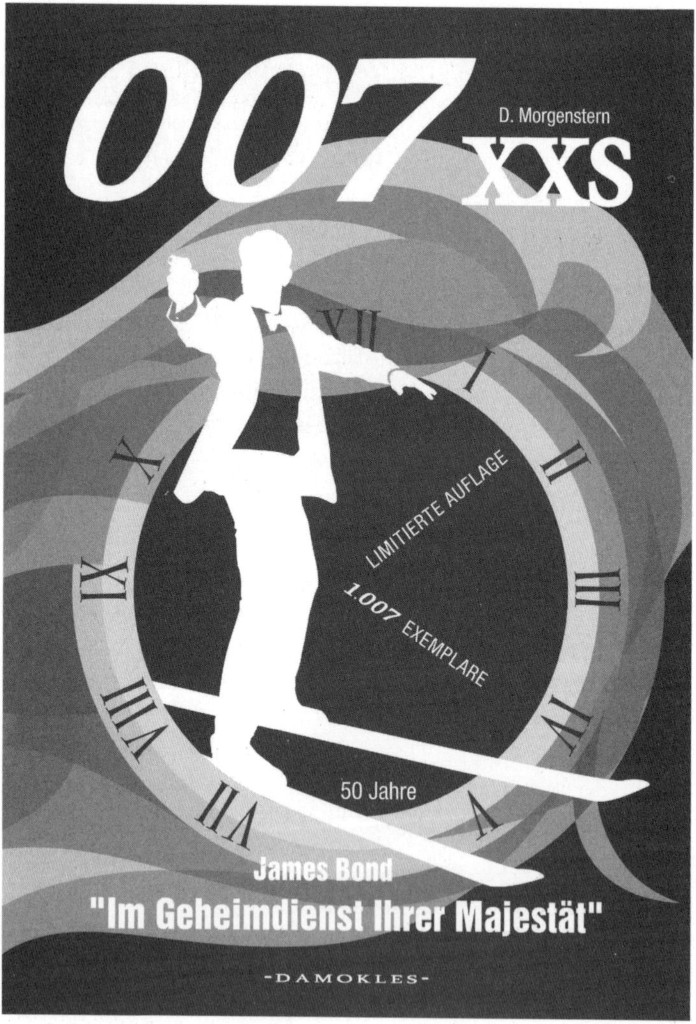

WEITERE BÜCHER VON DANNY MORGENSTERN

007 XXS – 50 JAHRE *JAMES BOND* »IM GEHEIMDIENST IHRER MAJESTÄT«

Während *Keine Zeit zu sterben* (2021) Gestalt annimmt und die *007*-Fangemeinde der Premiere des fünften Agentenfilms mit Daniel Craig entgegenfiebert, lüftet *James Bond*-Experte Danny Morgenstern in diesem zehnten Band der *007-XXS*-Reihe zahlreiche Geheimnisse rund um *Im Geheimdienst Ihrer Majestät*.

Mit diesem Actionspektakel betrat Bond eine völlig neue Welt und begeisterte die Fans 1969 dermaßen, dass der Film noch heute unter *Bond*-Spezialisten auf den vorderen Plätzen beim *007*-Ranking liegt. Damals undenkbar: War es doch der unbekannte George Lazenby, der nicht nur im Schnee und Eis rund um den Piz Gloria, sondern auch in den Fußstapfen Sean Connerys zu versinken drohte.

Mehr Bond-Girls als üblich, Telly Savalas als Superschurke Ernst Stavro Blofeld und ein James Bond im Schottenrock – diese Mischung ist bisher unerreicht. Von Stuntmen, die sich mit den Darstellerinnen auf erotische Abenteuer einließen, über M-Darsteller Bernard Lee, der von Lazenby beim Dreh verletzt wurde, bis hin zur Darstellerin der Irma Bunt, die James Bonds Ehefrau im Film tötete und drei Tage nach der Filmpremiere selbst starb.

Romanvorlage – Drehbuch – Film und Querverweise – *007 XXS* ist wieder da: Ausführlicher, tiefgehender und investigativer als je zuvor, mit zahlreichen bisher unveröffentlichten Fotos von Lars Zeppi. DIE *Bond*-Sachbuchsammlung für echte Fans!

»Mit Danny Morgenstern *007* zu erleben, ist, als ob man den Martini geschüttelt und nicht gerührt trinkt.«

(Dietmar Wunder – Synchronstimme von Daniel Craig)

Broschiert: 320 Seiten

Verlag: DAMOKLES, LIMITIERTE AUFLAGE: 1.007 EXEMPLARE

ISBN: 978-3981903256

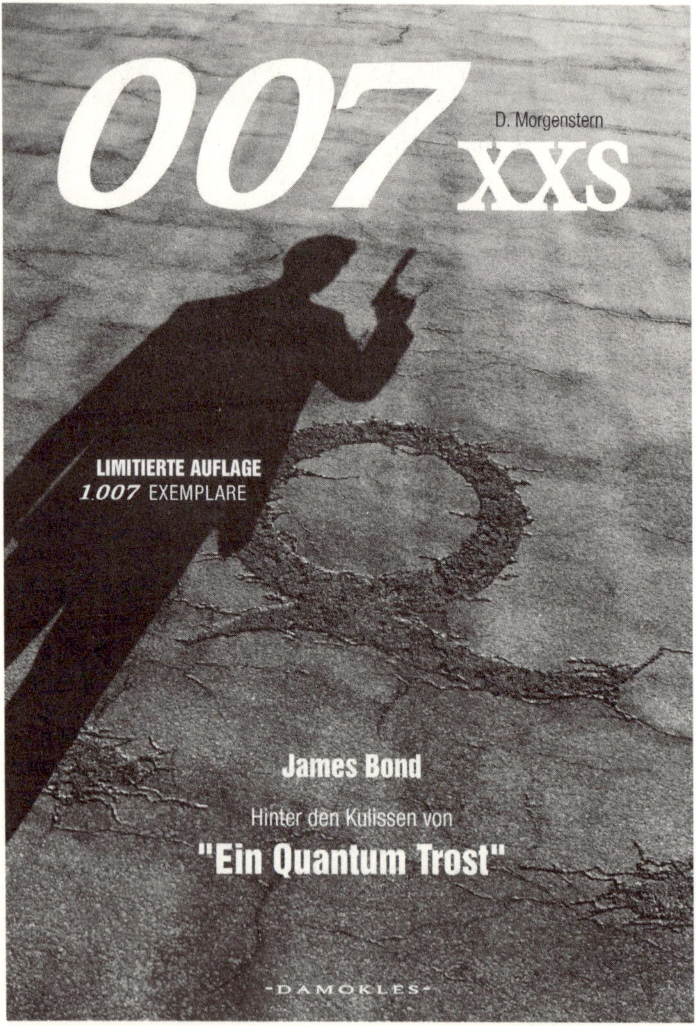
007
D. Morgenstern
XXS
LIMITIERTE AUFLAGE
1.007 EXEMPLARE
James Bond
Hinter den Kulissen von
"Ein Quantum Trost"
-DAMOKLES-

007 XXS - *JAMES BOND* 2008 - HINTER DEN KULISSEN VON »EIN QUANTUM TROST«

Ein Quantum Trost spaltete die Bond-Fangemeinde in zwei Lager. Wie es dazu kam und warum der Film im Laufe der Jahre mehr Zuspruch erhielt, verdeutlicht James Bond-Spezialist Danny Morgenstern in diesem Buch.

Dieser Bond-Film ist anders! Daniel Craig kehrte für rund 9 Millionen Dollar Gage als 007 zurück und die bisherigen Regeln wurden außer Kraft gesetzt. Was von Ian Flemings Kurzgeschichte übrig blieb und was trotz Drehbuchautorenstreiks, Termindrucks und Unfällen am Set schließlich auf die Leinwand gebracht wurde, ist einen Blick wert. Das Produzentenduo Broccoli/Wilson wagte sich an ein Projekt, das Regisseur Marc Forster alles abverlangte.

Band 9 der erfolgreichen 007-XXS-Reihe verschafft einen faszinierenden Einblick in die Entstehungsgeschichte von »Bond 22«.

»Autor Danny Morgenstern überrascht auch eingefleischte Fans und Experten immer wieder mit neuen und bislang unbekannten Fakten«

(Markus Hartmann – Präsident James Bond Club Schweiz)

Broschiert: 256 Seiten

Verlag: DAMOKLES, LIMITIERTE AUFLAGE: 1.007 Exemplare

ISBN: 978-3981903232

WEITERE BÜCHER VON DANNY MORGENSTERN

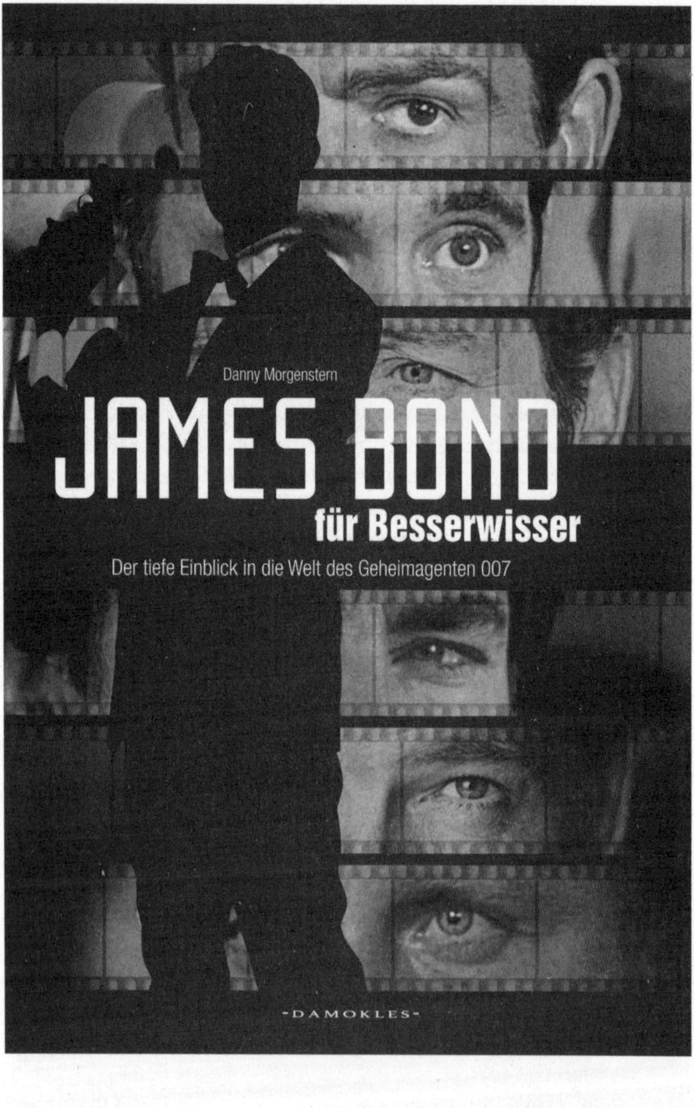

JAMES BOND FÜR BESSERWISSER
DER TIEFE EINBLICK IN DIE WELT DES GEHEIMAGENTEN 007

James Bond für Besserwisser – das zeitloseste 007-Buch auf dem deutschen Markt verschafft Klarheit.

007-Spezialist Danny Morgenstern (James Bond XXL, 007 XXS) wandert an der Hand Ian Flemings durch die Welt des berühmten britischen Agenten und findet mit schlafwandlerischer Sicherheit die Hauptsache in der Nebensache. Von den Romanen über die Drehbücher bis hin zu den Filmen wird kein Thema ausgelassen.

Nicht nur James Bond-Fans werden zu einer bisher verdeckten Wirklichkeit geführt: Weder war Sean Connery der erste James Bond noch wurde George Lazenby gefeuert. Daniel Craig, der die Rolle des Bond 2015 in Spectre bereits zum vierten Mal spielt, ist nicht das Weichei, zu dem die Presse ihn gemacht hat.

Danny Morgenstern beleuchtet das Universum des berühmten Geheimagenten 007 von einer ungewöhnlichen Seite und erfasst auch Begebenheiten, die sich tief unter der Oberfläche ereigneten: Bond rettet die Welt – aber wer rettet Bond? Über die Helfer des Agenten und die verzweifelten Versuche von Bond-Schöpfer Ian Fleming, seinem tristen Eheleben zu entfliehen, bis hin zu den versteckten Querverweisen und Cameos in den Filmen.

Durch zahlreiche bisher unveröffentlichte Fotos von Sascha Braun und Christian Danner wird dieses Buch zu einer Besonderheit in Sachen 007.

Statistiken und Tabellen verschaffen einen Überblick über die 24 Bond-Filme von Casino Royale aus dem Jahre 1954 bis hin zu Skyfall. Die über 50 erschienenen Romane inklusive Solo von William Boyd, alle Kurzgeschichten und auch alle unbekannten und in Vergessenheit geratenen James Bond-Bücher werden behandelt.

Mit James Bond für Besserwisser wird der Leser selbst zum Experten.

Selbst eingefleischte Fans werden mit Diskussionsstoff versorgt und noch manch neues Detail erfahren. Wer meint, Bond sei trivial, dem wird mit diesem Buch das Gegenteil bewiesen.

Taschenbuch: 732 S. **Verlag:** DAMOKLES **ISBN:** 978-3000440755